U0016971

伶姬作品集

如來世 1

通靈經驗

伶姬 著

楊序

楊子敬
前任刑事警察局局長
現任潤泰集團安全總顧問

如來世，如來的世界

「如來世」是本冊的書名。「如來」是作者筆中的「祂們」、「老天爺」，可能是一般人心目中的聖母瑪麗亞、觀世音菩薩，或是佛陀、耶穌，或者是摩西、媽祖，或許是阿拉眞主、土地公……等等。總而言之，就是引導世間人踏上「爲善」之道的「聖者」。而作者，只是「祂們」最忠實的傳話者——即席翻譯機器。

因爲「祂們」存在於作者所謂的「另一時空」，或一般人所稱之「靈界」，或許祂們的「磁波」跟世間人稍有不同，所以必須藉著「通靈人」，才能將祂們的相關訊息——指點迷津暨解惑之道，傳遞給世間人。

據了解，作者並無熱中的宗教信仰，而常提「祂們」只是代表這些「聖者」的象徵性統稱。作者認為，如來的世界就是衆多「聖者」共容的另一個「大同世界」，是惟善至上的「淨」界。隨之，作者的因果理念也跨越任何的宗教。

所以，研讀作者著作的讀者，並沒有侷限在某些特定宗教的信徒。所以，作者在美國所舉辦的座談會，連「ㄚ度仔」也報名來參加！

如來世，如來的世界，一個「靈異」的世界。一個世間人很陌生的遙遠「時空」。正如作者說的，每個通靈人所形容的靈界，似乎就像是「瞎子摸象」，各說各的。

「靈異」的世界，是否眞的存在？長久以來，一直沒有具體且科學化的根據可稽。縱然不知道如來的世界，我們也能過活；認識如來的世界，我們照樣得辛苦過日子，所以，作者勸大家千萬不可執著，不要迷信，應該活在當下，遵守現世時空的「法、理、情」，爲自己所作所爲的一切負責，這才是最重要的人生修行課題。

如來世，如果有來世

假如有來世，假如「因果輪迴轉世」是眞的，我，前一世的「因」是如何？這一世的「果」到底是還債？討債？或是既還債又討債……。至於下一世的「我」，又因爲這一世所種下的「因」，會帶給「我」自己什麼樣的「果」報呢？

假使眞的有「因果輪迴轉世」，爲了在未來世得善「果」，日子可以過得心安理得，那麼在這一世裡，一言一行、一舉一動，都必須要時時用心、處處留意。盡可能的多播種善「因」，絕不留下惡「因」，遺憾後世！

如果有來世，人人爲了來世，今世就得兢兢業業經營——「學習」與「服務」。生命原來有因有果，生生世世的歷程就是學習與服務。

學習：「多做——該做的事，遠離——不該做的事。」

服務：「走到眞正需要幫助的地方，服務眞正需要幫助的人事物。」

當大家學會了、也做到了毫無期待地付出與服務，那就是「行善」！就是「修行」！那不就營造一片極樂世界——如來的世界。

善哉！善哉！

祝福各位

二〇〇五年三月飄雪夜

附記：我對宗教並沒有深入的研究與了解，本篇序文純屬個人的見解。

如來的小百合序

朋友在電話中要我寫一篇有關於靈異與科學的文章，我聽不懂他的意思，他說，因爲我會通靈，而通靈一般是屬於比較「玄秘」的，所以希望我比較一下這兩者之間的差異。聽他這麼一說，當場把我給愣住了，沒想到交往了多年的朋友還是沒有能夠眞正地認識我。我回答：「我的通靈一點都不玄，相反地，它是非常科學。」爲此，我答應他，我會開始動筆寫下我的經驗。

九年了，通靈的日子已經滿九年了。九年來我沒有留下任何一位來問事者的資料。憑著記憶我記錄下我的經驗及感受，爲的只是提供我個人的資料作爲供大家研究參考的素材。在國外有很多這方面的研究機構，但在台灣呢？像我這種人往往只能躲在陰暗的角落，被人指指點點，無法光明正大地站在陽光下。爲什麼呢？難道說就只是因爲我們提不出任何的證據，就這樣百口莫辯，只能乖乖地接受世間人對我們的誤解。也許吧！也許這就是我們這種人的宿命吧！

不管您認爲它是極尖端的科學，或者是無聊透頂的迷信，可是對我來說，它卻是眞實存在著。對一個從來不拜師不收徒弟的我，在我的背後沒有任何的負擔與包袱，所以可以很自在地與各位聊聊——「我所了解的有關於我自己的通靈經驗」到底是怎麼一回事。我一字一句親筆寫完所有的初稿，再一字一句地，一邊修改一邊鍵入電腦。我不是一個會寫文章的人，所以用詞很有限，只能用口語化的字眼來表達，我只央人爲我校正錯別字和注音符號，爲的就是我必須爲全部的文字負責。

〈植物人〉這一篇，我眞的沒有一句假話（其實整本書裡沒有一句假話），我知道一定會有很大的後遺症，但是我還是硬著頭皮把它給加了進來，爲什麼？在我的立場，我只是很單純地希望各位能夠用「將心比心」的觀點去照顧病人，並且稍微想一想有關「靈魂」這方面的問題。其他的各篇各位也許可以省略不看，但是請接受我誠心的建議，〈黑盒子〉與〈超級電腦〉這兩篇可千萬不要錯過了，因爲這才是「天機」之所在。

感謝在爲別人服務的時候，祂們不厭其煩地教導我那麼多待人處事的道理，並且讓我了解到那麼多天地之間的奧秘。更謝謝那些來找我算命的人，謝謝他們信得過我，願意讓我爲他們服務。在服務的時候，祂們總是「強烈要求」他們不能遲到，只要他們遲到超過十分鐘，對不起！祂們就什麼訊息也不會給我，我就什麼忙也幫不了了。祂們說如果他們連「守時」、「守信」這麼淺顯的做人道理，這麼基本的禮貌要求，都不懂都做不到，那還奢談什麼「修行」呢！

有一種很複雜、卻又令我百感交集不知如何是好的經驗，說出來讓各位了解一下，也許以後祂們要我轉達的話，聽者就會多用一點心思去想想了，不再把我的話當做是神棍說的話。如果我算出來的結果並不好的時候，在正常的狀況下，我就會告訴對方如何想辦法去破解。假使對方是照著我的建議去做，那麼通常就無法知道當初祂們的預測到底是對還是不對；相反的，對方如果沒有照著建議去做，那麼，經過時間的流逝，絕大部分總會印證出來祂們當初所講的幾乎是完全正確的。

這個時候，對方再回過頭來對我說：「我現在又該怎麼辦呢？」我能夠再說些什麼呢？是苦笑？還是幸災樂禍呢？坦白說，沒有人可以理解到我那時候的心痛。我會很氣自己，氣自己的表達能力不夠，沒有辦法讓對方真正相信祂們良心的建議。唯有到了這個時候，我才願意承認，自己從來就沒有在對方的心裡占有一點點的份量。祂們的眞心，祂們的努力，都白費了。雖然一而再，再而三地被傷害，但是，祂們還是一而再，再而三地，在繼續付出祂們的眞心，祂們的努力。

對我來說，通靈的日子並不是很好過，不能規劃自己的未來，只能呆呆地一日度過一日，很盡責地做個「即席翻譯」的機器而已。不用說恭維的話也不需要說恐嚇的話，就這樣很「忠厚老實」地將祂們的意思表達出來讓對方知道就行了。雖然在實質上我什麼好處也沒有得到，可是在無形的領域裡，我願意這麼說：「天啊！我眞是個天之驕女！祂們對我可眞好！謝謝祂們曾經選上了我。」

其實，我倒是常說一句話：「我寧可你們不要相信祂們所說的話，因爲只有這樣，當你們越是不相信，越是不照著祂們的建議去做，那麼就越能夠證明祂們的預測是對的，證明祂們眞的是有可能存在的。」不要說別人了，就連我自己的親人以及非常要好的朋友，也都是必須經過好幾年的翻轉，才願意稍微打開一下心門讓祂們進去片刻。這些年來，祂們不怕被誤解、被抹黑，還繼續不停地在爲世間人服務，做爲翻譯的我，也慢慢地被祂們感染了，我願意終身向祂們學習。

我非常有心地將自認爲是天機的東西寫了出來，也許我會因此而遭受祂們的懲罰，也許相反地，在冥冥之中，就是祂們希望我這麼做的。不管是如何，我都願意接受！畢竟我是個人，我生在這裡長在這裡，我愛上這塊土地，我實在是不忍心看到社會的紊亂是源於人心的迷失。也許我會爲了這本書而付出相當大的代價，但是我願意大聲地對祂們說：「我願意！」

就像我的小女兒（她是個很有美術創作天分，也很會思考的女孩，有這麼奇怪的媽媽，讓她變得比一般同齡的小孩成熟多了）說的：「媽媽，妳不要害怕，我們應該學會自己當自己的主人。我認爲人走的時候，應該爲自己帶走一些作品，帶回去和祂們一起欣賞，一起討論，同時也證明給自己看，告訴自己沒有白白浪費了這一生，對得起自己，也問心無愧。」

中華民國九十年一月三日

蓮花時空悲智情序

伶姬，不是「靈機」，也不是「靈乩」，更不是「通靈的乩童」，是從民國四十四年起就用到現在的本名，之所以用本名發表文章，爲的就是要求自己必須對自己所寫的內容負完全的責任。

《如來的小百合》出版之後，我收到了很多讀者的來函，稱讚、鼓勵我的不少，但是不可諱言的，絕大部分的讀者，都是想找我「問路」。我曾經和聯經出版公司的主編林芳瑜小姐談到這個問題，我說：「奇怪了，從拿稿子給妳到現在，妳從來就沒有問過我任何一個問題。」「有什麼好問的！去做就是了。書裡面不是說明得清清楚楚了嗎？如果不去做，又怎麼能夠知道命運眞的是掌握在自己的手上呢？」她很坦率的回答著。所以只要電話那頭傳來她的聲音，我就很開心，因爲我馬上就可以撤除我的「心防」，防備電話的另一頭，打電話來找我是爲了要「問路」。後來認識了總編輯林載爵先生，沒想到他的想法居然也是一模一樣。謝謝！謝謝這兩位非常用心而且有心的讀者。

就像我常說的一句話：「有什麼好問的！在你們沒有認識我之前，日子一樣在過。認識我之後，日子不也一樣是照樣要過。萬一我出國了或者是我死了，難道你們就不用過日子了嗎？拜託！千萬不要迷信，不要依賴我，我不想耽誤了各位的成長，這個因果我可承擔不起！」醫生看病人看多了，就知道身體的健康眞的是要靠自己平日的照顧；而通靈人看「問路的人」看多了，也一定會更加的明白——命運眞的是掌握在自己的手上。

今天我就接到一通電話，是一位秦先生打來的，他說：「我本來預約八月七日的座談會，但是我想我的問題還是需要靠我自己來解決，我想我還是把這個座談會的機會讓給別人好了。」謝謝！謝謝這位「看得懂、想得通」的讀者。眞正「用心研究」《如來的小百合》的人，是應該對自己很有信心才是！如果看過之後，您還是無法讓自己站起來，我會很樂意助您一臂之力；如果您想介紹親朋好友來找我，也拜託您告訴對方一聲，請他們先看過書之後再來，否則區區三十分鐘的服務，對他們來說，並不會有幫助的。

八月一日下午就發生了「祂們」走人的事件，因爲來問路的人沒有看過書，所以一點概念也沒有，等到我回答了她們的問題之後，一個哭了，一個愣住了。什麼問題呢？一個問：「我幾歲會有姻緣呢？」我答：「妳這一輩子可能會沒有姻緣。」對方一聽馬上就掉下了眼淚，她說：「這個不是我要的答案！我一直在等待著結婚。」另一個問：「我心繫著一個男人，已經十三年了，爲了他，我沒有辦法接受其他的男孩子，請問我和他有什麼因果嗎？」我答：「他是妳某一世的父親。」對方傻了眼，愣住了，她說：「妳的答案怎麼會差得這麼遠呢？」

我想當時眞正被嚇壞的，應該是「祂們」才對，因爲通靈這麼多年以來，這是我第一次看到值班的「祂」轉身「走人」，僅僅留下了兩個字——「愚癡」。祂的情緒影響了我，放下了筆，我也心煩起來，抬起頭想要尋找另一個通靈的朋友爲我代班，我也好想「走人」，心頭淸淸楚楚的一句話：「我能不能夠從下個月起就開始不要算了呢？」但是有著肉體的我卻知道絕對不能這麼做，這些人是點名找我的，是我自己聽電話接受預約的，我不能失信。我強迫自己「定」下來，請祂回頭，拜託祂也「定」下來，我不能失約，祂更不能失約，我們兩個都沒有權利失約。

晚飯時間，我和店裡的小姐們討論下午的情形，我們發現到沒有看過書而來找我的人：：，唉！眞是一言難盡！這種人還要來多少呢？這種日子還要走多久呢？我突然覺得好累好累，我非要這麼樣傻傻地繼續下去嗎？如果祂們又來個「走人」，那我又該怎麼辦呢？我向祂們抗議，怎麼可以這種樣子的服務態度呢？訊息來了：「我們決定把你問事的地方，當作是另一批祂們的訓練中心。」各位，您看得懂嗎？我是懂，您呢？不妨先動動腦想想看。當天晚上有一場座談會，我把下午的走人事件，包括祂包括我，一五一十地告訴所有來參加的讀者，我還特別說了一段話：

如今在我身邊爲各位服務的祂們已不是《如來的小百合》中所介紹的那些菩薩了，現在來的這一批是來自蓮花時空。我發現祂們說話的口氣比以前那些菩薩更直接、更坦白，往往很容易讓問事的人下不了台；但是我也發現到祂們非常講究「立法」、「執法」、「守法」的觀念；祂們希望我們在行慈悲的時候，能夠先用智慧的心靈作指標；祂們希望各位的修行功夫能夠從最基本的「守法」開始。七月二十六日座談會之後，隔天就有一位女性成員打電話來抗議，說我講話怎麼可以這麼直，說我怎麼沒有和他們的教授握手打招呼，關於這一點我會盡量改進，但是我還是要再強調一次，你們要問什麼話，祂們要答什麼話，事先我完全不知道，時間又非常有限，所以我必須很專心的看畫面收訊息，並且很快速地直接翻譯過來，相信我！我絕對沒有多餘的時間再去做任何言語上的修飾，如果等一下說話太直，得罪了各位，還請各位多多原諒。

結果，這一次的座談會，是我表現得最「溫柔」的一次，答案揭曉了，原來我這兒眞的是變成了祂們的訓練中心！原來祂們也必須要來人世間學習的！原來「學習」是沒有時空的限制的！原來各位都成了祂們的評審委員！只是我很不習慣，因爲有著肉體的我一點都不溫柔，我是個相當有個性的人，很討厭隨別人起舞，話說在前頭，可能過不了幾次，祂和我都會再回復「正常」。

這本書裡，有我的成長和育兒經驗，也有不同時空的「祂們」所要表達的理念，還有一些對「通靈」的經驗談，另外就是如何將因果輪迴的思想落實在生活中。和《如來的小百合》不同的是，第一本是理論的敘述，是工具書，這一本是和各位一起探討如何將理論應用到生活中。

今年的年底即將有一場大選舉，眞是三黨不過半嗎？執政黨還是朝令夕改嗎？在野黨眞的需要爲反對而反對嗎？政治人物一定要互相挑撥離間嗎？媒體也需要跟著起鬨翻攪嗎？總統府內的男女主角非要內鬥不可嗎？台灣難道就「被注定」要繼續沉淪下去嗎？一定就會崩盤嗎？住在這塊土地上的你我只能用沉默、冷眼代替當初的熱情與期盼嗎？只要您有心，您一定可以在這本書裡找到祂們的答案——候選人的清廉操守為首要條件，他的一切一切，任何時刻皆可攤在陽光下，完全的公開化、透明化。

在此關鍵時刻的台灣需要的是有肚量、有國際觀有執行力，而又言行一致的領導人物，我們已沒有多餘的時間與空間讓那些假公濟私、權力型、作秀型、惡鬥型的政治人物再任意擺布了。如果台灣想要再站起來，那麼就必須選出會「教育人民」而不是「縱容百姓」的政府了。

天機在哪裡呢？在〈星月時空〉，在〈蓮花時空悲智情〉，在〈祂們說〉。

中華民國九十年八月三日

＊九一一美國本土遭受到中東恐怖分子慘無人性的蓄意攻擊，成千上萬的無辜百姓就此傷亡，姑且不論全球的政治、金融、人才等層面將會受到何種程度的波及與損失，甚至於因而引發第三次世界大戰，但是毫無疑問的，每一個傷亡者的背後，至少就代表著一個家庭的破碎。

看著電視上重複播出的悽慘畫面，我沒有傷心、沒有難過、更沒有掉淚，有的也只是那麼一點點的訝異而已。愣了一下，我想起了一件事，想起在民國八十七年初的時候，祂們一再叮嚀我的一段話。在寫這篇短文之前，只有四、五個好友知道這件事，而今，我想應該是將這一段話公布出來的時候了。祂們是這麼說的：

我們追求的是智慧與慈悲，所以實在是無法了解世間人為什麼要利用民族、宗教、自由等冠冕堂皇的口號而互相惡鬥互相殘殺。既然口口聲聲說是要愛國家愛民族愛百姓，信仰要自由要有包容心要原諒別人，爭自由平等之前要先學會尊重別人……，可是卻偏偏老是用「愛」來做為衝突的藉口，用「以暴制暴」的方式來解決爭端，能責怪這些人嗎？畢竟不是當事人是很難體會那種受害者的心境。只是，冤冤相報何時了呢？地球的毀滅還需要外星人動手嗎？

如果經過了五十多年的努力，都無法讓台灣海峽兩岸同源同種同文的中國人，找到一個合適的管道讓彼此和平共處，那麼世間人又豈能奢盼其他不同種族、不同宗教、不同語文……的雙方可以用「愛」來眞心包容對方呢？別人用武就是暴力，自己動手稱作自衛，衡量別人的是一套，看待自己的卻又是另一套。

台灣是個寶島，為什麼呢？因為它被我們選為「和平」的代表作，唯有海峽兩岸的中國人可以相安無事，起個頭，做個好榜樣，那麼地球才有可能免於淪為殺戮戰場的命運。這裡確實有好多好多你們以為的「仙佛、天主」存在，我們的工作很簡單，保護你們的生存與成長，為的就只是增加你們與對岸溝通合作的本錢。看清楚！是合作，不是獨，也不是統。

只是通往和平的過程一定是循序漸進的，一點都急不得，方法可以明也可以暗，時間可以長也可以短，但絕不是一廂情願的作法。只是我們必須把話說在前頭——當你們自作孽時，我們也將被迫放棄這塊土地。記得一句話——「家和（合）萬事興」，用在國家就是「百姓和（合）國家興」。直到今天，美國九一一攻擊事件之後，我才能夠眞正體會到祂們說這些話時的用意和苦心——「人類和（合）地球存」。您知道嗎？我之所以願意拋棄自由自在的生活，藉著《如來的小百合》、《蓮花時空悲智情》的出版，讓自己以眞實面目在大衆面前曝光，背後那一股強而有力的支撐力量，就是這個深植在我內心多時的信念！

中華民國九十年九月十三日凌晨一點二十分

茉莉花的女兒序

當第一本書《如來的小百合》問世之後，我就告訴自己，總有那麼一天我一定要用「茉莉花的女兒」來做為另一本書的書名。我只想到書名卻不知道要寫些什麼，因為記憶中的點點滴滴豈是言語或文字可以表達的，我寧可將童年時的快樂時光深藏在心靈深處，久久將它挖出來輕舔一下，回味一下，就心滿意足了。

《茉莉花的女兒》一書裡所敘述的因果故事雖然指的是某些人過去世的因、這一世的果，但是換個角度看待，是否我們也可以假想看看，如果它是這一世的因，那麼到了下一世是不是有可能也會有如此這般的果呢？「欲知前世因，今生受者是；欲知來世果，今生做者是。」一整本書的精華在〈因果輪迴轉世的基本觀念〉與〈應該注意的因果輪迴轉世重點〉、

〈如果有下一世〉。

如果您對這一本書有興趣，不管您是自己要看或者是想要介紹給別人，我都希望各位讀者能夠先把《如來的小百合》看懂之後，再閱讀《蓮花時空悲智情》，最後才看這一本《茉莉花的女兒》，因爲這三本書有它的前後連貫性。《如來的小百合》是理論基礎，《蓮花時空悲智情》是實務舉例，《茉莉花的女兒》則是做個總整理。我希望讀者能把祂們想要傳達的訊息好好的融會貫通，然後再與充斥坊間「如何面對生活上的困境」、「如何改變自己的命運」等相關的書籍做個比較，唯有透過分析與比較，才能讓自己脫離迷信的行列。

這本書裡大部分的文章是在台北榮民總醫院二十一樓的「安寧病房」完成的。媽媽住進了安寧病房，所有的醫護人員與志工們陪著我們一家人和媽媽一起勇敢又安詳的面對她老人家這一段殊勝的旅程。本來我想寫一篇文章描述這一段期間（去年十月中旬開始到現在）媽媽和癌症奮鬥的所有過程，但是又怕缺乏醫學的專業知識反而誤導了大衆，因此作罷。

如果您問我，因爲媽媽的這一段經歷我學到了什麼——「我會切記，有病的時候無論如何一定要記得先去看醫生，不管是中醫還是西醫，一定要找有執照的正牌醫生。不要四處求神問卜，不要道聽塗說或輕信好爲人師者。除非正統醫療不再有益處，或者是害處大於益處時，才有必要去尋求其他的管道。」記得一句話——「不要隨便拿自己或別人的生命開玩笑」，不管您是用言語、暴力、食品、藥物、自殺或其他方法，請相信我！從因果的角度而言，每一個生命都是獨一無二的「稀世珍寶」，都是老天爺手中的一顆閃亮明珠，祂們絕不允許任何人，不管是別人或是自己，去傷害它、糟蹋它！

在安寧病房裡，我看到了一群忠於職守有愛心又有耐心的醫護人員，也看到了一群為別人默默付出的志工人員，他們的目標——如何讓這些癌症患者的身心靈得到最完整的照顧，也就是說並不是讓病人有「被放棄」或「在等死」的感覺，而是讓他們在治療的過程中擁有人性化和高品質的照顧，希望患者不再害怕死亡，反而因為有了被尊重被疼惜的感覺，而願意認真的去迎接每一天、去過每一天。一旦病情加重時，他們又考慮到如何讓這些患者有尊嚴而又平和的閉上眼睛，如何輔導他們的家屬度過這一個悲傷的過渡期，勇敢的繼續生活下去。

榮總安寧病房吳彬源醫師常說的：「人生如果是一本書，第一頁跟最後一頁應該要一樣精采，也因此病人的第一天跟最後一天對我們來說都很重要。」雖然我看到他們已經竭盡一切在做所有的努力，可是他們卻覺得應該還可以做得更好，怎麼做到更好呢？他們思考著，離世的主角眞的放下了嗎？在世的配角眞的撐得過來、眞的捨下了嗎？他們從以往對癌症患者的力不從心轉而變成積極的關心與照顧，他們陪著患者與家屬一路走出陰影。在這個科技、經濟掛帥，凡事講求專業與分工的時代，「人性」似乎離我們越來越遠，越來越遙不可及了，可是在這些人的身上我卻看到了最光輝的人性。他們是我終身學習的好榜樣。

也同樣是在榮總，只是地點換成一樓的「季諾義大利休閒餐飲」，一個六十歲左右的伯伯，走了進來，繞了餐廳中的大柱子一圈，右手多了三、四公分高的餐巾紙，馬上隨手再塞進自己隨身背的黑色包包裡，走了出去。那是三月十五日上午九點三十分，我坐在大柱子邊正用著早點。他不知道，也許很多人都不知道，「貪便宜」、「拿了不屬於自己的東西」在因果輪迴轉世裡占了多麼可怕的地位。不要忽視小地方小細節，每個人自己的黑盒子從來就不曾罷工過。當我未通靈前，我很差勁；通靈後，就連百貨公司廁所裡的衛生紙我都不敢多用一張或放進自己的口袋裡。如果我沒有在百貨公司買東西而又借用了廁所，我都還得提醒自己要謝謝這家百貨公司，謝謝這位老闆願意提供廁所、衛生紙解決了我的民生問題。這是感恩惜福的「態度」問題。

有讀者反映：「看妳的書和一般的書很不一樣，因爲沒有一大堆文學上的修飾用語。」

關於這點只有說抱歉了，因爲我的文學造詣就只有這麼多，平日講話又不會拐彎抹角，又不想假藉他人的手而失去了原味，因此只能像與人對話般的把自己想要「說」的話用「寫」的方式「原文照樣翻譯」過來，於是所能夠端出來的菜色就只有如此了，眞的是很對不起！

中華民國九十一年三月二十八日

鬱金香通靈屋序

再看一遍《茉莉花的女兒》，看到那一篇〈椎心之痛〉，我掉淚了。啊！那一段日子我到底是怎麼走過來的呢？不得不佩服自己眞的是很勇敢。如果換成別人，也許早就被精神科醫生認定是躁鬱症或憂鬱症了。

走在台北榮民總醫院中正樓地下一樓的長廊上，一陣心酸，也才不過幾個月前，一家人常推著媽媽來這兒做治療，而今，媽媽走了，往後有一段時間我卻必須自己一個人常在這裡走動。自從和精神科主任蘇東平醫師簽下了同意書之後，我將自己捐了出來，成了謝仁俊醫師所主持的「整合性腦功能研究小組」的研究對象。

第三本書出版了之後，最高興聽到的一句話就是：「陳太太，妳知道嗎？我現在到了餐廳或公共場所，都不敢隨便拿不屬於自己的東西。」就算只能改變一個人的「貪」，我都會覺得滿值得的，更何況是有很多人對我這樣說，這其中還包括一個嫁到台灣的對岸好女孩。

雖然有醫生帶著自己的病患來找我，但是，這該值得驕傲嗎？只是心疼還有多少這樣的病患一直在暗處尋覓著一個「不明所以」的答案；雖然有很多的心理諮商師帶著所輔導的對象，直接來我這兒開座談會；雖然有很多人並未看過我的書，只是憑著媒體的報導就來到了我這兒……。我很願意爲大家服務，但是如果你是抱著迷信的心態前來，這是我很不樂意見到的。

就像很多人問我妹妹：「妳媽媽生病住院，難道妳姊姊都沒有問菩薩該怎麼辦嗎？」是啊！這可是人生大事啊！我媽媽得了癌症！但是一如往常，我把媽媽交給了人世間的菩薩——醫生。各位讀者一定很難相信我居然沒有問過祂們，不是不相信祂們，只是我更願意相信我是個有血有淚的「人」。我願意憑自己的決定來做事，也願意爲自己的決定負責。

聯經出版公司主編林小姐希望我能在聯經文化天地開講座，但是怎麼個開法呢？因果，它不是一種課程，而是一種活生生面對生活所該有的生活態度，我也只能爲各位調出過去世的因果資料而已，哪有什麼資格開講座當老師呢？

有人好心的告訴我：「有人在大陸冒用妳的名字，說妳是他們協會的一員，說妳常常和他們一起吃飯……。」對不起！我無師無徒，也不屬於任何一個團體，更不喜歡應酬或參加飯局。我一向是個獨來獨往的人，過去是，現在是，將來，我希望還是如此！

我說過，如果又發現了什麼「天機」之類的寶物，我會寫出來和各位讀者一起分享。這一本書裡很多的篇幅，我猜想「有可能」眞的就是天機的一部分，因爲祂們沒有一個人敢告訴我該怎麼寫，祂們只淡淡的說了以下的這一句話：「那都不是我們告訴妳的，是妳自己統計出來的理論，所以不能算是我們洩漏了天機，我們沒有犯罪，妳也沒有罪。」

當你在看這本書的時候，不要只把它當成故事書，如果你是抱著這種態度的話，就沒有必要買這本書回家。我希望你能夠多用點心，先看清楚、想明白書中因果輪迴運作的模式之後，再看例子。仔細的看過每個例子之後，再想想看，你有沒有像故事中的當事人一樣，「一不小心的」就犯下了「惡因」呢？有了惡因，不用懷疑，未來世一定會有「惡果」在等著你！也許還不用等到未來世呢，說不定會是個「現世報」。

如果你眞的對因果有興趣的話，不妨再進一步多思考一下、多研究一番、多比較一下，想想祂們的「因果法則」公平嗎？合理嗎？天上和人間、祂們和我們，到底是差了多少呢？

又是差在什麼地方呢？台灣的「法律」實在是不少，但執行了多少呢？是法不對呢？還是執行的單位出了問題？是人民不守法嗎？還是執政機關和一般的老百姓，都不把「法律」放在眼裡呢？還是制定法律的專業人員，沒有把「人性」的「美麗」，也思考在內呢？

〈死亡前的心結〉、〈生病也有因果〉和〈職業上的因果〉，這都已經脫離了宗教的範圍，是每個人生活當中所必須面對的問題。

「人身難得」，好好的關照這個肉體吧！能夠有機會來到人世間走一遭，絕非偶然。會愛護肉體、會珍惜每一天的人，才有資格談「靈修」，才有機會領悟到「人生是很值得的」！

〈欠債還債，你會原諒別人嗎？〉建議你不妨再多看它幾回，直到能夠了然於心，直到你能將──「原諒別人又不阻礙別人的成長」──變成生活習慣之後，恭喜你！你的修行又向前跨進了一大步！

我覺得整本書越到後面越有看頭，尤其是最後一篇的〈母語〉，裡面的一句話：「心量有多大，世界就有多大」，你以為如何呢？我好欣賞！

中華民國九十二年一月十日

通靈姬婆玫瑰心序

《通靈姬婆玫瑰心》是《鬱金香通靈屋》的續集，希望您能夠對因果輪迴有更進一步的了解，尤其是〈自殺〉與〈阻礙別人的成長〉更是這本書的主題。當您在看這本書的時候，請特別注意有關「義工」方面的討論，因爲「義工」的角色在因果輪迴轉世裡，占著非比尋常的地位。

我建議您先從《鬱金香通靈屋》的第一章看起，如果發現《通靈姬婆玫瑰心》也有同樣章名的文章時，那麼就接著看《通靈姬婆玫瑰心》裡的這一章。舉個例，先看《鬱金香通靈屋》裡的〈欠債還債，你會原諒別人嗎？〉，接著再看《通靈姬婆玫瑰心》裡的〈欠債還債，你會原諒別人嗎？〉。

實驗似乎都是雷聲大雨點小，也許是台灣的機器太「簡單」了，也許是我的腦袋瓜，根本就不值得科學界或醫學界的專業人士研究，也許……，太多也許了，但是我相信參加過座談會的朋友們，應該會相信我的腦袋瓜眞的和常人不太一樣。雖然在美國的華僑有人想找我去演講，但是我要求自己，除非有國外的專業機構能夠肯定我的通靈能力，否則我不會在國外演講，因爲我不想丟中國人的臉。有人告訴我，美國的史丹佛大學、杜克大學在這方面的研究有目共睹，不知道我是否有機會能夠到那裡去做實驗。

有讀者如此反應：「妳爲什麼不做有聲書或製作錄音帶呢？妳想想，一些老年人眼力不好，有的識字不多，一輩子看不到幾本書，如果要他們好好的看妳的書，研究妳的因果理論，那實在是有點強人所難。可是，他們卻是即將到另一個時空的長者，如果這些人可以早一點知道因果輪迴轉世到底是怎麼一回事的話，那麼他們就能夠趁早學會捨得與放下，學會原諒別人和施恩不求回報的重要性。對老年人來說，時間所剩無幾，我建議妳爲這些老年人盡點心力。」會的！我絕對會盡力的，因爲有一天我自己也會老去。人會長大，也會老。

在《鬱金香通靈屋》的自序中，我提到聯經的林主編想請我在聯經文化天地開講座，我告訴她我所寫的內容，都是面對生活該有的生活態度，而不是一種課程。可是等各位看完這一本《通靈姬婆玫瑰心》之後，讓我們再回過頭好好地省思一下，嗯！好像有那麼一點雛形了，「因果輪迴轉世」好像眞的是一門值得研究與學習的人生必修課程，您和我有同感嗎？我會好好整理所有的理論基礎與範例，如果眞有學校或單位願意開因果輪迴轉世的課程，我願意提供資料。

不只是年輕人，針對所有來找我的人，如果您只是基於好奇，而不是眞有什麼大問題的話，我都不希望再度見到各位。可是爲什麼我還必須辦那麼多場座談會呢？因爲唯有經由座談會，才能讓各位眞正體會到「因果輪迴轉世」到底是怎麼一回事。而在每一場座談會裡面，每一位參加者都可以聽到好多個因果故事。

如果我的因果理論只是紙上談兵，只是高談闊論，而沒有活生生的例子，那根本就無法引起別人的注意；如果有例子可聽，又能夠現場作印證，那絕對會更具吸引力；如果還可以解開當事人心中多年的疑惑，那就更棒了！最重要的是，如果您是看過書之後再來參加座談會，您一定會更相信我書裡所寫的內容「一切屬實，絕無虛構」。給您一個建議，如果您回去之後能夠再把書裡的內容重看一遍，相信一定會更有收穫。

有很多讀者和我提起超渡、回向、打坐、誦經、持咒、吃素、放生、拜懺等關於宗教方面的問題，實在很對不起，我一向只表明自己的立場，只是用個人逆向思考的方式來探討這些問題。我沒有宗教與經書的束縛，只是用最根本的套入法，把能夠想到的實際案例套進去，再看看能不能「講得通，說得過去」而已。至於以上行爲與作法，到底是對？是錯？見仁見智。

也許它們眞的可以讓人「定下心來」、讓人「痛改前非」，但是如果說它們也能夠改變果報，改變因爲過去世的「因」所造成的這一世「果報」，或者強調，這麼做一定可以「重報輕受」，對不起！還是那一句話：「我不認同！」

很簡單，假設你先持槍殺人，再搶劫銀行，然後把金錢留給子孫，交代他們一定要記得爲你誦經、放生、拜懺、做超渡、做功德回向。緊接著你再去司法機關自首，然後被關，在獄中改過向善，又是懺悔、吃素、打坐又持咒，最後坦然面對槍斃，還捐贈器官，遺愛世人。

你以爲這樣就可以一切沒事，天下太平了嗎？來生，你會是好人一個、好漢一條嗎？想想那些被你槍殺致死的人吧！他們活該、他們倒楣嗎？他們的家屬又該如何面對失去家人的痛苦呢?而被你搶去的金錢,也許變成了銀行的呆帳,害我們這些傻裡傻氣的納稅義務人,不清不楚的被迫分攤呆帳,爲什麼我們這一群無辜的受害者就不能向你索債呢?不能本金加利息多要一點點呢?

您絕對可以不用知道過去世的一切而生活得很好,因爲只要能夠改變自己的習性,樂觀、積極、助人;歡喜做、甘願受、不要阻礙別人的成長,慈悲與智慧雙修雙運……。過去世,也許您是個無惡不作的人,這一世,就算再怎麼努力也許都無法修得正果,飛上西天,但是,只要從此刻起,一心一意改變自己的思想、改變自己的作爲,一世又一世,終有那麼一世的某一天,老天爺會張開雙手,歡迎您加入祂們的行列。

從「心誠則靈」的觀念修正到「心正則靈」,終於跨出了第一步,然而能不能再多跨越一點點呢?如果能夠把「心正則靈」的心態轉化成行動,變成了「行正則靈」,各位,您能想像「行正則靈」的前因,將會有什麼樣的後果嗎?「放下屠刀,立地成佛」,不只是佛教的專用語,而「天無絕人之路」、「天下無難事,只怕有心人」,更是相信因果理論者的座右銘。

中華民國九十二年十一月一日

目次

如來世 1

通靈經驗

如來的小百合

一個冬日的午後，暖烘烘的太陽透過落地窗灑在我與朋友的身上，斜躺在籐椅上，啜飲著她親手調製的咖啡，聽著音樂……，人生還有什麼不滿的呢？

「有人來了！」我說。

「管祂是誰，告訴祂，有事等一下再說，喝咖啡要趁熱。」

「可是祂不准我喝，祂說要說故事給我們聽。」

「那你自己去收訊息好了，不關我的事，我的咖啡比較要緊。」

朋友一臉幸災樂禍，繼續享用她的美食，而我卻再也無法將咖啡往嘴裡倒，祂非要我接收不可，而且是馬上，一刻也不能等。認了吧！反正又不是第一次這樣對待我。乖乖地放下了杯子，坐好，閉眼。

各位，我必須稍微說明一下，現場有兩個女人對不對，來了一個祂，首先是祂帶我飛出去了，找到了地點之後，電影才眞正開始。我一下子半睜開眼睛（因爲魂還沒有回來），比手劃腳地描述給朋友聽，一下子又得趕快看片子，做即席翻譯，好忙喔！

我不知如何下筆寫這一篇，只好就像錄音機一般地從頭開始播放，各位，你只要把自己想成也是在現場的一個聽衆就行了，靜靜聽著兩個女人的對話。沒有引號的部分全都是我在說話，有引號的則是朋友說的話。

※　※　※

咿？怎麼會是達摩呢？祂說要帶我去一個地方，走就走啊！誰怕誰啊！（祂老人家很少來，不過我非常喜歡祂。各位，別誤會了，我們跟祂們眞的就是這般地交往，沒大沒小，見笑了！）

好多山，好美的山，我不是在山上，我是在半空中，從半空中往下看到好多的山。奇怪，這是哪裡？山谷中還有河流，咦？有一個地方在冒煙，煙小小的，可是慢慢地隨風往上飄。嘿！姑娘，既然是達摩來帶路，那麼會不會是少林寺的那一個山呢？妳知不知道少林寺在什麼山啊？「好像在武當山吧！」（朋友答）管他的，反正不像是桂林的山就是了（因爲我去過桂林）。

祂叫我順著煙往下，咦？怎麼好像來到了一個像是地底下的山洞裡，還有水流的聲音。討厭！看了老半天，也不知道在看什麼，拜託！達摩先生，我的咖啡涼了。我看到水了，祂叫我順著水流走。老天爺，祂到底在搞什麼啊，到底要走到哪裡呀？

我怎麼變成在爬山了呢？全身都是白的衣服，大概十七、八歲，嘿嘿，長得還不錯，滿高的，大概有一百六十五公分，比我現在的樣子還要瘦，手上還提著一個小包包。喔！對了，我告訴你，就像是孝女白琴的那種打扮，只是頭上沒綁白布巾而已。「妳少來了，我們這種歐巴桑的身材怎麼跟小姐比？」朋友諷刺著。

祂們說，喔！等一下，我知道了，祂們說我是一個有錢人家的獨生女，父母在一次意外中雙雙喪生了，留下了一大筆財富給我。我遣散了家中所有的僕人，把錢也全部捐出去了，只留下了一點點簡單的換洗衣物，準備要到這個山上的一座寺廟，因爲聽說這山上有一座寺廟滿清靜的。

我看到了一個男的，約四、五十歲，壯壯的，不苟言笑的樣子。啊啊！我知道他是誰了，就是那個×××（一個我們所共同認識的朋友），他的身上扛著一大捆粗麻編的繩子，就像我們現在拔河比賽用的那種繩子，可是比那個還要細一點就是了。那個麻繩，從中心點開始繞，由裡向外，繞成一個圓圈圈。喔！我知道了，他不住在這座山，他是住在隔座山的一個樵夫，平日靠搓麻繩拿到山下賣維生。

他的麻繩掉了，一直滾一直滾，剛好滾到我的面前。我剛剛不是說我要去那個廟嗎？所以我是在上山，那他要拿繩子到城裡賣，他是在下山。我只看到我的前面有麻繩掉在山路上，但是我知道應該是有人不小心掉下來的，於是我就彎下腰撿起最後面的這一端，開始也繞圈圈。

哈哈！有夠好玩的，一個在山上，繩子的那頭，一個在山下，繩子的這頭，兩個人都同時在繞繩子。喔喔！兩個人碰在一起了，這個女的笑笑地把繩子交還給他，那個樵夫看了這個女的一眼，說了聲謝謝，就分手了。眞是的，兩個人什麼話也沒多說，有夠瀟灑。一個繼續上山，一個繼續下山。

拜託！有完沒完？怎麼這麼長？等一下，我看到了一個小尼姑，腳怪怪的，走路一跛一跛的。哈哈！祂們告訴我說那個小尼姑就是妳。喂！小姐，借問一下下，妳的腳有沒有怪怪的呢？「沒有啊！雙腳好好的！」（朋友答）我看到妳蹲下來用手指頭摸我的裙襬，唉呀！

還有聲音噢！那個聲音就是那個絲呀、綢呀那種布，互相摩擦，搓來搓去的聲音。小姐，妳那個表情好好玩，好像好羨慕我的衣服，拜託！妳眞的是很不上道，羨慕什麼嘛，我一整身穿的都是孝服。

我看到我們兩個人在一起唸書，原來我已經到了這座寺廟，我教妳唸書，我們變成了好朋友。奇怪？怎麼沒有看到住持或是其他的師父呢？祂們說，這座廟只住著一個住持和一個小尼姑，住持剛好外出一陣子。妳是因爲跛腳，從小就被丟在廟門口，是住持收留了妳，把妳養大的。

啊！祂們說那個住持就是×××（另一個共同的朋友），哈哈哈！千萬不要讓他知道了，否則他一定會很得意，說他是妳的師父。「算了吧！對我少來這一套，我才不可能叫他師父，叫他師兄就很不錯了。」

啊！啊！怎麼搞的，怎麼變成這樣子呢？「怎麼了？」（朋友好奇地問）等一下，我先看清楚。妳知道嗎？我們兩個人都上吊死了。我身上穿的還是那一套白色的衣服，還是我先把妳弄好，先讓妳上吊之後，我才自己再上吊。奇怪？怎麼會這樣？啊！我看到了，我看到上吊用的那根繩子了，祂們說那個繩子就是那個樵夫賣給住持的。

我知道了，原來師父不在的時候，來了一大群的土匪，見我們兩個是女孩，好欺負，把我們給輪姦了。「怎麼會這麼慘！怎麼會有這種命呢？」（朋友也不禁唏噓）土匪走了之後，我們兩個選擇了上吊自殺，我眞的是有夠倒楣的了，被土匪強暴了，還要動手幫妳上吊。「那妳說嘛，到底我是要謝謝妳還是要生妳的氣呢？」

咦？我看到了一個土堆，新的土堆。喔！原來那個樵夫在山下聽到有一群土匪路過此處，於是趕忙收拾行囊回家，又想到這附近有一座寺廟，住著一個住持和一個小尼姑，於是先彎過來看看他倆是否無恙。沒想到看到了兩個上吊自殺的女孩，也看到了自己賣給住持的繩子居然變成了這兩個女孩自殺的工具。再看看那一身全白的女孩，他想起來了，就是在山路上幫他撿起繩子的那個白衣女孩。他好難過，於是就幫我們兩個收屍、埋葬，合葬在一起。

等一下下，土堆前面有一個墓碑，可是都沒有刻字。「沒辦法，不能怪他，那個時候，他一定不知道我們的名字。」（朋友爲這位樵夫解釋）

等一下，我看到墓碑前面有一個花瓶，瓶子裡有插花。等一下，等一下，好美喔！我告訴妳，那個鏡頭一直慢慢地往後拉，唉呀！拜託請等一下嘛！我一定要先說清楚才行。（我半睜開眼睛，對著朋友開始比劃了起來）我告訴妳，我是先從半空中看到了土堆對不對，然後那個鏡頭往後拉，我才看到土堆和土堆前面的墓碑，再往後拉，才又看到花瓶和花，我這樣說，妳懂不懂？接下去祂們的鏡頭又由遠處慢慢往前推進，很慢很慢地推，現在是停在那瓶花上面就是了，停在花的花瓣上。

（我又閉上了眼睛，繼續看戲）好漂亮的花，白色的，花瓣上面還有好多滴的露水，就像電視上的美容廣告，叫做晶瑩剔透。奇怪？到底是什麼花啊？現在鏡頭又拉開了一點點，啊！妳知道嗎？就是那種我最喜歡的百合花，小時候我們常常看到的那種百合花，不是現在花店賣的那種香水百合。好漂亮！還有朝陽照在花朵上面，好美！好美！「我知道了，那種叫做野百合！」（朋友終於知道我在說些什麼了）

哇！沒有了！怎麼就這樣沒有了？（我睜開了眼，但是我卻仍繼續在說著故事）這個樵夫自從埋了我們兩個人之後，每天總是採一大把山中的野百合，放到我們的墓前，陪我們坐一陣子。

※　　※　　※

「好幸福的我們！」朋友感歎著。

「好淒美！」我用好淒美回答她。

接著好幾分鐘，兩個人都沈默不語，就只是呆坐著。

「怪不得我們兩個都好喜歡唱『野百合也有春天』那首歌。」朋友說。

不約而同地，我們同時輕輕柔柔地唱起了這首歌。

＊野百合也有春天

彷彿如同一場夢，我們如此短暫的相逢。
你像一陣春風，輕輕柔柔吹入我心中。
而今何處是你往日的笑容，記憶中那樣熟悉的笑容。
你可知道我愛你想你怨你念你，深情永不變，
難道你不曾回頭想想昨日的誓言。
就算你留戀開放在水中嬌艷的水仙，
別忘了山谷裡寂寞的角落裡，
野百合也有春天。

屬於我自己的因果故事

要再重回現場，畢竟是不太好過，只要想起，也總是鼻頭一陣酸，眼眶一片紅，但是爲了讓各位了解「她也只不過是如此的一個人」，我願意讓自己再難過一陣子。

以下的轉世故事，我不知道發生在什麼朝代，也不知道在哪個國家，更不知道它的轉世先後次序。但是我會清清楚楚地交代我是怎麼知道這些故事的。既然我有心破除一些莫須有的迷信，我自己當然就必須以身作則。

這些年來，我從來就不曾問過祂們有關於我自己或家人的任何一件事，也許很多人會覺得很奇怪，爲什麼我自己會算，反而不爲自己算一算呢？就是因爲自己會算，才警覺到不管過去世的因果如何，在這一世裡，如果我不好好的過活，那麼再多的福分也是會被我消耗掉的。

我以同樣的理念教育我的孩子，我告訴他們：「日子是用來學習的，不是用來混的。」孩子們也知道媽媽的個性，一向是說到盡量做到的人，所以也只好乖乖地跟著，一步一腳印地走下去。

※　※　※

四周的風景是歐美的那種格調，大花園、涼亭、鞦韆……一個下午茶的時段。我穿著小碎花洋裝，三十出頭，先生在一旁站著，我猜想我的家境大概不錯，先生也溫文儒雅，有一個八、九歲的小男孩在我倆身旁嬉鬧著，那是我的養子。那一世我沒有生育，與先生的感情也是淡淡地……。這是〈植物人〉那一章中，我與那位年輕工程師的因果，他是我的先生。

※　※　※

整個畫面是銀白色，路上靜悄悄的，原來是冬天下雪的深夜。在一戶大宅院門外的雪地上，有一手提的小搖籃，搖籃裡橫躺著兩個小女娃，（通常搖籃是長方形的，娃娃的頭腳是在長邊的兩側，可是這兩個女娃實在是太小了，所以她們的頭腳卻是在寬邊的兩側）喔！居然還是對雙胞胎呢！我的畫面就只有如此，而且還是靜態的。

故事跟著竄進來了，在皇宮裡，有一宮女懷了皇帝的孩子，生下來之後，宮女病危，生怕孩子遭遇不測，趕忙叫身邊的人將這兩個女娃送到有錢人家的大門口外，讓人認養。又那會知道這員外全家人正好外出數天，兩個女娃就這樣活活地給凍死了。

員外回來一看……。這一世裡，員外變成了一個不太愛出家門的人，而兩個女娃成了非常好的朋友，妹妹從姊姊那兒學到了好多好多。這是朋友問起我和她有沒有因果關係時看到的，猜猜看，我是雙胞胎中的姊姊或是妹妹呢？

※　　※　　※

我與父親騎著駿馬，奔馳在大草原中，我的年紀大約只有四歲，跨坐在父親的前面。畫面一跳，我坐在父親的後面，小手抱著他的腰，頭斜靠在他寬厚的背上，好舒服好滿足的感覺，這時候的馬兒是漫步的。不管馬兒是奔馳還是漫步，在看這兩個畫面的那一瞬間，我都可以很清晰地感覺到風兒吹過臉上的氣息。坦白說，有那麼一陣子，上了床，我只要觀想著這兩個畫面，再加上風兒吹拂過臉上的感覺，一下子我就回到了草原，進入了夢中的故鄉。

持續了好幾個月之後，有一天下午，知道訊息來了，來的那個磁場又特別的強，我都快受不了了，只好進入房間內，乖乖地閉上了眼。我的視線是往斜前方看的，看到了四周圍站了好多人都在靜靜地向下看著我，原來我是躺在地上。有一個人在我臉上、身上比劃著，手上還拿著香，感覺上那個人好像是個巫師。父親就站在我的腳後方，不語，臉上的表情好怪異，我從來就沒有見過。

我知道了，他是一個掌軍權的大人物，而我是他的掌上明珠。我還是只有四歲，吵著要自己騎馬，他拗不過我，只好讓我自己騎騎看。結果才一上馬，我就被馬給甩了下來，畫面所呈現出來的正是我在被急救的情形。畫面一跳，我看到了一個簡簡單單的小土堆，唉呀！我已經回去報到了，沒想到我還是沒有被救活，我想起了我那可憐而又內疚的父親。可是，爲什麼我一直沒有看到我的母親呢？

這個因果故事居然分成前後兩段，中間還相隔了好幾個月，前半段是我閉上眼睛正在享受朋友爲我做背部按摩的時候，被「強迫」看到的。而後半段則是我在看報紙的時候，突來的訊息。自從後半段上演了之後，我再也不敢懷抱著草原聆聽著風聲入睡了，因爲我實在不忍心再看到父親哀戚不語的容貌。

所謂的「強迫」就是我只是感覺到我「可能」要閉上眼睛去收訊息，至於會是什麼樣的資訊，我一概不知。也許只是一些預告片，也許是我過去世的因果，也有可能是祂們來了，不然就是我飛出去了，飛到不知名的時空和祂們會合了。如果你問我，這種情形通常發生在什麼時候，答案是：沒有時空的限制。

有時候甚至於是發生在我開車的時候，那個時候就比較特殊了，眼睛絕對是張開的，可是畫面依舊清楚，故事照樣進行。幾次之後，我注意到祂們通常是選擇我行駛在土城往三峽的環河快速道路上，那是我回家的時段，約下午五點鐘左右，路只有一條，又沒有紅綠燈，所以祂們才會放心地訓練我一邊開車一邊收訊息。

※　　※　　※

我是從離地大約三公尺高的高度往下看的，看到了房內有一張床，好簡單但也好漂亮，四根床柱往上延伸著，最上面是鑲金的水滴形裝飾，床上鋪蓋著一條淺紫色的柔軟被子。房內除了那張床外，其他地方都是空空蕩蕩的，只有風從靠邊的窗戶吹進來，窗簾隨風在輕輕擺動著。我知道那是我的床，可是我並沒有躺在那兒，整個畫面給人的感覺就好像時間是靜止的。

那是我在聽到音響播出西藏喇嘛的唸佛聲中，突然不能自已地放聲大哭，淚流滿面。這不會是沒有原因的，很自然地我閉上了眼睛，看到了如上的畫面。

※　　※　　※

爸爸在外地服務，媽媽也因爲難產死了，從小我就和外婆一起在山上過活，外婆好好，常帶我到溪邊洗衣服。爸爸工作繁忙又重男輕女，難得回家來看我一次，就算回來也只是放下家用錢轉頭就走，印象中，他根本就不曾抱過我，拉過我的小手。畫面就停在小女孩殷切地望著父親的手，期待他牽起她的小手和她說說話。沒多久，因爲家中沒錢，外婆只好帶著我搬家，從此和爸爸失去了聯絡。過一陣子，外婆和我都死了。

這個故事又是被強迫看的，共出現兩個畫面，一個是一老一小在溪邊洗衣服，一個是小女孩望著父親的手。解析畫面的當時，我知道我又夭折了，而且知道是餓死的。八十七年的時候，在一次催眠當中，我才看到了自己嬌小而又蜷曲的身子倒臥在山路邊。原來外婆過世了，傻傻的我才只有五、六歲，一心一意想要找爸爸，於是迷迷糊糊地在山路中走著，沒想到就因此而餓死在彎曲小路靠山壁的這一側。

目睹了一個曾經是自己的小女孩，卻因爲思念父親而餓死在山路上的畫面，那種震撼，當場就撕裂了我的心。我堅強地告訴自己，在這一世中，如果能夠找到這位曾經是我父親的人，我一定要好好地握緊他的手，親口告訴他，我這個做女兒的其實也還不錯，並不輸給男孩子。

※　　※　　※

又是一片大草原，我是一位新娘子，但是表情落寞，少了新娘子該有的嬌羞與喜悅，年紀差我一大截的弟弟則是坐在一旁，很開心地望著我。原來父母雙亡的我，帶著一大筆財產及弟弟嫁到男方家。婚後，先生不安於室，我又因爲難產，母子雙亡。先生心知有愧，於是對這位小舅子百般照顧，以彌補他對妻子的虧欠。

這是我與那位通靈的朋友對一位我們所共同認識的男士感到好奇，她先看到了他們兩人的因果，接著反問我，我與這位男士到底有沒有因果的時候，祂們讓我看到的。

※　　※　　※

我又看到我結婚了，這回我可是一位很帥的新郎，帶著新婚的妻子坐船回鄉，我站在甲板上，悠悠哉哉地欣賞著風景。畫面往前跳了一格，原來在結婚之前我上京應考，路過一戶農家，夫婦二人正爲了無一兒半女而煩憂，而家中的母牛也即將臨盆。我也只不過是剛好路過而已，來個舉手之勞，幫忙這對夫婦一下，讓他們的母牛順利生下小牛，就繼續上路了。沒想到過沒多久，這位善良的農婦懷孕了，他們夫婦二人就這麼樣地誤以爲我是他們的大貴人。畫面又跳了一格，暴風雨來了，船翻了，會游泳的新郎卻爲了救新娘而雙雙溺斃。

這個故事，是在「如來的小百合」之後，祂們繼續讓我看的。在這一世裡，這對農家夫婦變成了我的雙親，各位就可以想像我的日子會是如何了。新娘變成了好友，一問之下，她有恐水症，爲此，我倆立志要好好學游泳。可是直到今天，她還是她，我還是我，她的頭從來就沒下水過，只能在池邊打水；我呢？會蛙式會自由式，換氣卻老是學不會。（民國九十三年十月我終於學會換氣了）

※　※　※

好亮麗的藍天，好刺眼但又寂靜的沙漠，我正陷在恐怖的流沙中，只剩下一個頭露在外面。頭上纏著白色的絲巾，膚色是古銅色的，眼睛睁得好圓好大，汗水直流，沒辦法，快沒氣了。

右斜前方突然出現了一匹可愛的小白象，背上還蓋了一塊錦緞。下一個畫面，我趴在象背上，小白象馱著我走出了沙漠。那時的我大約二十歲左右，個頭並不高。整個故事，沒有前文也沒有註解，直到今天還是個謎。

※　※　※

六、七年前，一位女士在夢中看見一個老和尚，在夢中她只知道那個人叫做廣欽。醒來之後，她覺得很奇怪，爲什麼她會夢見一位老和尚，而且還會知道他的名字呢？於是她問她先生：「有沒有一位老和尚叫做廣欽的呢？」經過朋友的介紹找到了我，我們相約在承天寺會合。這位女士，是位虔誠的天主教徒，對佛教界很陌生，也不曾去過承天寺。

在廣公紀念堂裡，我看到了他倆的因果故事。這一次比較特別的是，我看到的是連續性的鏡頭，而不是靜止的單格式畫頁，就像是早期用錄影機拍攝的影片，少了聲音而已。畫面的開始是在一個私塾裡，教室的中間是條走道，兩旁各坐了約十多個學生，個個都像是十來歲的小男孩。

鏡頭一轉（不是一跳），我看到了右側這邊，靠走道第一排最後一個位子，坐了一個憨憨的大個兒，他沒有在專心聽課，只是一直把頭向後轉。原來他的後面有一個窗戶，窗戶外，躲著一個小男孩在偷偷地聽課。另一天的開始，偷聽課的小男孩很早就把教室打掃乾淨，也幫老師倒了杯茶水，趁著學生還沒來之前，趕快躲在老師的講桌下。

鏡頭又變，老師很認眞地坐在講桌前講課，可是左側靠走道第一排最前面的那個學生，卻一直望著講桌發呆。我猛然發現，那個男孩居然是我，我之所以發呆是因爲我發現有個人在講桌下，躲在老師的衣襬內。

我知道了，原來老師看到這個負責打掃的窮小孩很愛聽課，於是偷偷地教他提早打掃完畢，躲在講桌下等待上課的開始。這一天，私塾的負責人來巡視，窮小孩一緊張，馬上鑽進老師的衣襬內，只是負責人久久不肯離去。畫面帶到了一個小土堆，旁邊有一老者拿著書本對著小土堆在喃喃自語著。

發生了什麼事呢？猜猜看！窮小孩被悶死了！那位好心的老師心裡好難過，親手埋葬了小男孩，並且終其一生守在墓旁爲窮小孩講課。那個老師就是廣欽老和尚，那個窮小孩，就是這位女士。

我是一邊閉著眼看，一邊描述給她聽，當我講完睜開眼睛的時候，我才發現女士哭了，她很感性地爲這個因果故事下了一個總結：「我好幸福！」

※　※　※

在山路上，一對年輕的夫婦帶著一對小兒女走在回娘家的路上，爸爸牽著兒子，媽媽抱著才幾個月大的小女兒，小女兒就是我。半路殺出了一群強盜，殺死了這一對年輕的夫婦，搶走了所有的財物，也抱走了我的小哥哥，留下驚聲大哭的我依舊躺在媽媽的臂彎裡。來了一位捕快，他因爲辦案經過此地，救起了小女娃，在遍尋不著她的其他親人之後，只好自己一手帶大了她。

小女娃的親舅舅在知道自己的姊姊、姊夫遇害後，著急地到處尋找這一對小兄妹，就連外祖父也傷心得病了，可是卻都一直沒有他們的訊息。後來這位捕快被誣陷，養女為了替養父洗刷冤屈，寫了遺書之後，上吊以明志，就在女孩斷氣的那一剎那，養父也被砍頭了。在這一世裡，自從知道因果故事之後，爸爸、媽媽、小哥哥、養父，舅舅等人陸續地出現了，只是沒多久，有的死了，有的入獄了，有的……。

唉！我還能說些什麼呢？那些橫死山路的場景，上吊的無奈，以及小嬰孩的哭聲，讓我自己很生氣，氣祂們為什麼要讓我看這些已經是歷史的鏡頭。可是我又有什麼能力可以去拒絕呢？

當時的我正在陪著孩子上鋼琴課，祂們居然強迫我在這麼美好的氣氛當中去接收這種訊息，各位，你們不覺得祂們太殘忍了嗎？我盤腿坐在琴房的一個小角落接訊息，卻哭得害鋼琴老師不得不停下課來安慰我。

※　※　※

最近的一次是在八十九年的十一月中旬，我在美容院燙頭髮，趁著這個空檔，我閉起眼來休息一下。我說過，祂們要強迫我接收訊息的時候，絕對不會有時空的限制。先出現一位男士，約四十多歲，稍胖的身材，右手牽著一個小女孩，約六、七歲。兩個人走在沙漠上，走在山林裡，最後在一處海灘邊落腳。

小女孩長到十五、六歲，那位男士死了，女孩將他的屍體放在一艘小船上，然後從沙灘往大海推去，任憑小船在大海漂泊。女孩很無依地走上岸，想了又想，轉身往大海泅水而去，趕上了那艘小船，爬上去，斜躺在男士的左手邊，日曬雨淋，也死了。不用說，我也知道那小女孩是誰。

其實畫面大部分都是很簡單的，只會看到主題，周遭都是模糊的，也沒有什麼血腥或不堪入目的場面，但是就因爲我會同時收到畫面所代表的故事內容，所以當我看到連續性的畫面時，我常會對對方說：「我不知道故事的結果會是怎麼樣，我現在也不知道我看到的人指的是這一世裡的誰，反正我一邊看，一邊畫給你看，一邊描述就是了。」說來也是奇怪，講到最後，故事總能和這一世搭上線。

各位，不曉得您有沒有注意到，那麼多世的我，大部分是女生居多，似乎也總是「不得好死」，年紀輕輕地就走了。

「媽媽」這個名詞，對我來說，很陌生，沒有享受過所謂的母愛，自己也都來不及當媽媽，倒是跟父執輩的比較有緣。日子好像一直很單純，也沒有什麼親戚朋友。怪不得通靈之後，我發現我自己越來越不喜歡與人應酬，只想遠離人群，非常渴望單獨自處的時光。

也許就因爲我那麼多世的夭折，所以腦袋瓜比較天眞比較單純，也就因此被祂們挑中，利用我做一個通靈人。祂們常告訴我人生是用來學習的，也許就是看我多世如此無依，不知道什麼叫做手足情深，不知道什麼叫做「大愛」……，所以在這一世裡，特別安排了一個大大的家族送給我，讓我沈浸在濃濃的愛意中。

但也不能否認，內心深處，我還是浮萍一片。我一直在尋找，尋找眞正的同伴，尋找落腳的地方，尋找眞正的家。我很清楚地感覺到我只是來這裡學習而已，實際上我並不屬於這裡。

我的日子

茉莉花的女兒

我出生在台北縣板橋市江子翠附近的一個農村，那個時候整個村裡有好多戶的人家都在田園裡種了一排排的茉莉花。夏日近傍晚的時分，我常頭戴著斗笠，腰間綁著一個小竹簍子，跟在大人們的後面，有模有樣的動了起來，做什麼呢？上田裡採摘茉莉花！整個村裡採收好的茉莉花全部交由祖父來收購，因此所有的茉莉花都集中在屋內的一個大角落，等祖父用完晚餐之後，就將所有的茉莉花擠呀擠的，塞進三、四個大大的痲袋裡，然後再小心翼翼的綁在腳踏車的上面，頂著夜色經過光復吊橋，載到迪化街交給製茶的廠商。

我最喜歡什麼呢?喜歡趁大人不注意的時候,偷偷的將自己小小的身軀迎面撲倒在茉莉花堆上,雙手直直的插進茉莉花堆裡,再將整個小臉也交給了茉莉花,有時候就連嘴巴裡也塞滿了一朵朵的小花。至於鼻子呢?那就更不用說了,一輩子我也忘不了那滿屋子的茉莉花香。我出生在茉莉花香裡,當然是個「茉莉花的女兒」。

如果時間重新來過,我會……,我還是會選擇成長,也許成長的過程中充滿了酸甜苦辣,但一切都是值得的。曾經說謊過,曾經偷錢過,也曾經作弊過……年幼的無知,年少的輕狂……我和一般人沒什麼兩樣,也只是個普普通通的女孩、女人,直到我會「通靈」。可是通靈後也不見得有多大的差別,因爲通靈只是我的「工作」我的「職業」,其他的時間,也許我比很多人都還要來得更「普通」。

從小至今,如果用短短的幾個字來形容我曾經走過的路,那就是——「我眞的很好命!」很難相信吧!但確實是如此,如果您是從小就認識我,一定拚命點頭說是。一來我沒有太大的經濟煩惱,我想過的日子很簡單,要求並不多,錢夠用到下一個月就行了;二來家人的狀況我也不會太操心,每個人都會生老病死,這是千古不變的定律;三來我的人際關係也不差,隨緣嘛!有什麼好貪好計較的,天生我才必有用。

日子一天天的流逝，白髮早就出現了，有人勸我說：「你怎麼不去染一染呢？看起來會比較年輕。」多累的事！一張漸漸鬆垮的老臉，配上一頭烏黑亮麗的頭髮，搭調嗎？對這些人的好心，我常說：「我是故意去挑染成這個樣子的，看起來還很自然吧！花了我不少錢呢。」小女兒常撥弄著我的頭髮對我說：「媽！你的頭髮實在是有夠細，又少又細的，摸起來感覺好舒服。恭喜你！離你的滿頭白髮越來越近了，因爲你的白頭髮越來越多了！」媽媽躺在病床上，我幫她梳頭一邊欣賞著她那黑裡帶白，白裡透黑的三千煩惱絲，「媽！你的頭髮眞的是好自然好漂亮！」「統統給你好了！」她很開心的回答我。

如果說我有什麼特別的話，我實在是想不出來，整個的成長過程似乎只能用四個字來說明——「太順利了。」別人怎麼以爲我不知道，但我自己覺得包括「通靈」的前前後後，我好像都比別人順利很多，日子好到我不知從何去挑出它的毛病。想起來了，我想我最大的特質就是——「不敢看人低」，越是別人以爲是低層的人，我越是會用心的去對待他，爲什麼會如此？我也不知道，好像從小就是這樣，有點類似好打抱不平，遇強則強，遇弱則弱。

我最怕什麼呢？讀者們願意猜猜看嗎？答案很簡單。這個不是通靈之後的影響，而是從小我就一直是這種德性——「我很怕佔了別人的便宜」。大概就是這種心態的關係，所以心中滿坦然的，從來就不曾害怕別人會在背後說我什麼壞話，就算那些壞話又傳回到我耳中，也根本就起不了任何的作用，只是讓我更認淸楚對方的為人罷了！所以我這個人很難會「失眠」。

因爲從小就是在大家族中長大，所以看了不少聽了不少，也或多或少的學會了如何去應付一些人與人相處的尷尬問題，什麼話該講，什麼話不可以明說，什麼話該就此打住不再傳下去，什麼時候該藉題發揮……，這都不是書本上可以學來的。大家族中什麼年紀的親戚都有，所以又自自然然的會注意到不同的年紀對事情的看法會有不同的體認與見解，然後又發現到不見得年紀越大的人所獲得的掌聲越多。你可以說有人自以爲是，一直活在他年輕時站在人前統御一切的風光時代；有人卻退了下來，學會了交棒學會了更高竿的沉潛，靜靜的欣賞著後浪推前浪，一代傳一代的歷史任務。

而我呢？我常常覺得我是個「異類」，這種感覺是從小就有了，而且還是越來越嚴重，到了最近，周遭的人也學會了用這一句話，只要是我的答案和別人的不太一樣，「誰叫你是個異類！」就出口了。別人以爲我會通靈所以是個異類，我自己呢？最主要的是我發現和我一般個性、一般想法的人實在是太少了，起碼直到今天我也只找到一個很類似的而已，但還不是完全一模一樣。怎麼可能會有一模一樣的呢?能夠找到一個相類似的，就已經讓我感動得快要「痛哭流涕」了。

這種「異類」的感覺，是帶給我「孤單」的主要理由，那是一種「無人知我心深處」的寂寞、失落、無力感。我常常會想要脫離人群，不是把這個肉體帶到空無人煙的地方，而是隨便找個小角落，一個可以讓我輕鬆坐下來的小角落，不管四周圍是如何的喧鬧或是寧靜，只要沒有人認得我、找得到我，就心滿意足了。很快的，我就可以讓自己緩和下來，鑽進自己遐想的世界裡，讓「孤單」稍微有個落腳歇息的時候。

如果那天您在某個咖啡店裡發現我一個人傻傻的坐著，不要過來和我打招呼好嗎?就當作不認得我就行了，我會很感激您的!

我的夢

還記得幾年前有一部西洋片，著名男星羅賓・威廉斯所主演的「美夢成眞」吧!內容是闡述眞愛能夠超越生死的疆界，亙古不渝。我並不是要和各位探討它的劇情，您還記得電影畫面裡在「天界」的那些「人」嗎？有男有女有老有少，注意到了沒有？他們想去哪裡，只要張開雙手揮個兩三下就飛了起來，就像小鳥一樣，拍拍翅膀，展翅飛翔。

知道嗎？我是個從來就不看武俠片也不看武俠小說的人，總覺得打打殺殺報仇來報仇去的很沒有意思，而裡面的主角一個個似乎都是屬於那種不食人間煙火的飄逸人物，讓我覺得「看」得很不實際，跟日常的生活怎麼樣也沾不上一點邊。直到前陣子李安的「臥虎藏龍」獲得大獎，我才好好的看了一場武俠片。我們是租DVD在家裡看的，結果主題曲才一出現，我馬上就從櫃子裡找到了那首旋律的新疆民謠CD，讓在場的孩子們聽聽，我說：「就是這一首嘛，一模一樣的，怎麼會說是創作呢？還得大獎，眞是奇怪！」沒想到過了幾天，報紙上就刊載原創者在提出告訴了。我並不覺得這個片子有什麼特別吸引我的地方，不過那一首邊疆的民謠，打從我第一次聽到，就深深愛上它了。

爲什麼提到武俠片呢？因爲我不看書也不看電影，所以頂多在預告片中看到一些功夫的特寫鏡頭，因此什麼派、什麼功、什麼拳的，我一概不懂，也懶得去懂。直到看到了「美夢成眞」這部電影，才知道……。

常常有人要我為他們「解夢」，天知道，我自己的夢我都沒轍了，又怎能為別人解夢呢？就算我會解釋，您又該如何印證呢？我倒是比較願意相信——「日有所思，夜有所夢」。

不妨仔細想想，也許白天的時候，因為看到某一個事件而讓你的腦袋瓜突然閃過一個人的名字或往日情景，注意！只是個「人名」、「情景」而已，沒想到到了夜晚，想像力創作力豐富的你，就為了這麼一個一閃而過的名字或情景，加油又添醋的編了好大一串的劇情。我就是如此，如果一個夢來得太奇怪了，我就會慢慢往前推想，結果，大部分都可以找到答案。一句話，我的夢沒什麼大不了的，就是前面所說的日有所思夜有所夢吧！

在這裡，我想告訴各位的是我常常會做同樣的夢，同樣的劇情，同樣的「身歷其境」的感覺，也許你會說我靈魂出竅了，可是我的靈魂並沒有飄到半空中，看到我自己的肉體睡在床上（我從來就沒有這種經驗）。所以我應該是在做夢才是。

什麼樣的夢呢？

最多的是這一種：我可以飛，可以在半空中走路，也可以在水面上走路……，大概就是武俠片中的輕功那一類了。在夢中，我想飛的時候，只要把身體稍微向前傾斜，然後雙手再揮個兩三下，就可以飛起來了，好靈活好方便也好快樂。曾經在夢中我沿著河流蜿蜒前進，居然飛到了西藏，看到了布達拉宮，爲此醒來之後，我還特地去找資料，看看布達拉宮附近的地形是否如夢中所見一般。

如果要過河的話，我就踏上水面，輕拂而過。如果要上下樓梯，只要把一隻腳跨出去，這一跨就是好大好大的一步，馬上就到了，再多的階梯也只要一步就夠了。如果要走長路而又不想飛的話，那就像是在三級跳遠，只要跑個兩三步，身體就可以離地，然後可以很清楚的看到自己的雙腳就在半空中交叉跑著，速度好快卻一點兒也不費力。

能夠做這種夢眞是一種「高級享受」，所以當我看到電影「美夢成眞」中「飛起來的動作」和我在夢中的情景完全一樣，各位您就可以知道我當時的悸動了。

另一種「貪財」的夢也常出現，情形是這樣的，每次都發生在打公用電話的時候（以前那種投幣式的公用電話），當我把電話掛上時，就那麼奇怪，公用電話就像吃角子老虎一樣，從下面的出錢口劈哩啪啦的掉下來一大堆的銅板。要拿也不是，不拿也不是，眞是傷腦筋。

偏偏公用電話旁總是會有一條小水溝，水很淸澈，可以看到有一大堆（又是一大堆）的銅板「站著」，大概有五分之四是埋在水溝底部的土中，另外五分之一露出土面，被陽光一照，還會一閃一閃的，只要將手伸進水中輕輕一捏，銅板就可以全部入袋。如果水溝裡的水乾涸的話，那麼又是另一種情形了，銅板依然站著，只是露出土面的看得比較不清楚了，但是也只是用手指頭那麼輕輕的一挖就可以得手了。

妙的是，不管是公用電話的錢或者是水溝裡的錢，都好像老是拿不完。在夢中的我眞不知道是該拿還是不該拿才好。您一定想知道我怎麼做，每次我都只是拿兩三個銅板就會想到：「這不是我的錢，我如果拿走這些錢好像不太對。」念頭一出，夢境就不見了。

直到最近，我才知道什麼叫做「鬼壓床」，實在是有夠後知後覺了，一個通靈的人居然不知道什麼叫做鬼壓床。在小學中學的時候，我常常會在睡覺中感覺到胸部喘不過氣來，好累，好喘，好想趕快醒過來，我知道只要動一下就可以醒過來，就可以沒事了，可是卻又睜不開眼睛，也喊不出來，再怎麼努力，全身上上下下就是沒有一個地方動彈得了，怎麼掙扎都沒有用。

說害怕嘛，也未必完全是，倒是覺得很累，因爲一方面想醒來一方面又實在是很睏。後來終於讓我找到一個最佳的方法，我在心裡唸著「南無觀世音菩薩」，一下子那種被箝制住的感覺就突然不見了，我馬上又睡著了。那段時間常常如此，我也沒有告訴任何人，也不覺得有什麼不妥，從來就沒有想過那些稀奇古怪的說法。

通靈之後，好像也有過一次吧！我知道我在睡覺，也沒有做噩夢，但是會有那種感覺就是了。

一種最緊張的夢，就是考試了，我覺得這比鬼壓床還要難受。知道就要考試了，可是要考的範圍卻老是唸不完，也背不起來，有夠緊張的了。等到上場，一看題目，臉都綠了，一大堆都不會答，想偷看別人的，卻怎麼瞄也瞄不到別人的答案。好不容易終於定下心來決定自己好好作答一番時，看了一下錶，糟糕！馬上就要響鈴交卷了。天啊！我還有一大堆題目連看都還來不及看呢。

這種夢眞是「整人的夢」，偏偏常常發生，醒來之後，我常常會想該如何應付下一次的呢?通靈之後，才讓我找到答案，在夢中試過了兩次之後，這種「噩夢」才沒有繼續再出現。什麼樣的答案呢?看開一點，唸不完就唸不完，背不起來就背不起來，沒什麼大不了的嘛！題目拿到了不會寫就算了，用不著想要偷看想要投機取巧。時間到了，寫多少算多少，交卷就是了，不然還能夠怎麼樣呢?想開了，噩夢遠離。

我所說的這些重複的夢，都有一個共通點，那就是馬上就進入狀態之中，也就是說這些夢沒有頭也沒有尾，就只有當中這一個片段，我會飛、會輕功、電話筒掉銅板、水溝裡撿錢、考試唸不完、作弊等等的鏡頭，好像是「有人在冥冥之中」在考驗著我，考我是否連在夢境中都能夠好好的「謹守本分」。這些夢從小就一直做到現在，並不是通靈之後才會做這種夢的。

那是最深刻的一次了，大約是在兩年前，夢中我走進了一個像是教室的地方，裡面空無一人，從窗口向外探頭出去，卻是一望無垠的大沙漠，我正想著爲什麼在這種地方會有一間教室?突然間我聽到了歌聲，一個很熟悉的旋律，我知道這首歌我沒學過，不知道歌詞是描述些什麼，可是我卻可以哼出它的曲調，於是我跟著哼了起來。

哼呀哼的，越哼越大聲，也越哭越大聲，我不知道爲什麼我會哭，而且聲音大到把自己給吵醒了，咬著棉被我繼續哭。第二天，翻箱倒櫃的，終於找到了這一首讓我哭泣的歌。這之後，才驚訝的發現，從小到大我就是偏愛那種思念遙遠故鄉的歌曲，那種流浪飄泊、孤單無依、期待歸鄉的意境，總是讓我在歌唱時，投入了所有的感情，感受到「我自己」的存在。

＊青青湖畔（蘇格蘭民謠，原曲名爲「羅莽湖邊」）
出城郊風光好，想起老家園，有著鳥鳴和花草香
回憶起小時候，歡樂常與我相聚，在那碧綠青青湖畔
近鄉情怯，抬起頭望故鄉，是否還記得離家時
花滿山湖滿綠，思念與我共相守，何時回到青青湖畔
憶別離心悽悽，離開我故鄉，踏著星光和遙遠路
抬起頭望遠方，寂寞籠罩我心頭，何時見到青青湖畔
近鄉情怯，心中萬種愁，離愁無限長何時休
越高山旅平野，何時才能共相守，回到碧綠青青湖畔

椎心之痛

當我在最嚴重的時候，女兒曾經抗議道：「媽媽！拜託你！請你不要把通靈給帶回家好不好！」那個時候的我並不是不想自我控制。我絕對不願意看到因爲自己的舉止而讓孩子們

受驚。可是我想讓它自由發洩，想找出眞正的原因，偏偏又讓孩子們心靈受到傷害，那種苦又有誰能夠體會呢？

我說過，我是個很好命的人，事實上也的確是如此，所以一些有關於「心痛」、「痛心」的形容詞，例如「眼淚在眼眶裡打滾」、「內心在流血流淚」、「淚水在心窩裡打轉」、「椎心之痛」等等，我根本就沒有機會可以體會得到。

大概是在那一段時間之後吧！祂們拚命給我看我自己的因果故事之後，我終於才有機會可以體會到那些形容詞所描述的是何等無奈的心境。

那一陣子實在很不好過，雖然住在三峽的山中，天天與藍天白雲、青山綠水為伍，但是祂們卻趁著外在的寧靜，訓練我內心的敏感度與應變力。說出來寫出來，也只是希望能給一些在通靈過程中的自家人一點點的經驗談。

首先是這樣的，突然從心窩深處冒出一陣陣淡淡的心酸（所謂的心窩是指兩邊肋骨正下方的凹處），想哭又哭不出來，又不知道到底是怎麼一回事，可是也只是一會兒的時間，它又慢慢的緩和了下來。幾次之後，這種心酸的感覺加劇，當然了，心情也只會更不好受，可是一樣的，我還是不知道到底是怎麼一回事，到底是不是祂們來找我呢？如果是祂們來了，那麼是要告訴我什麼事嗎？還是快要發生什麼大事了呢？眼淚流下來了，流得很莫名其妙，心是酸的卻又帶點兒害怕和緊張。淚水是鹹的，腦袋瓜卻清醒得很，只是找不到答案而已，所以我才會說眼淚流得很莫名其妙。

再接下來的可不是這麼簡單了，已不是心酸而是變成心痛了，然而它又不是眞正肉體的痛，而是一種無名的心痛感覺。這種感覺「好慘」，就像是天底下只剩下你這個人，好孤單好孤單，想回家卻又找不到回家的路，孤零零的一個人望著滿天的星斗，只有大聲哭號，藉著淚水洗淨滿身的疲憊。如果這是答案也就罷了，偏偏這只是我自己的感覺，我根本就不知道答案是否眞的就是如此。

怎麼辦呢？一次又一次的不按牌理出牌，一次又一次的偸襲著我，總是在我完全沒有防備的情況下，把我整個人給擊潰了。

祂們常選擇夜間我在山路中開車的時候悄悄的爬上了我的心頭，很清楚的知道「又來了」，可是卻又不知該如何是好，只知道馬上我又得淚流滿面了。那是在夜間，又是在山路中開著車，如果眼前的視線模糊，那可是很危險的，何況三個孩子還在後座睡著呢。

於是我只好強忍著淚水，拚命忍，拚命的忍，怎麼樣也不能讓自己哭出來。結果，「眼

「涙水在心窩裡打轉」……全都清清楚楚的體會到了，清楚到我都可以知道涙水是順著時鐘的方向還是逆著時鐘的方向在心窩裡打轉。那種「轉」進去、「鑽」進去的感覺眞的是——「椎心之痛」。

後來，在家中，祂們也依然不放過我，突然之間「又來了」，來的速度又快又猛，這個時候我已來不及準備了，只能馬上緊咬著牙或張開嘴巴大聲呼氣，實在沒辦法了，就衝進洗手間趴在洗臉台上「狠狠的」大哭一場。就是家中的這幾次把孩子們給嚇壞了，年紀小小的他們又怎會知道媽媽也是無可奈何啊！最後，我學聰明了，我選擇躲進被窩裡讓自己哭個痛快快！

曾經我也想過，是不是上面發生了什麼事，祂們不忍心告訴我，可是我卻心電感應的收得到一丁點的訊息，也許這一丁點的訊息正是祂們心中的「痛」，祂們心痛我也不好過，是不是這樣子呢？可是一想到如果眞是這樣，我只會哭得更糟糕。

最嚴重的終於過去了，慢慢的，所有的步驟依序倒轉回來，心痛的感覺又回復到一陣陣心酸的感覺，然後再退化到必須很敏感才能感覺到有那麼一點點的心酸。最後，連涙水也終於打住了。

現在呢？想通了！痲痺了！就算是祂們出了事，我又能夠怎麼樣呢？「我感覺怪怪的！」變成是我的口頭禪了，「管他的！天下無大事，有事也不關我的事！」自言自語的就這麼帶過了。日子又正常了。

也許吧！也許祂們藉由這種的訓練，讓我不再執著，讓我學會「跳脫」出來，不再深陷在一般世間人的感覺裡。但也因爲如此的經歷，我似乎變得比較「沒有情」，也許應該是這麼說才是——我把一般世間人的感情看得很淡了。

掌聲響起

那一天，從高雄回來，很累！卻不知道這樣南北奔波的日子還要多久！雖然我很願意爲大家服務，可是體力實在有限，加上每個月的月初，家人還得被掛不到號的朋友們數落一番，有時候眞想就此打住！若不是爲了把因果輪迴轉世的理念傳播出去，若不是老天爺在後面支撐，我想我的身子早就垮了！

家人常取笑我說：「妳是個標準的廉價勞工，比菲傭和泰勞都不如！妳坐了三、四個鐘頭，說了一大堆的話，連聲音都沙啞了，除了集中精神調閱資料以外，還得接受現場的印證與挑戰，下場如何呢？只為自己賺進五百元而已！」

如果眞要用這種方式養家活口，那一定有問題。有很多讀者這麼告訴我：「陳太太，我告訴妳，我把妳的書借給好多朋友看！」當場，我一定很坦白、也很大聲的回對方一句話：「拜託！我也只有靠版稅才能賺錢，你卻好心借書給別人看！」

就是那一天，從高雄回來的那一個晚上，到家已經晚間十點多了，好累！隔天一大早，又得趕九點鐘鬱金香主辦的座談會……，終於可以上床休息了！合上雙眼的那一瞬間，不禁問自己：「這樣做，對嗎？眞值得這樣繼續做下去嗎？為什麼我非得要『單飛』呢？眞的沒有人可以和我作伴嗎？」

半夜被歌聲吵醒，迷迷糊糊間，只聽到自己不斷地重複唱著一小段歌詞：「掌聲響起來，我心更明白」。就像上一次一樣，那一次是那首蘇格蘭民謠「青青湖畔」：出城郊，風光好，想起老家園……。而這次，我知道歌名應該是「掌聲響起」，可是歌詞的內容又是如何呢？這其中含有什麼樣的天機呢？祂們想要暗示我什麼嗎？我一定要找到答案！

特地到唱片行找答案，翻了許久，那是歌星鳳飛飛小姐很有名的一首歌，仔細的看了歌詞內容，心，酸了……。

＊掌聲響起

孤獨站在這舞台，聽到掌聲響起來，我的心中有無限感慨，
多少青春不再，多少時光已更改，我還擁有你的愛。
好像初次的舞台，聽到第一聲喝采，我的眼淚忍不住掉下來，
經過多少失敗，經過多少等待，告訴自己要忍耐。
掌聲響起來，我心更明白，你的心將與我同在；
掌聲響起來，我心更明白，歌聲交會你我的愛！

通靈人的悲哀

本來，我是不想提這個問題的，偏偏這卻是一般人最容易誤解的。

我一點都沒有抗議的意思，只是幾年下來也差不多痲痹了，看了那麼多的災難預告片，我卻一點也幫不上忙，只能提前大哭一番，還能如何呢？知道了那麼多的個人因果，又怎麼樣？

也不能將它們編成劇本拿去賣錢。祂們一再地叫我要隱姓埋名，生活要單純化少應酬，爲了此事，先生相當不滿，告訴我的親朋好友說我得了自閉症……，是啊！我還是個人嗎？

還記得是民國八十六年的雙十節國慶，朋友打電話給我，告訴我說有一架表演的軍機摔下來了，我告訴他說：「我不擔心這個，我看到的是一架好大的客機摔下來了。」幾個月之後，華航大園空難發生了。朋友又來電話，可是我又說了：「我又看到了……。」那一陣子接二連三的空難事件，就像是「機瘟」一般，我幾乎事先都已看過預告片，每次預告片成眞的時候，各位可能你們眞的是很難想像我的心情，我只能躲在牆角哭個不停。不知情的兒子還笑著對我說：「媽媽！你一定就是那個瘟神。」

七二九大停電之前兩個鐘頭，我整個人的胸口像被什麼東西狠狠地揪住了一樣，痛得要命，正準備送去醫院急診時，恰巧停電了，因爲地下室的鐵捲門打不開而作罷。沒想到一停電我反而就好了，一夜安睡到天明，直到第二天才知道事態那麼嚴重。看預告片最嚴重的時候，連隔天才會發生的頭條社會新聞，大概都能夠模模糊糊地「事先看到」。

這種享有看預告片的特權除了讓我「提前」大哭特哭，七上八下等著看預告片成眞之外，我還能做些什麼呢？難道，我還有心情到處嚷嚷說「我事先都已經知道了」嗎？是啊！我是事先知道沒錯，不過我也只是看到飛機摔下來而已，至於是哪一天，哪一家航空公司，哪一班次……，我一概不知。難道祂們是想訓練我「先天下之憂而憂」嗎？有這個必要嗎？

後來我實在承受不了了，我好氣祂們，也好氣我自己，我只好拜託祂們不要再折磨我了，因爲我眞的無能爲力，我沒有任何的辦法可以改變一切。從此以後，祂們不再讓我看預告片了，不過改變方式，換成送我兩個字——「災難」。八掌溪事件、高屏大橋的斷裂都是在事發前的兩、三天就出現了「災難」兩個字，還出現了地藏王菩薩。說也奇怪，九二一大地震、新航空難我倒是什麼感覺都沒有。

直到現在，我想祂們可能是想利用預告片的原理，告訴我一些有關於祂們與我們之間生存的某些原則，某些依據……，那種感覺我實在說不上來。我會好好地想一想這個問題，也許那一天，我弄清楚了，我會再告訴各位的。

看倌！可別羨慕我！「杜鵑窩」一直離我好近好近，如果能塞得下也就算了，偏偏我還會寫自己的名字、住址……，它們嫌我還不夠資格，不讓我進去。我的情形並不是徘徊在兩個時空，而是活活地生存在多重時空之間，常常是在一口氣、一剎那之間，就已經進入了不知名的時空。稍有不慎，就眞的是不知道今夕是何夕，不知我是誰了。

到底是我拜訪了過去世界、未來世界，還是祂們來到了我的世界，這個重要嗎？對我來說，這又有什麼差別。到頭來，人生猶如一場夢，不是嗎？其實有時候更應該說人的一生只是一個畫面。多慘啊！汲汲營營了老半天，對這個大宇宙來說居然只是連續劇裡的一個畫面而已！誰會相信？我就會相信！因爲我就很會玩「看圖說故事」的遊戲。想想，一個人的一生就僅僅需要一個畫面就可以全盤道盡，悲慘吧！

通靈人除了限制比一般人多之外，還必須時時刻刻提醒自己，思想要純正、行爲要光明磊落，更必須以身作則，心口如一。這豈不是「非人」的生活嗎？是啊！只要稍不注意，懲罰就來了。祂們說一有懲罰，我才會反省自己，才會進步，如果沒有懲罰，我一定是趾高氣揚，早就走火入魔了。

對於懲罰我必須加以說明，祂們不完全是來硬的，有時候反而是用軟的，這個才更可怕。舉例來說，今天某一個人的言語或行爲，讓我覺得他好差勁，好虛僞，可是往往在第二天就會有事實證明這個人並非如此，於是就把我昨天的判斷給全部作廢掉。說清楚一些，就是昨天我把這個人往壞的角度去想，今天就有事實證明我的想法實在太齷齪，直覺也太差勁了。

這種方式，坦白說非常地令我汗顏，覺得自己好卑鄙，眞的只有用「卑鄙」兩個字才足以形容我汗顏的程度。幾次之後，雖然沒有斷根，但是我繼續在努力，努力去思考某些問題，對人盡量往好的方面去想，寧可我被別人誤會，也不能我去誤會別人。

想想，祂們是對的，再壞的人也絕對有他善良、可愛、純眞的一面。這種對人心態的改變，讓我的日子好過多了。是啊！「一體兩面」，爲什麼一般人就不能從好的那一面去揣測別人呢？為什麼非要雞蛋裡挑骨頭呢？我想祂們一而再，再而三地用別人來測試我糾正我，為了就是讓我逐漸把這種思想生活化。一方面要我「看人往好的地方想」，一方面又教我「面對預告片要麻痹」，這種差異也未免太大了吧。

但是祂們真的就是這般地訓練我。當我算命時，只要對方遲到超過十分鐘，一句話，棉花店失火——免談（免彈），關於這一點，祂們教我的是要學會「狠」。不管來者是來自台東還是來自隔壁，反正遲到就是什麼訊息也收不到。就算來者一直懇求，我也真的愛莫能助，只有低頭向人賠不是。

相反的，如果是祂們要我傳達訊息給對方，而我卻自作聰明地把該句訊息給忍了下來不說，那也一樣，我會突然覺得喉嚨好怪，一句話也說不出來。除非我很尷尬地把忍住的那一句訊息向對方說明白，否則任憑我再怎麼道歉，祂們也不會放過我的。

幾次之後，客人學乖了，我更是不敢怠慢祂們的任何一個訊息。（後來我才注意到被我忍下來的訊息往往就是對方最大的心結，如果我先講出來，那麼對方一定會覺得很驚訝，接下來我所說的自然他就聽得進去。）天下奇聞吧！

這種種的訓練難道不是通靈人的悲哀嗎？為什麼祂們非要如此呢？因為我必須時時刻刻

做出最佳的處置方式，不能有一丁點的疏失或一丁點的拖延。看清楚，一丁點的拖延。沒錯，只要還未到絕路，祂們絕對不允許我有「放棄」的念頭。為了不能放棄，為了達到盡善盡美，祂們逼得我把人世間之寶——「面子」給踩在腳底下。懂嗎？

「放下身段」絕對也是一門必修的重要課程。結果通靈幾年下來，我成了多面人（術語可能是人格分裂症）。還好的是，祂們對我還是有特別的照顧，如果說還有什麼不能適應的，那大概就是祂們強迫我接收的因果故事了，那是一些有關於我自己過去世的因果。那些因果故事直到現在還影響著我的生活，我實在是不知道該如何去消化它們。這不也是悲哀之一嗎？

孤獨卻又帶點孤芳自賞，沒有一個偶像可供模仿可供參考，也沒有一個能夠眞正了解自己的朋友，偏偏又得承受別人異樣的眼光，這種日子好過嗎？為人解惑時，說我是活菩薩、活神仙；當我心煩不算時，說我驕傲，說我不為眾生著想不為蒼生分憂。

天啊！我只是一個人，一個女人而已，我還得過凡人的生活啊！我非常討厭那些把方便當隨便的人。我是義務幫忙沒有錯，但當我想休息時，老天爺放了手，世間人卻不放過我，我錯了嗎？我沒有犧牲奉獻的精神嗎？朋友為我辯解，教我告訴別人「休息是為了走更遠的路」。

想起來了，現在、過去也就不談了，如果經過時間證明當初我講的「未來」眞的應驗了，那麼，好的，我會替別人高興；壞的，不吉利的，我只好竊笑自己是個烏鴉嘴。也因爲這「烏鴉嘴」的封號，讓我自己不得不盡量去學習，學習避免口出惡言。至於事後證明是「不準」的，那就只好點滴在心頭了，我會想：到底是我這個翻譯者出了差錯？還是原文版本身就印錯了呢？這個問題一直困擾著我，偏偏始終是個無解的問題。就因爲不想「誤導」別人，也不願意說謊騙別人，於是不準的發生造成了我必須時時刻刻、戰戰兢兢地面對每一件事、每一個人。

想到被丟棄在地球的某一角，想要GO HOME，想要逃避，想要放棄，想要……可能嗎？一點辦法也沒有，只有一天度過一天，無法規劃明天，無法規劃未來。

既然沒有辦法改變事實，只有改變我自己的心態。我試著告訴自己：「我的明天、我的未來、我的理想，就是努力達成祂們對我的期望。」祂們對我有什麼期望呢？我不知道，我只知道祂們隨時隨地都要求我走好每一個腳步。

通靈人的危險

對我而言，「通靈者」只是個被異次元控制的工具而已。如果是神明菩薩主掌，那還不錯，如果是被魔鬼控制，那只好自求多福了，再加上我既不是拜師或看書學來的，也不是在特殊狀態下獲得此能力（如大病一場或車禍撞擊等），所以一點都沒有什麼了不起。

「通靈」充其量只是個「義工」的工作性質而已，既非權利更不是權力，而是又苦又甜的義務。這個工具也沒什麼大不了，也只不過是個即時的解碼翻譯工具，就好像將電腦裡的程式語言變成機器語言，如此罷了！沒什麼神秘好言的。

以下所說的都不是其他書上抄襲來的也不是某一位大師的開示，完完全全是我個人的經驗，是否能轉變應用在其他的通靈者身上，我也不知道。我的目的不是要教導別人，我只是記錄下我的經驗我的心得，提供給大家做個參考而已，各位不妨就把它當作是科幻小說，看過就好。

首先必須有執照（License），通靈者必須有祂們的執照否則就成了密醫，就不能洩漏天機。當然了，執照權力的大小又牽涉到通靈者的能力，執照越高能獲得的天機也越多。換個角度來看看祂們，祂們也必須有執照才能光明正大地與通靈者聯繫搭上線。我再舉個更簡單的例子，通靈者的執照就像是「駕照」，而祂們的執照就像是「行照」。

只要有駕照就能開車，但只要上路就必須帶著此交通工具的證明——行照。如果只有行照卻沒有駕照那豈不就是成了無照駕駛，合法嗎？再舉一個例子，開診所除了要有營業登記證，看診的醫師也還必須有醫師執照，如果沒有醫師執照那不就是密醫的行爲嗎？如果沒有營業登記證那豈不是又變成了無照營業嗎？

很清楚了吧！所以通靈越高者可以選擇他想要通（與對方搭上線）祂們之中的那一位，或是通那幾位，或者是「統統」通，也就是說決定權大部分在通靈者這邊。當然了，反過來的情形則比較多見，也就是說由祂們來決定來挑選通靈者。祂們的執照怎麼來的，我不知道；而通靈者的執照又是怎麼來的，我更是不知道。我只是了解駕照與行照的關係，我也知道我擁有駕照，但我絕對沒有那麼大的本事可以挑選祂們，因爲我只能被祂們利用而已。

了解了駕照與行照的關係才能進一步談通靈人的危險，唯有了解自己的權力才能知方寸知所進退。一般的通靈者也許未必知道自己是否有執照，這有一種很簡單的判斷方法，只要看看指點別人迷津之後是否自己會有不測或有不適，如是這樣，那麼奉勸此君以後少開尊口，不是說為了別人犧牲自己又何妨，而是應該承認自己的修行有待加強。也許通靈的功夫真的是一流，但一般生活上的修行好像還不足以為人表率，所以無法拿到執照。

舉個例，就好像開車功夫一級棒，卻偏偏未達到考駕照的年齡，怎麼辦？一個字——「等」。在這個等的過程中就是修，讓自己修到更適合駕車的心性，除了年紀達到之外，心性也已成熟，不會開快車，不會闖紅燈，尊重行人等等。

第一個基本的危險——會通的人未必知道自己有沒有執照，也未必知道來的祂們有沒有執照。如果祂們沒有執照也就表示祂們還不夠資格，就算是好心出來指點迷津也常會出差錯。當然了祂們的執照也有分別，例如有的是財經博士，有的是醫藥博士，有的是政治博士等等。

如果來了一個擁有財經執照的祂們好心為我們開藥方，你說，身為凡夫的我們是要高興？苦笑？還是拒絕呢？總之，不要以為通靈者什麼都行，更不要以為祂們是萬能，如果祂們眞是萬能的話，又何須多此一舉透過通靈者呢？

第二個基本的危險──通靈人是否會隨時求成長，並且因材施敎。通靈者會不會用對方最容易了解的語言，再依對方的個性適時地將祂們的訊息傳達給對方？否則的話，只會翻譯卻又無法用對方能夠接受的表達方式，那麼也是白費力氣。譬如說同樣一個意思，可以用鼓勵的方式也可以用激將法的方式，如何才能夠達到解惑而又能夠感動對方的表達方法，其實比會翻譯原文重要多了。

另外，如果通靈者拒絕吸收新知識或不了解最新的社會動態，又該如何將老天爺的訊息傳達出來，並且落實在生活上呢？（進行心理諮商時，通常用最近的社會新聞加以舉例說明最容易讓對方進入狀況）因此，如果一個通靈者不在當今的潮流中跟著流行走，連這種最起碼的危機意識都沒有的話，那麼老天爺一定會收走他的執照。

想想看，祂們是高科技的製造者，所以，怎會忍受得了「不長進」的通靈者呢？舉例來說，不了解環保的重要，不尊重大自然，不尊重生命……，想想夠資格做一個通靈者嗎？當然了，除了自己必須要身體力行之外，也要會引導來問事的人一起走向更有尊嚴的時代，如此才不辜負老天爺的美意。

第三個基本的危險——通靈者最怕的就是通得「準」，然後被人「拱」著。也許那只不過是偶爾幾次準確但卻已被人視爲奇蹟，於是拱啊拱的，沒多久就「忘了我是誰」。一旦忘了我是誰的時候，也就是走向被淘汰的開始，如何把持得住，實在是一門非常非常難過關的關卡，偏偏世間人又愛聽美言，幾次下來陶陶然，昏了，也就完了。

一開始通靈時，我就有所警惕，不管周遭的人怎麼勸我、怎麼拜託我，我還是狠下心來對祂們說出我的決定：一不拜師、二不收徒弟、三不蓋廟、四不收錢不收禮。（當我借用朋友的店面爲人服務時，我就會讓來者隨緣付費，然後將收來的錢全部交給了朋友，讓他做爲付給房東的租金。）

但是相對的，我要求祂們留給我自己的是自由之身，我很怕受到任何人加諸到我身上的限制，例如當我一個人時，我就很不喜歡讓人知道我要去那裡我在那裡。外人的閒言閒語對我而言根本不構成任何的威脅，因爲如果我自知問心無愧，那又有啥好怕的，又有什麼不敢面對的，更何況爲什麼一定要求得外人的諒解呢？

一般來說名與利是最難過的關卡，再來就是情與色了。世間人不懂這個道理，卻反而害了他們的師父，害了當初幫忙他們的通靈者，不過通靈者自己不會拒絕也是一大錯誤。因此，偷偷告訴各位，如果有心有意要破解通靈者的功夫，請多美言幾句，再用名利誘惑……，是否功夫仍在，一試便知。

除了世間人的誘惑之外，遠在「異域」的祂們也常常會利用同樣的方法來考考擁有駕照的「通靈者」，我們就姑且稱之爲「魔考」，我想所謂的魔考不必我再加以解釋。有一點也許較不爲人知的，我個人把它稱做是「倒考」。

我眞的是把它稱做倒考，也就是說按照一般常理應該是如此的答案，可是陷阱也就在此，它的答案卻偏偏不是如此，反而是其他的答案。除了要會說出祂們以爲正確的答案之外（有時祂們眞正的答案與一般常理所推測的剛好顚倒），祂們還要求通靈者說出爲什麼答案不一樣的理由。

說穿了，也沒什麼，也只是在「情、理、法」之間好好地想一想，想想這三個字之中，到底是那一個字應該排在第一位，那一個字應該排在最後。舉個最簡單的例子，我們總是說「勸合不勸離」，可是標準答案卻是「勸離不勸合」，並請與老天爺爭辯，據理力爭，說說爲什麼是勸離不勸合……，這眞的很難考。

不管是什麼樣的魔考，正考也罷，倒考也罷，通靈人基本上是不知道祂們那時候要考試，往往是被考完了才被通知「剛剛是在考試」。祂們說祂們也只不過是要求通靈者時時保持最佳的心智狀況，不為人所左右，如此而已。對了，不要誤會了，考「倒考」之前，祂們絕不會告訴通靈人這是「倒考」題，難就難在這裡了。

祂們的另一個用意也只不過是要我們不要被祂們「唬」住了，祂們要我們保持清醒，那是因為祂們也常有做錯的時候。所以千千萬萬不要「迷信」，不要「死忠」。時間久了，有些通靈人就成了很會辯論很有口才的人，因為他們就是這樣被訓練過來的。這倒是通靈人當初沒有想到的一個特別收穫，是好？是壞？見仁見智。像我這樣不是自己修來的通靈方式，就常會因辯才無礙，在說服了別人的同時，也膨脹了自己，於是危險又來了，忘了眞有本事的是「祂們」，而不是自己。

第四個基本的危險——一旦執照被收走了，請問通靈者自己知道嗎？也許走了菩薩來了魔鬼，通靈者知道嗎？就算他知道了，他願意拉下臉來坦誠地告訴來者：「我現在收不到訊息了！」

這實在很難說出口。如果實在難出口，不妨出去走走離開一陣子，讓自己靜下來，反省一下，調適一下，也許執照又會再發下來，不過也有可能永遠不再來了。心可以坦然面對嗎？多的是通靈者度不過這一關。爲了突破這一危險，通靈者除了必須要自持甚嚴之外，還必須隨時能夠「放得開」、「捨得下」，稍傻與瀟灑必須兼具。

有沒有另一種的思考方式呢？也許附魔、收走執照都是來假的，都是「倒考」，祂們眞正想知道的是通靈者如何自行處理後半段，如何「安」自己的心，如何再踏出下一步重新生活，我說的還有一點道理吧！所以我說通靈者的日子，根本就不是人過的，天天戰戰兢兢，時時捫心自省，除非是嚥下了最後一口氣，否則根據我的經驗，日子沒有一刻是輕鬆的。

除了以上的有沒有執照、會不會因材施教、通不通得過魔考，以及如何自在地面對突發狀況之外，還有一點挺重要的，那就是是否隨時隨地能讓自己「放空」進入狀況。

本事大的根本就沒有時間空間的限制，因爲人能走，祂們也能走，如果人被限制在某地，可憐的祂們也只得窩在那裡了。所以說嘛！本事大的……，說穿了，也不過是腦袋空空而已！很難想像吧！但再想想，唯有空，才能很淸楚地接收訊息，不被干擾；唯有空，速度才會快，也才不會有雜訊。

所以各位不妨注意一下，本事高的通靈者，腦袋空，口袋空，情感也空，日子是再簡單不過了，除了服務的時間外，似乎連講話都是多餘的。世間的一切好像不太容易引起他的眷戀，稍一不慎，自我了斷的念頭就會竄起，想試著追隨祂們而去，偏偏……，唉！連這自我了斷的念頭也往往是魔考、是倒考。

可憐的通靈者，別把「職業道德」給忘了，就算是什麼都「通得到」，可是到底什麼可以說，什麼不可以說，就存在一念之間了。找過我的人，應該有很多人聽過我的一句話：「這是別人家的事，與你何干，菩薩說這不關你的事，祂們說不會回答你的問題。」是的！有所為與有所不為，連祂們都知道該有所分寸，更何況是我們。祂們說，這麼多的危機，這麼多對通靈人的要求，為的也只是保障世間人，祂們為了保護世間人，只好嚴格篩選通靈人了。

祂們說：「我們有錯嗎？」

看病與收驚

我有兩個通靈的朋友，一個主要的工作是幫人「看病」，一個是「算命」，至於我呢？我的工作也比較偏向於算命。三個人都會通靈，但是所走的路線卻不太一樣，這就像我在〈通靈人的危險〉那一章中所說的「駕照」與「行照」的關係和限制。三個臭皮匠隸屬於三個族群，一個是客家人，一個是原住民，我則是台灣人，人家說同行相忌，而我們呢？不但是族群融合還同行相扶持呢。

我一再地強調，我所寫的全部都是我的經驗，絕沒有危言聳聽或想要妖言惑眾，為的只是提出來供有心人士做為參考的素材，這一章也不例外。我常有一個很天眞很樂觀的想法，假想著如果在每個領域，大家都能夠拋棄成見，捐出自己的秘方，一起來研討改進，那麼不用多久，這個社會一定就會是個大同世界。多好！

專攻「看病」的那位朋友，當患者來到他面前，他的身體就像複印的機器一般，對方身上所有的病痛他也一模一樣的完全感受得到。如果來者咳個不停，可憐的他，也只好奉陪到底；如果來者是腰痠背痛，那他也只好挺著腰痠背痛的身體，幫對方看「腰痠背痛」的病了……。他最常說的「笑話」就是：「我最怕來找我的人是患有婦女病的女人，雖然我沒有子宮沒有卵巢……，但是我照樣會很痛，很不舒服。」所以說嘛，通靈人的日子，又豈是常人所能了解的。至於他看病的方法，感覺上有一點點像是在用氣功幫對方治療。

另一個「算命」的通靈朋友，如果患者經過她身邊，她就可能聞到不好聞的味道，或者閉起眼，看到對方的某些病因。我是最差勁的了，既聞不到味道，看不到病因，也感受不到對方的痛苦。偏偏一剛開始通靈的時候，我卻是幫別人看病的。說來話長，不過畢竟那也是一種經驗，還是值得寫出來。

怎麼開始的呢？請注意我這一方面的過程和想法的改變。來者主要是請我幫他算命的，只是順口問我他的身體狀況如何。這個時候，我閉起眼，自然就有訊息讓我知道對方的身體狀況，當然了，我一定是照實說出來（通常我不會去想我到底能不能猜對，我說過我只是個翻譯機器）。

怪就怪在這裡了，十次中大概有七、八次會猜對，而錯誤的二三人中又常常發生怪事，也就是過不久之後，此人眞的患了我所說的病症（我絕對不騙各位，我眞的是一個大烏鴉嘴）。那時候也眞的是太不懂事了，當對方說：「那要怎麼辦呢？」我常常就會說：「我幫你試試看！」於是就動起手來了。一下子按摩，一下子搥搥打打的，一下子又好像是在灌氣，一下子又指壓……。

從一開始我就是一直很誠實地告訴對方，我眞的一點都不知道我到底在為他做什麼，因為我自己是一點感覺都沒有。可是妙也妙在這兒，對方往往會說：「你手經過的地方，我眞的能夠感覺到有熱氣……。」在我的立場，我就只是把我自己的身體借給祂們而已，完全由祂們自行發揮，要「治療」多久，全由祂們作主，我根本就只是個替身，是個傀儡而已。

我的手在用力地「動」，而我的嘴巴也沒閒著，一邊和旁人聊天論因果，這倒是個很奇怪的畫面。在一旁觀看的人常會心疼地問我：「陳太太，你要不要先休息一下呢？你不會累嗎？手不會痛嗎？我看你的手都紅了。」

我總是笑嘻嘻地答：「你看，我有在喘嗎？你看我的力道有越來越小嗎？我手動的節奏有不一樣嗎？我都還可以心平氣和地和你們談論因果，我怎麼會累呢？不要擔心，不是我在治病，我只是把手借給祂們而已。」一整天下來，我的手腳不會痠也不會痛，相反地還感覺到全身舒暢無比。

沒多久，我就發現到似乎有點不太對勁，爲什麼呢？從小到大，我對醫學，不管是中醫還是西醫，我都是個門外漢；什麼偏方、補藥、營養品……，我一概不知。朋友常笑我是那種直來直往、一條腸子通到底，喜怒哀樂全都寫在臉上，一看便知的人。而現在要我對自己沒有把握，甚至於是完全不懂的「醫學」自圓其說，還要別人相信我所說的話，那簡直是在折磨我，要我的命。

其實爲了通靈治病，有一陣子我很用功，買了好多書也看了許多，一心一意想搞清楚什麼叫做任督二脈，什麼叫做五臟六腑……，結果就如同我看佛經一樣，非常的努力造成了非常的健忘與非常的遺忘。最後我老實告訴祂們：「對不起！我盡力了！其他的你們自己看著辦吧！」從此以後，我自動放棄了這一門課的學分。

在我看病的過程中，還有一種比較特殊的現象，那就是一般人所謂的「因果病」了。通常祂們會先讓我知道對方的病症到底是這一世身體上眞正出了毛病，還是因爲過去世的因果造成了這一世的病痛。

一般來說，如果祂們在算命一開始的時候就讓我看到一些畫面，那麼這些畫面絕大部分一定是過去世的因果，因此我可以在一邊看畫面的同時，就領悟到此人此世的個性以及可能會罹患的疾病，很玄的是，猜對的百分比，幾乎是百分之九十以上。我不是在自誇，因爲不是我厲害，我想要表達的是請各位特別注意因果的可怕性，以及黑盒子、超級電腦的重要性。

如果不是因果病，那麼我會拜託他趕快去看醫生，也許我會提醒他：「你跟西醫（或是中醫）比較有緣，你跟某某醫院比較有緣。」如果是因果病，我只能告訴來者我所看到的因果故事內容，並且印證一些事情讓他相信。待他了解之後，我還是會勸他先去就醫，並且再三強調必須要多行善，病情才會好得比較快。我會很仔細地告訴對方怎麼樣去試著改變自己的心態接受某些事實，我也會教他如何從某一個角度去多行善，除此之外，其他的我實在是愛莫能助了。

曾經有很多人一再地拜託我：「你一定要幫我的忙！過去世我做錯了，現在我知錯了，請菩薩赦免我的罪，拜託！拜託！請你跟菩薩求情，好不好？」我總是很嚴肅地回答對方：「如果菩薩能夠赦免你的罪，那麼那一世裡的受害者又要去向誰伸冤呢？這樣也太沒有天理了吧！再說，如果你就是那一個受害者，你要怎麼辦呢？」

也有人在聽完我的話，馬上接著說：「那你通的一定不是佛祖菩薩，祂們都是救苦救難的，祂們不會見死不救！」不是我狠心不動手幫對方的忙，事實是——我眞的無能爲力。因爲因果輪迴轉世是神佛菩薩也作不了主、幫不了忙的。

說點輕鬆的，「收驚」的本事，祂們好像還滿有一套的。坊間一般的作法是要本人或者是當事人的衣物才能收驚，可是我的「祂們」卻都不需要，不但如此，而且還是隔空收驚呢！

對於我不認識的人，我僅需對方的名字、住址，就能收驚了，甚至於連香也不用拿。至於我在虛空中比手劃腳一番，到底在畫些什麼符咒，看倌，答案是：「我也不知道！」就如同治病一樣，我也只是把手又借給了祂們而已。我常會這麼想，應該是說對方剛好要好了，而我的收驚只是正逢其時，純屬巧合罷了。

目前，治病的事，我早已不做了，收驚的服務也是偶爾爲之。我實在是不願意爲了我自己所不了解的「能力」而誤導了別人、害了別人。也許我枉費了祂們的一番好意，一番對我的期待，但是，我只是個平凡的人，我承受不了那麼多，與其做不好，不如不要做。但是在

「心理諮商」的這個領域，我覺得我對得起祂們。

談一談別的吧！如果我有病痛，祂們又是如何地對待我呢？印象最深刻的是在大學時代，有一次半夜肚子絞痛，扶著牆壁撐著到廁所，一蹲下去全身直冒冷汗，又是冷又是痛。最後痛得實在是受不了了，整個人倒在廁所的地板上，再也站不起來了。想想在大半夜，廁所又在屋子的最後端，離最近的家人起碼還有十五公尺的距離，我根本就沒有力氣發出任何一點聲音呼救……。

心急了，開始默唸「白衣大士神咒」，一字一字慢慢在心中默唸著。短短才九十多個字的咒語，都還沒有默唸完，我就已經解脫，完全好了，擦擦汗擦擦屁股，走回房間繼續睡覺。直到今天，不瞞各位，所有的佛經或是咒語，我只會「白衣大士神咒」，那還是我未通靈之前就已經會背的。

有一次，牙醫師爲了幫我修補蛀牙上的洞而打了痲醉劑，回到家之後，我居然撐不住而想要閉上眼睛躺下來。我直喊著：「快點！快點！我快要昏過去了！」好不容易爬上了床，緊張的先生站在一旁守著我。奇怪的是，看完牙醫之後，我還可以騎摩托車回家，回到家後，還煮了晚飯，一直等到我端起了飯碗準備吃第一口飯時，痲醉藥效才又開始再度發作。

各位，注意到了沒有，祂們也眞會挑時間，算準我有空了，才讓我發作。

迷迷糊糊中，我還會描述我看到的畫面讓先生知道。我說：「我變成了一個Baby，我躺在菩薩的臂彎裡，啊！菩薩抱著我呢！啊！菩薩低下頭了，祂眉毛中間的那個佛光照下來了，照在我的身上，好暖和，好舒服喔！」故事到這裡就結束了，因爲我馬上就昏睡過去了。大約一個鐘頭後，醒來了，沒事，一切如常。

這次打麻醉劑的經驗，讓我回想起以前開刀的事。那時我還不會通靈，剖腹生產和痔瘡開刀我都是在打了麻醉劑之後，醫生發現劑量不夠，然後再加打。問題就出在這兒了，加打之後，我總是害得醫生與護士們先要對我來個「急救」，一夥人必須先把我從閻羅王那兒搶回來之後，才能夠開始進行原本要做的手術。我是個很不會喝酒的人，又怎麼會說是麻醉劑量不夠呢？難道說我的體質天生就已經和一般人不一樣了嗎？

在此，我可以稍微描述一下急救之前我的感覺，當時的我雙眼緊閉著，我「看到」在我的前方出現了一個又黑又深的大洞，那個圓洞就這樣子順著時針的方向一直旋轉著，就像是個時光隧道的入口。我感覺到我的頭也跟著那個圓洞在旋轉著，一直昏眩進去，記得當時我還會說：「我好像快昏過去了！」然後好像只轉了兩三圈，我就不省人事了。原本預計花四十分鐘的手術，結果進行了三個半鐘頭。

如今，當我牙痠不舒服再去看牙醫時，我都會很老實地告訴醫生過去的麻醉紀錄，看完之後，醫生稱讚我的牙齒很好，一切ＯＫ，可是我明明牙齒會痠、會痛。於是連換了三家，結論居然都一樣。同事對我說：「哈哈！別傻了！聽了你的麻醉紀錄，還有那一個牙醫師敢動你的牙齒呢！他當然只有對你說，你的牙齒是一流的。」

還好，後來到了榮總做健康檢查，還到另一家牙醫師那兒，都證明我的牙齒眞的不錯。

八十九年十月中旬，媽媽因爲腎臟長了一顆很大的腫瘤到台北榮民總醫院開刀（就是媽媽開刀的這一天，朋友在電話中要我寫一篇有關於靈異與科學的文章，一系列的因果書籍就從此開始），事前她自己倒是沒發覺有任何的異狀，而是因爲高血壓去醫院作例行的門診時被心臟科的醫生發現的。

爲了此事，爸爸覺得媽媽的命是撿來的，於是在十一月初，他老人家出錢命令六個子女加上配偶還有他自己共十三人，全部去榮總做一天的健康檢查。結果第一批六個人檢查回來，爸爸好樂，笑著直說：「光是檢查出小女兒子宮長了一個大瘤，我花這筆錢，就已經是賺到了。」我是最後一批的，輪到我做胃鏡檢查時，先喝藥水再打針，當護士小姐要噴麻醉劑時，我只好再把往事描述了一次。當然了，最後的結果是我忍著痛，就這樣在無麻醉之下做了胃鏡檢查，並且拿出了兩個息肉。

話雖是這麼說，但總是得找出正確的答案，否則萬一有病要開刀，我一命嗚呼哀哉倒是無妨，害得麻醉醫師去坐牢，這個因果我可承擔不起！所以，各位讀者如果您願意為我解答這方面的問題，我一定感激不盡。在此先謝謝您了。

在這裡，我要提醒各位的就是——預防重於治療，當發現有異狀時，不要拖，一定要先去就醫，而不是去管它到底是不是因果病。雖然說「活著」未必是件快樂的事，但是既然活著，就要健康，要能吃能動，不要苦了自己，也不要拖累了別人。我以為求「好死」比求「長壽」更重要也更困難。

祂們也曾在睡夢中為我除病根。事情是這樣的，孩子們學音樂，學大提琴和倍低音提琴，我這個做媽媽的只好當個最佳的「提琴手」。幾年下來，完蛋了，右手的手臂肌腱受傷了，到醫院做復健也不見效。一來，為了怕小孩也和自己一樣受傷，二來，更不忍心讓他們自己拿那麼大的樂器而長不高，於是只好忍著痛，繼續扮演「提」琴手。

有一夜，睡夢中，手臂上的痛楚就像是「連根拔起」一樣的往上被拔了起來，那種「出離」的感覺，如同一根被插在皮膚深處的長針被慢慢地抽離出來，逼得我不得不睜開眼睛，望著自己傷痛的手臂，愣住了。但也只是一刹那的工夫，從此我和這個病痛說bye bye了。

有時候日子實在是太忙碌了，稍不注意就把身體給累垮了，只好求救於通靈治病的朋友。通常我的毛病只要來個刮痧即可，刮過痧的朋友應該知道那種滋味實在不怎麼好受。前一兩次，我大呼小叫的，第三次以後，不會覺得痛了，原來是有東西附在我身上為我承受痛楚。什麼東西呢？烏龜！連朋友都說怪不得刮起來的感覺不太一樣，他自認為他那種刮法不是一般人可以忍受的，我只是個女人家，怎麼可能不會痛呢？本來我還挺得意的，想想居然還會有烏龜來幫忙，後來，再一想，不對！我怎麼可以這樣，害了烏龜！於是我開始強迫自己去承受，一再地在心中默唸著「我是國王，我要忍耐，我要忍耐，我是國王……。」從此我學會了用吸氣吐氣代替大呼小叫。

這一兩年來，我還有一個比較特殊的情形，那就是我可以感受得到某一個在遠處的朋友的心情，朋友的情緒會影響我的情緒，有時候就連朋友的病痛我也一樣感受得到，同一個部位，他痛我也跟著痛，必須等到他好了，我才可以放輕鬆，才會沒有事。所以見了面的問候語，常常是這樣子開頭的：「都是你害我的！」這也實在是無可奈何，我做不了主，也控制不了。我們不知道祂們這麼做，到底是爲了什麼。難道這就是所謂的「心電感應」嗎？未免太累了吧！

談到「因果病」我倒是想告訴各位我是如何醫治我自己「現世報」的因果病，也許這個經驗只是巧合，但是我要說明的是——「心態的改變」在因果病的治療當中，確實扮演著舉足輕重的角色。

大二暑期，我參加了澎湖戰鬥營，爲了怕暈船，顧不得烈日當空，來程與回程我都是坐在甲板上的船首之處（就像是電影鐵達尼號的商標鏡頭，只不過我是坐著，讓兩腳懸空，伸出船外隨風擺盪著）。活動結束，又馬上向東海岸健行隊報到，兩趟活動下來，我成了「紅關公」。

開學之後，後遺症來了，我沒有辦法忍受一點點的陽光，只要身上任何地方被陽光照到（就算是透過玻璃照到也是一樣），我就會又紅又腫又癢……。將近二十年的時間我都是全副武裝，帽子、長袖、長褲、手套……，偏偏我又是怕麻煩的人，討厭戴帽子，討厭撐傘……，但又能怎麼樣呢？西醫說是「日光疹」，朋友說是「見光死」，怎麼醫也都無效。

通靈之後，總想爲自己找到一個答案，有一天在燙衣服時，突然眼前出現了小學二年級時在祖父家的畫面……。我記起來了，我拿了一個編有許多小洞的大篩子，到池塘裡撈起了好多好多的蝌蚪，然後將牠們鋪平在紅磚砌成的矮牆上，面積大約有三十公分寬乘以一．五公尺的大小。在烈日的照射下，那些數以百計的小蝌蚪就這樣被我活活地給曬死了……。

我對自己發下重誓：「從此以後，我不再抱怨了，我罪有應得，但我乞求上蒼，如果祂們願意的話，請將我的歉意轉達給那些蝌蚪們；如果可以的話，往後我每服務一個人就當作我回向給一隻蝌蚪；如果老天爺認為罪無可赦，無法替代，那我也欣然認罪，永遠心甘情願地做個見不得陽光的人。」

自此以後，我更加客氣地對待每一個來尋求指點的人，並且向他們說謝謝。兩三年之後，日光疹不再出現了（從開始發作到痊癒前後經過了二十二年）。謝謝，謝謝那些可愛的蝌蚪犧牲了性命讓我上了這麼寶貴的一課。

註：很多讀者誤解這一篇，以為一般宗教所謂的「回向」真的有效。其實不然！在這一段蝌蚪的因果故事中，讀者應該可以很清楚的了解到，我的日光疹是屬於因果病的一種，而且是屬於「天譴與劫數」的一種。這一類型的因果病，就是債權人不向債務人要債，於是老天爺就直接讓債務人體會一下事發當時債權人的

「滋味」，是一種類似「投射性」的因果病。對於這一類型的因果病，除了看醫生之外，最佳的治療之道就是行善（請參考《如來世4——因果論二》）。

植物人

那已是六、七年前的事了，雖然事後，我試著投稿給報社，但我相信編輯先生一定以爲是個瘋子投的稿件。就如同白曉燕案一樣，在抓到陳進興之前，我也曾經投書給報社，大談因果和「黑盒子」的理論，但那個時候我根本就只是個名不見經傳的人，相信編輯先生們看了那些天方夜譚的文章之後，也只能搖搖頭把稿子丟到垃圾桶。關於這一點，我還眞是要謝謝當時的總編輯，若不是他們的遺棄，那有今天出書的我呢？

六、七年前的某天下午，一位三十出頭的工程師來找我算命，隔沒幾天，介紹他來的朋友打電話給我，說這位先生出了意外——從家中浴室洗澡出來，滑了一跤，後腦勺撞到地面，從此不省人事。我好懊惱，氣自己怎麼沒算到他有此一劫。他的妹妹一直藉著電話跟我聯絡，希望我能幫忙，讓她的哥哥早點康復，可是我所接到的訊息卻偏偏是他不想活了。

我到台北的和平醫院去看他，才幾天的工夫，一個年輕又溫文儒雅的有為青年，就這樣的變成了所謂的「植物人」，整個形體消瘦了，牙齒也脫落了，癱在病床上，留給人印象最深的，就只剩下那一對又大又空洞的眼神了。

當著他的面，我還是一樣，老實地告訴他的家人我所收到的訊息。但是他們怎麼可能接受呢?換成是我的家人，突然之間變成這個樣子，說什麼我也不會輕易放棄的。有時候「將心比心」還是沒有辦法體會到對方的處境。隔一陣子，我與朋友聊起此事，言談之間，突然看到我與這位工程師的因果，我哭了。回電話給他妹妹、告訴她，我會試著把他哥哥的靈魂附在他家人的身上，讓他自己親口告訴家人他的感受。

那時，他已被轉到石牌的振興復健醫院。那天晚上，兩位朋友與我一起前往，病房很大，病床被推到房間靠窗戶的一個角落，他就躺在那兒。我請他的三個家人坐在椅子上，而我則是站在他們的面前，我們一起懇求菩薩的幫忙，看看是否能夠讓他的靈魂直接附在家人身上。幾分鐘之後，沒有任何的動靜。

我相信我比在場的任何一個人都還要緊張，因為我只是不忍心看到過去世的親人如此受罪，也想到他曾經來找我，而我卻沒有提醒他有此劫數，因此自告奮勇地來做這種我從來就沒做過的服務。我根本就不知道一個活著的人，他的靈魂是否能夠附在另一個人的身上。

我似乎是在拿自己開玩笑，但是除了這麼做之外，我已經想不出還有其他更好的辦法。我眞的覺得好內疚、好內疚，總想爲他補償些什麼。我沒有做任何的法事，我只是站著，閉起眼，默唸著：「菩薩，請您幫忙，讓這位躺在病床上年輕人的靈魂直接附在他家人的身上，讓他自己和關心他的家人來對話。」再一次，依然沒有動靜。我心慌了，也好難過，想到自己那麼有心來一趟，我再次懇求祂們……。

突然，我覺得不對勁了，「快點！趕快拿把椅子給我坐，他已經在我身上了！我快要倒下來了！」那麼巧，房內就有一張躺椅，我整個人……。

生老大的時候，我是剖腹生產，開橫的，不過是經過陣痛之後才開刀的。老二、老三都是採用自然生產，自然也躲不掉「陣痛」的這一個難關。醫生們常說產痛是最「痛」的，不過，經過這一次附身的經驗，我覺得似乎並非如此。

我躺了下來，一秒鐘之內，我全身痠痛無比，腦袋瓜還很清醒，但是肉體卻已經是一百八十度的大轉變。我覺得好奇怪，心裡想著我到底是怎麼了？怎麼會突然變成這個樣子，到底是怎麼一回事呢？嘴巴卻直喊著：「你們看！你們看！我的手，我的腳都抬不起來了，你們看啊！你們看啊！」

這個時候，我的腦袋瓜眞的好努力，一直叫自己把手舉起來，可是不管怎麼做都抬不起來。一直保持淸醒的「我自己」還好奇地想著，不妨試試看把腳抬起來，結果，不管我多麼努力，居然也是一樣，完全沒有辦法把自己的腳抬起來……。那種感覺好奇怪，明明自己的手、腳是好好的，腦子也完全淸醒，可是爲什麼會是這個樣子呢？

我迷惑了，因爲會通靈的我，根本就不懂乩童那一套。當初我就跟祂們有個約定——我不允許外靈附在我身上，我只願意做個傳話者，不過，也只是一眨眼的時間，我就明白了，原來我的身體包括我的嘴巴（硬體），全都借給了他，而內在的思想（軟體）卻仍然是屬於我自己的。

想通了，我讓自己盡量放輕鬆，讓他更自然地利用我這個肉體。他繼續哭喊著：「爲什麼不讓我走？你們爲什麼不讓我走？爲什麼一定要把我留下來呢？」他哭得好悽慘，我滿臉都是淚水，而令我眞正不舒服的卻是我借給他的肉體。我的背，我的腰，我的尾椎……，眞的是痠痛到了極點，比生產時的陣痛還要痛上好幾倍。我沒有辦法告訴在場的人說我很不舒服，因爲我的嘴巴也已經借給了他。

「僵」在躺椅上的我，沒有人能夠想像得到我的痛苦，偏偏我的手、我的腳，又不聽我使喚，動也動不了，只好任憑痠痛「侵蝕」著我，眞的只有用「侵蝕」兩個字才足以形容我的感受。實在是承受不了了，我用意念也沒有辦法勸他離開我的身體，逼不得已，我只好強迫自己拚命集中精神，好不容易勉強地抬起了右手，用右手的手掌心在自己的額頭上大力的拍打幾下，強迫他離開我的身體。（各位，對我來說，這是一種很有效的方法，當我覺得不想讓靈界的朋友附在我身上時，我通常都用這個方法。）

也僅僅是一秒鐘的光景，我又變回了我自己，全身所有的痛楚一剎那之間全都消失了，馬上站了起來，只留下滿臉的淚痕，朋友拿出衛生紙讓我擦拭。我告訴他的家人：「我從來沒有爲人做過這種事，所以信不信由你們，但是我必須說的是，他躺在那兒，全身痠痛極了，有空的話，不妨多幫他按摩按摩。」

當我們三人步出病房時，朋友說話了：「你剛剛眞的是把我們給嚇壞了！」

回程中，我想到了我的婆婆，我結婚才幾個月，她就因爲高血壓而引起輕微的中風，後來又因爲腦溢血，血塊壓到了神經，然後變成了植物人，在床上躺了兩年多才過世，身爲長媳的我住在台北，無法爲遠在高雄的她按摩……。

這次附身的經驗，讓我難過了許久，我從來就沒有想到躺在病床上的植物人，他們肉體上的痛苦以及思想上的無奈，居然如此的令人震撼。雖然我投書到報社，但會有人相信嗎？請死去的人來附身是常有的事，但請一個植物人……，罷了。

這之後，植物人安養院有人與我聯絡，希望我去他們那兒做這類的服務，我只告訴對方：「如果通靈的結果是——當事者的靈魂早就已經回去報到的話，請問，他的家人該要如何面對呢？」爲了怕有後遺症，我請祂們把這種附身的能力收回去。

其實我很不願意再提起此事，但是看到那麼多的人，因爲飆車、車禍、自殺、打鬥……等等因素而變成植物人的例子，我好心痛。要到哪一天，正常的人才可以稍微體會得到植物人肉體的痛、心靈的痛呢？如果您家中就有植物人或是臥病在床需要照顧的家人，請接受我的拜託，有空的話，幫他們多按摩幾下，用他們可以接受的力道替他們服務一下吧！也許他們正藉由他們的痛苦來成就我們的修行。

過了沒多久，又有一個比較特殊的個案。那是一個五十多歲的中年婦女，平日身體狀況良好，有一天她在家中，突然頭痛不支倒地，馬上送醫急救。醫生發現她的腦部出了問題，徵求家屬的同意之後準備開刀。這個時候，患者娘家的媽媽趕來了，這位老人家認爲就讓她女兒回去報到，不要再救她了。醫生及其他的家屬都很不解，爲什麼不開刀試試看呢？只要不開刀，就一定沒有存活的希望。於是透過朋友用電話與我聯絡。

我說：「我收到的訊息是她自己想要開刀，她還不想這麼早死，可是她的陽壽已經到了。我是這麼覺得，既然她還不想死，那麼就應該讓她開刀，就算命中注定她活不成了，她也才會甘心地離開，否則的話，她一定是帶著怨恨離世，絕對是死不瞑目的。」最後，家人還是尊重那位老媽媽的決定。沒幾天，婦人歸天了。

她遠在加拿大的女兒趕回來了，想念已經死亡的媽媽，卻又不知該如何是好，於是又找上了我。我是不讓陰靈附身的，可是想到她媽媽的事，我也挺難過的，我跟她約了時間，地點，想幫她一點忙。（這裡我必須說明一下，一般的寺廟認爲戴孝的不能進去拜拜，所以我從一開始，就沒有任何的限制，我以爲家中有喪事的，一定會有更多的問題需要解決。）

來得可眞快，一附身就是哭，哭得好大聲，又叫又喊地：「爲什麼不幫我開刀呢？爲什麼就這樣讓我死掉了呢？我死得好不甘心啊！我不願意就這樣死掉啊！我死得好不甘心啊……。」眞的好慘好慘！誰的錯啊？是她命中注定就該如此的嗎？

我想到了「安樂死」的問題，站在我的立場，我是持反對態度的。就像上面這位婦人的例子，如果照顧的人累了，想要結束病患的生命，那麼又有誰知道，躺在病床上的人是否也一樣想要放棄生存的權利呢？當然了，如果像前面「植物人」的那個例子，也許他早就想死了，可是照顧的人卻不放棄，那又該如何面對呢？

也許我們會發現，病患與照顧者之間，往往存在著很奇妙的對等關係。假設躺在那兒的人想要離世，想要解脫，偏偏照顧的人又非常有心地在服侍，那麼對病患來說，豈不是成了一種折磨嗎？相反的，如果躺著的人一心一意想要趕快好起來，而照顧的人卻應付應付，想想，這對病患來說，不也是一種說不出口的折磨嗎？當然了，雙方想法都一致的時候，那就好解決了。

站在因果的角度，也許這兩個人都是要來「學習的」，藉著同一事件，各自從不同的角度來學習不同的東西。不要以為躺著的人就不用學習了，說不定他們所學的比我們學的都還要來得更深、更廣、更難。當然，我們也不能以為一定是這樣的，就像〈他們怎麼了〉那一章中所描述的一樣，這世上有很多人真的是値得我們尊敬的。

他們怎麼了

對於靈異的感應，有人是會不停地打哈欠，有人不停地打嗝，有人卻像是懷孕初期的婦女一般，直想嘔吐，還有人頭昏腦脹得快暈了過去，更有人是比手劃腳、又叫又跳地好像要出征……。至於我呢？

只是覺得耳朵內部發脹而已，就像坐飛機時，起飛或下降壓力驟變所引起的不適。有時連這個也免了，就是一個念頭「有人來了」。認識久了之後，我的朋友才恍然大悟，什麼叫做「有人來了」，原來答案是——「祂們來了」。所以我的感應狀況，外人是不容易察覺發現的。

我的孩子怎麼了？

很多小朋友在小學之前，常常會對大人說：「我看到……，好奇怪！」這麼一來，大人害怕了，因爲大人很淸楚地知道，小朋友看到了其他時空的東西，偏偏大人又看不到，無法證明孩子是眞的看到了？還是故意在找其他的藉口？於是緊張兮兮地到處問呀問的，結果搞得孩子煩了，大人自己也累垮了。怎麼會這樣呢？

很簡單！因爲在六歲以前，小朋友們的世界非常單純，個性也天眞，如果沒有大人的敎導，小小的心靈又怎會知道什麼是「莊嚴的」天主、佛祖；什麼是「可怕的」魔鬼、陰靈……，又哪會知道他們看到的是另一度時空才有的人物（不要以爲在上面的一定溫柔慈祥，在下面的一定醜陋猙獰）。

我自己的小孩就有這樣的經驗，那時候的我還未通靈，對這方面的事是一頭霧水，所以我可以了解到，身爲父母的當他們碰到這種情形時的惶恐與無助。

※　※　※

第一次，老大未滿三歲，我懷著快出生的老三，帶著特地買的兩大袋新的冬衣，坐上計程車，準備親自送到某一山中的安養機構。傍晚時分，計程車司機在山中摸索著，還沿途問路，一顆心吊在半空中的我直想著，這個司機不知道是好是壞……（事後回想起來，那時候的我，怎麼會那麼大膽）。

老大突然開口了：「媽媽，我們家的菩薩在前面！」

「那裡？」我望著窗外一大片的樹林，哪會知道這小朋友在講些什麼？

「那裡啊！在車子的前面！」她用小手比著計程車前面的引擎蓋。

「媽媽！祂的朋友也來了喔！祂們有三個人喔！」

「媽媽！三個菩薩飛到那邊的樹上了！菩薩說，快到了！」

再怎麼兇殘的司機，聽到一個未滿三歲的小孩如此一說，你說他敢怎麼樣嗎？我鬆了口氣，直想著——爲什麼我都沒有看到呢？

※　※　※

第二次，老二，一歲兩個多月，會走路也會說簡單的兒語；老大，三歲一個多月。一天下午，我坐在床上看書，兩個女兒就在床邊的地上玩著。突然老大對著開著的房門，很興奮地喊著：「來福來了！」（來福是一隻朋友養的狐狸狗，她們非常喜歡那隻狗。）

只見兩個女兒的眼睛，同時都從房門那邊慢慢地移動到妹妹的小床邊，然後一起走了過去，蹲下來，又同時用小手在空氣中撫摸著，口中還直說著：

「乖！來福乖！」

「狗狗，狗狗！」

知道嗎？小手離地的高度就是小狗趴在地上的高度！看倌，可想像得出來嗎？整個臥室中，就只有我一個人是局外者。到底牠是靈？還是，我才是靈？當時的我，只會僵坐在床上，滿腦子一片空白。一陣驚愕之後，我打電話給朋友：

「你家的來福呢？」

「在客廳的地上睡覺啊！」

※　※　※

一個夏天的黃昏，在縣立游泳池邊的看台上，那時候正是清場時間，夫妻倆站在看台上，陶醉在遠方夕陽的餘暉中。

「媽媽！你看！那裡有一個人！」一旁的老大開口了。

「在哪裡？」我問。

「在游泳池裡面！」她的小手指向游泳池。

天啊！又來了！我是什麼也沒看到，泳池內根本就空空蕩蕩，一個人也沒有。一旁有五六個大人聽到我們的對話，都不約而同地轉向我女兒。

「在哪裡？穿什麼顏色的泳衣？」我再問一次。

「在那邊啊！」她很高興的說著，並且用手指向泳池的左方。

「他穿紅色的褲子，可是手都沒有在動，腳也沒有動。」

「在水底還是在水面上？」

「在水上。」

「男的？還是女的？」

「男的。」

你說嘛！我該怎麼辦！我再怎麼不信邪，也得為了女兒去請教專家，請教所謂的靈界專家。通靈者告訴我：「不要緊張！這很正常！你不要在意就好了！孩子長大了，自然而然地這種能力就消失了。」好吧！就姑且信一信吧！

※　※　※

婆婆忌日當天，大女兒和我在家裡。正在拜拜的時候，她說話了：

「媽媽！好奇怪喔！我看到一個白頭髮的人，長頭髮的喔，帶一個老人來我們家，那個老人是女的……。」

※　　※　　※

沒隔幾天，我請了一尊約一尺高的玉觀音回家（綠色的，那是我陪朋友去逛古玉店時，我突然感覺到祂要跟我回家，我無法描述那種感覺，就只是知道而已，那時我還不會通靈）。第二天老大從幼稚園下課回來，很興奮地告訴我：

「媽媽！媽媽！你知道嗎？今天那個新來的菩薩跟我去上課！」

「妳怎麼知道？」

「我坐在娃娃車上的時候，就看到祂坐在我的書包上，祂說祂要和我一起去學校。」

「結果呢？」

「我就告訴祂說，我是要去上課，沒有空跟祂玩，可是祂還是跟我到學校，玩了一下下，我就叫祂回家了。」

我突然羨慕起她來了。對了，她又是如何與祂溝通的呢？

※　　※　　※

這時候的她，已經是大班的小朋友了。有一天到我的小妹家，她又「表演」了。

「小阿姨！你家的菩薩怎麼沒有穿鞋子呢？」

這一來，引起大夥兒的興致，開始七嘴八舌地問她一大堆問題。例如：觀世音菩薩穿了什麼顏色的衣服？土地公到底在不在家……。

我突然發現到，她閉上了眼睛「看」了一會兒之後，才回答大人們的問題。這次之後，有一陣子我們常愛問她這類的問題。

有一天，她煩了，很嚴肅地對我說：「媽媽！你們不要再問了好不好，我看不到了！其實我是有時候看得到，有時候看不到，可是如果你們一直問，我就會覺得很討厭！我就會想要騙你們。」各位注意到了沒有？隨著時間的流逝，孩子們漸漸看不到另一時空的朋友了。

※　※　※

一個假日的早上，一家人到土城的承天寺去拜拜，來到了寺裡的廣公紀念堂，她說：

「奇怪？水果師父怎麼拿了一個東西要給我呢？好像是一個盒子，還用黃色的布包著。」

「媽媽，水果師父長得好矮、好小喔！」

※　※　※

最後一次，時間還挑得眞是時候，那天恰巧是我的生日，大家正興高采烈地在分蛋糕，老大很不高興地說：

「媽媽，菩薩說你怎麼沒有請祂吃蛋糕呢？」

當場把一夥人全給愣住了！接下來的後續動作，想必各位可以想像了。

從此之後，我們「被迫得」只好把「祂們」當作是家中的「成員」之一。

是啊！如果有煩惱、有解決不了的事情時，才想到要找祂們商量、請祂們幫忙，那麼祂們實在是有夠可憐了。有沒有供品、有沒有香火、有沒有添油錢……，對祂們而言，又有什麼差別呢？祂們根本就不需要這些東西。試試看！下次當各位快樂、歡欣的時候，不妨告訴祂們一聲，也讓祂們分享各位的喜悅。好東西要與好朋友共享，不是嗎？

再說一個笑話，去年中元普渡前幾天，整棟大樓的住戶就已經決定在一樓的大廳前一起祭拜。普渡的前一天，祂們就告訴我要拜蛋糕，千記萬記，我還是把它給忘記了。普渡那天，匆匆忙忙將祭品拿到樓下，就在供桌前，我和一位住戶擦身而過，他手上提了一個圓形的生日蛋糕……。

唉呀！我整個人回神了過來，趕快去買了兩條長形蛋糕……。本來是要買圓形的蛋糕，可是，我還是怕怕！我怕太招搖、太異類，引來住戶們的議論紛紛。

我相信我的蛋糕一定不夠分配，一定是被搶著吃。放眼望去，不是汽水、果汁，就是泡麵、牲禮、餅乾、米……等。是啊！這麼多年了，大家都拜一樣的，一成不變。當我們從切仔麵、魯肉飯吃到披薩、麥當勞時，爲什麼就不能讓祂們也換換口味呢？

（很多人看到我拿芭樂上供桌時，都會很好心地警告我——這是不禮貌的。這時候，我都會很開心地回答對方：「就是因爲到處都吃不到芭樂，所以愛吃芭樂的菩薩，只好拚命地往我家跑，所以我就通靈了。」博君一笑。）

這就是做父母的心態，只要講到兒女，就不知收口，對不起！浪費了一些篇幅。

女兒看不到之後，我通靈了。

世面上有關通靈這方面的書，我看不懂；有的沒有的五術，就更別提了；至於佛經，我不認識它們，它們也早已忘了我；再說打坐嘛，兩個字可以替代——「打睡」……。後來，我認識了兩位通靈的朋友，因爲我沒有拜師也沒有收徒弟，所以沒有任何的束縛，可以海闊天空地與他們交換心得，非常自在。

本來的我，根本就不可能相信祂們，但是祂們卻藉由孩子的口，說出了祂們的存在。孩子是我自己一手帶大的，那麼小的年紀，有沒有說謊，我很清楚。這是我陪孩子成長的過程中，一個非常非常特別的經驗，我很仔細地一一寫出來，爲的就是讓那些有相同困擾的父母們做一個參考。放心！孩子們的世界，的確比我們大人想像中的還要「美麗」多了，應該是我們向他們學習才是。他們似乎天生就知道，在這個宇宙中的任何「東西」都可以和平共處，不是嗎？

大人又是怎麼了？

等到自己通靈之後，才知道有很多的「大人」也有這方面的問題，最嚴重的時候，我一個星期可以接觸到三個個案，都是一般人所謂的「精神出了狀況」。

這種現象才讓我注意到，可能有一些「應該是」正常的人被誤解了。就像我一樣，剛開始的時候，先生也是一直要我去看心理醫生，或是去找佛教界的大師們談一談……。只是我自己清清楚楚地知道——我很正常，所以我只有強迫自己閉上嘴巴，狠狠地不理任何人，靜靜地讓自己一個人熬過去。

那時候的我，難過時，只能拿出紙筆，在紙上問祂們問題，然後請祂們附在我身上直接在紙上作答。當祂們附在我身上用筆直接作答時，我寫字的速度好快好快，一直寫一直寫，根本就不需要休息也不會覺得累。往往是等全部都寫完了，停下筆，回過頭重新看時，我才知道祂們到底是要告訴我什麼，祂們總是勸我要忍耐，要忍耐。甚至到了現在，我只要身體不舒服，到了醫院，告訴醫生說我會通靈，那麼等一會兒就會多出一個醫生一起會診，不多不少，就是多了一個精神科的心理醫生而已。

我所碰到的這種個案，年紀大大小小都有，有的是聽到聲音，有的是看到影像，有的是控制不了自己的行為，有的是覺得有人在跟蹤他、要害他，有的想跳樓自殺，有的想殺人……。坦白說，針對這些人，我覺得好心酸也好心疼，我總是在他們身上看到過去式的自己。

上面說的，一個星期出現三個個案，眞的是很特別，實在是因為時間太接近了，所以我記得特別清楚。通常我在為人服務的時候，很不喜歡別人先開口告訴我他來找我的目的，所以這三個案例完全是我自己先從他們過去世的「因果故事」中，得知主角「應該會有」精神上的問題之後，我才試著委婉地告訴對方，當事者可能在精神方面會有某一些的特殊行為……。對方坦承之後，並且表明就是爲了此事而來找我。

如果是因爲因果上的原因而致病，那麼當它開始發病的時侯，比較不會引起周遭人的注意，也就是說往往是突然之間就變了一個人，很難令人相信。旁人通常會以爲他是中了邪或者是入魔了，因此就採用民俗療法，例如收驚、驅邪等等，而延誤了就醫的時間，相對的也就比較不容易復元。這種人精神異狀發作的對象，往往只是針對家中某一兩個特定的親人，也就是因果故事中的特定債務人選。

這種例子的出現，除了讓我不得不接受因果輪迴的存在之外，我也只能拜託來問事者繼續讓患者接受醫生的治療，並且勸誡因果故事中的債務人，大家靜下心來好好地想一想，是否能夠試著改變一下自己的心態，試著心甘情願地去接受老天爺的安排，好好照顧患者。這實在是很殘酷的事實，可是我眞的是幫不了任何的忙。唯一能改變的就是縮短它的時間，怎麼做呢？那就是在一開始的時候，不去理會到底是不是因果的原因，就只是無怨無悔地去照顧他們就是了。

這當中也有一種相當奇怪的特例，就是當事人與患者之間並沒有因果的問題，而是在轉世的過程中，他們選擇把照顧患者當作是一種修行、一種魔考、一種志業。對於這種人我在此致上十二萬分的敬意。在現實的社會中，我們的四周圍不就是充滿了許多可敬、可愛、又「發大願」的小人物嗎？所以，如果您身邊有需要照顧的患者，不管他得的是什麼病，我給您一個良心的建議：「不需要去知道過去世的因果是什麼，因為您就是那一位接受我致意的修行者。」

另外，絕大多數的病患，真的是生病了，是在這一世才有的疾病，那些人我一點都幫不了忙，因為我根本就不是醫生，所以除了建議他們去看醫生之外，還是看醫生。

一般世人說陰陽眼、說天眼，我不知道這有何差別；又有人說他心通、耳通、鼻通……，我也不知道指的是什麼。我只知道——當我接收訊息時，有時要閉上眼睛，於是很自然地就會閉上眼睛；有時畫面就在眼前晃呀晃的，根本就不需要閉眼。至於畫面嘛，靜止的、動態的、連續性的都有，有黑白的也有彩色的，所有的這些畫面都不是很清楚，而是一種模模糊糊的感覺。有時候看到的是字，有時候是聽到聲音，這種情形比較少，而且也都只是幾個字或一、兩個聲音而已。

我不知道為什麼從一開始我就知道該怎麼收訊息、該怎麼解釋訊息，說穿了，訊息是自然來到的，而我也只是很自然的知道祂們想要表達的意思。速度非常快，就像是我自己的想法一樣，根本就不需要經過任何的思考過程，源源不絕地就講了出來。所以我才會說，我只不過是一個即席翻譯罷了，那個翻譯的機器大概就存在我的大腦裡，別人摸不著也偷不走。結論是：「難怪我的頭會比一般人的大！」嗯，我想一定也比較重吧，不然游泳學換氣的時候，爲什麼我的頭老是抬不起來。

還有一些人，就像我了，也許能看到、能聽到、能聞到、能感覺得到，甚至於在睡夢中還會有師父千里迢迢地前來教他唸書、教他功夫……。可是就因爲他是大人，所以只要他出口說些比較不合常理的話，那麼周遭的人自然就會把他歸入「精神有問題」的這一邊了。小孩子是純眞、自然，那麼大人們又是怎麼一回事呢？

我也有一些朋友從小就看得到、聽得到其他「界」的東西，但是因爲父母不知道，加上他們自己也沒有說，所以他們從不認爲自己和別人有什麼不一樣，還以爲大家都是這個樣子。不過這些人卻一直保持著「看得到」、「聽得到」等的狀態，直到青少年的階段，因爲接觸到和這一方面有關的書籍，喔！他們才恍然大悟，才知道自己居然和常人差了這麼多。既然揮之不去，有人就習以爲常，處之泰然，不加以理會；有人卻因爲常受到干擾而覺得煩躁，甚至因而生病。

另外還有一些人，則是一天到晚老是看到某些相同的畫面，這又有點不同了。一般來說，如果常會看到相同且讓自己覺得不舒服的畫面，有可能是過去世的某些行爲太過於「震撼性」，事後他自己覺得良心不安甚至於害怕，於是在轉世的過程中，這種精神的折磨也跟著帶來了。自己強迫自己把它給帶來了，變成了另一種形式的因果病。

有一位高中生（女生）的媽媽來找我，她爲了女兒最近老是「聽到」有人在跟她講話而心慌，學校方面也擔心學生會出狀況而建議她休學。我請這位媽媽帶著女兒來見我。我告訴這位小女生：「看看，我不也跟妳一樣嗎？我還比你更嚴重呢！只是妳的生活中很不容易見到我們這種人，所以妳會緊張會害怕……。」

對於這一類的人，家人往往是給與他們最多幫助的人，但是也往往是傷害他們最厲害的人，所以不要先否定他們所說的內容，唯有先耐心聽完他們所說的，我們才能根據狀況加以輔導。要有一個重要的認知——「天地之大，無奇不有」（不妨打開電視機看看Discovery頻道、國家地理頻道，相信看過的人一定會很訝異，眞的是天地之大無奇不有），不要因爲我們聽不到就認定別人也一定聽不到。

醫生的角色

另外，我個人還有一個疑問，這種人一剛開始需要吃藥嗎?吃一般所謂精神疾病方面的藥嗎?是不是會造成什麼後遺症或反效果呢?因爲這種人通常會認爲他們並沒有生病，所以拒絕吃藥，如果強迫他們吃藥，他們就會以爲是你要下藥害他，反而引起更大的反彈。我個人是這麼覺得，應該帶他們去和有類似狀況的人談一談，讓他們知道並不是只有他一個人是這樣，他並不孤單，而他的家人也應該敞開心胸，試著一起去了解看看。當然我也不敢否認，坊間上的確有太多惡意行騙的通靈者。

在此，我也誠心誠意地建議有關這一方面的醫生，是否能夠稍微拋開成見，試著去接觸一些通靈方面的人、事、物，或許對您的行醫會有很大的幫助，當然了，相信最大的受益者自然是你我共同關心的患者了。

以上純屬我個人的看法，不過請特別注意一點，那就是不管是不是因果的關係，或者是在這一世眞的有病了，或者是「會通靈」的一種前期現象……，無論如何，一定要盡早就醫或找人商量，不要覺得沒面子或覺得是家門的不幸，也許他是個修行很高的人來轉世也說不定。不管怎麼說，我總是希望在剛開始的時候，就有人願意拉他們一把，助他們一臂之力，這種觀念如果能夠擴散出去，相信杜鵑窩裡會少了許多人。

切記！時間是很寶貴的，一旦拖久了，就眞的會變成精神方面的疾病。我再強調一次，千千萬萬不要拖，也許剛開始的時候，我們只要很簡單地打開他的心結，給他一個稍微能夠令他滿意的答案，那麼他也許就可以走出來了。但是一旦時間拖久了，他眞的就進入他自己的象牙塔內，任憑我們付出再多的努力，誰也沒有辦法再把他拉出來了。這麼一來社會上又多了一個不定時的炸彈。

*老大（高一）在看這一章的時候，好開心！

「我還記得好多的畫面，（奇怪，她怎麼也用這種字眼呢？）那隻小狗我記得是白色的狐狸狗，那一天太陽光還從旁邊的窗戶斜斜地照進來，我跟妹妹蹲著，媽媽坐在旁邊。那個在我書包上的小菩薩我也記得。」

「那個時候，你是怎麼跟菩薩溝通的？」事隔這麼多年了，我才第一次問她。

「我就小小聲地跟祂講，我要上課！你趕快回家。」

「水果師父給你的包包，裡面是什麼東西呢？」爸爸也湊進來了。

「我也不知道，我沒有把它打開，我記得他是從他坐的那張椅子後面走出來的。」

「游泳池的事，我也記得。對了，我很生氣跟你說我看不到的那一次，我們剛好是在外婆家。」

我比較訝異的是——那麼小的孩子，經過了那麼久的時間，記憶依然沒有褪色。

祂們的不同

有的人說，佛比人多，又有人說，觀世音菩薩只有一尊，阿彌陀佛也只有一尊……，更多的人告訴我，不能說一「個」觀世音菩薩，要說一「尊」觀世音菩薩……。到底祂們怎麼了呢？以下所論述的純粹只是代表我個人的看法，並不牽涉到任何經書或任何的派別（因爲我實在是看不懂經書，也完全沒有皈依拜師），純粹只是通靈九年來我自己分析歸納出來的淺見。

不要太過嚴肅地批判我，也不需要恭維我，各位，暫且就輕輕鬆鬆地把這一章當作是另一類的科幻小說就行了。倪匡的科幻小說不是很暢銷嗎？我常鼓勵年輕人看，看了他的書之後，可以增加自己的想像空間，眼界寬了，日子也就跟著有趣多了。說不定也有人在看了我的書之後，覺得還滿有意思的呢！

馬上進入正題，我們是否可以把阿彌陀佛、觀世音菩薩、媽祖、關公等等「稱呼」，看成是個Title，是一種頭銜呢？也許我們可以再說清楚一些，就把這些稱呼當作是「職務範圍」的認定。怎麼說呢？例如，我們可以假設阿彌陀佛這個稱呼的，是負責外交的事務；觀世音菩薩這個稱呼的，是負責內政的；稱呼媽祖的，祂的工作就是負責醫療衛生；稱呼關公的，祂的工作職權是有關於警政事務的……。那麼，管教育的，就有教育部長、教育次長、教育廳長、教育局長等不同的層級，當然了，不同的層級各自所管轄的業務範圍也絕對會有所不同。

好了，到這裡，這個舉例可以接受嗎？如果可以的話，那麼一般所說的第幾天第幾天的菩薩，是不是就可以把它當做是不同層級的主管（就好像行政體系裡的第幾職等）呢？如此說來，那麼越居高天的菩薩不就等於是越高職等的官員嗎？對於「祂們的資格」，評審的態度一定是更謹慎，審核的標準也一定是更嚴苛，而授予祂們的職權與範圍也相對地會更高更廣，不是嗎？

再放大一點來舉例，假設我們就把釋迦牟尼佛這個稱呼當作是「總統」這個職權的頭銜，這麼說來，在地球上不就有好幾個釋迦牟尼佛了嗎？是啊！只不過好像是同樣的一句話，但是由美國總統口中說出來的就會比台灣總統說的更具有說服力，而台灣總統說的又比非洲小國總統說的更有份量……。簡單吧！也許我們還可以把五路財神想像成是監管股票市場的官員，而土地公是管理地政事務的……。

也許您會問我，那麼這麼說來，關公一定就是管警政的，媽祖一定就是管醫療的……，未必吧。就像我是學會計的，可是我又會通靈，又很會帶小孩，又會做蛋糕……，雖然我目前做的是通靈的服務，但是我依然可以爲別人解答會計上的問題，或者是談一談照顧小孩時的切身問題……。也就是說，我懂得越多，我可以爲人服務的項目也就越多。這個時候，我眞正的頭銜是什麼已經不重要了。

懂嗎？可以接受嗎？不需要把祂們想得高高在上、神聖無比，也許只不過祂們眞的是比我們住得高一點罷了。人世間有行政體系，難道祂們沒有嗎？世間人可以身兼數職，難道祂們不行嗎？那麼多的ＥＴ電影，難道無法帶給各位一點點的想像空間，一點點的啓示嗎？人世間有冒充法官的，冒充警察，冒充醫生，冒充好人的……，難道祂們都沒有嗎？

也許也是有，只是沒有那麼嚴重而已。就好像好的明星學校未必沒有壞學生，而名聲不佳的學校想必也一定有品行一級棒的孩子。

常會有人在算命完後，很自豪地說：「那個算命的說我是×××菩薩轉世。」看倌！下次再碰到這種人的時候，先起個問號「？」。眼前的這個人是乘願再來的眞修行者呢？還是抽空到人世間一遊呢？還是來出差的呢？也許以上的答案都不是，原來他是在上面做錯了事而被貶下凡來的。如果眞是這樣，那麼請問一下，一個在動物界因爲修行好而轉世投胎變成人的「人」，和一個在菩薩界因爲被貶降而轉世投胎變成人的「人」，哪一個人才有資格值得自豪呢？

問題來了，如果菩薩眞有層級的差別，又有工作職掌的區別，那我們該怎麼「拜」呢？該怎麼「求」祂們幫忙呢？講到這一點又得釐清一個觀念，那就是，不是每個寺廟供奉的佛祖菩薩都是同一尊。怎麼說呢？舉個例，假設有十個層級的觀世音菩薩，也許第一級的駐守在萬華的龍山寺，第二級的駐守在你家，第三級的負責高雄的某某寺……，第八級的卻必須定時到南投埔里的三間寺廟去巡守去簽到，第九級的則被分派到我家，第十級……。所以，看得出來嗎？也許你家供奉的菩薩功力比大寺廟的菩薩強多了。

當然另一個理論，也有可能是某些「外表」是菩薩的形狀，而「內在」根本就沒有入神。談到「入神」與否，據我所了解，通常來人世間服務的菩薩不是奉令被指派來的，就是屬於自動來服務的（牽涉到執照的限制）。就好像人世間國中國小的老師到底要到那一個學校去服務一樣，除了有些是教育單位指派，還有的是自動申請，有的還須經過教評會篩選，偏遠地區的則可能是一些有心的教師自願前往，實在找不到老師的就只好找代課老師來偏勞了。至於想到高中、大學、研究所去任職，那麼教師的資格自然要相對地提高。譬如想到北一女中去教書，如果沒有兩把刷子，各位您以爲這位老師日子會好過嗎？

也許我們可以很大膽的假設甚至於確信，在祂們的國度裡，一定也擁有很完整的行政體系，那麼站在祂們的立場，到底該如何決定或指派那一層次的那一位菩薩來駐守人世間呢？想一想，就好像警政署署長該用何種衡量的標準來決定保一大隊，保二大隊……，刑事局，甚至於各縣市警察局內不同單位的不同人選呢？又好像教育局該如何決定各地方各級學校的校長人選呢？我所了解的是，祂們絕大部分是根據人世間「要恭請菩薩」的那一位當事人，他的修行高低而定，絕不是依我們世間人一般所想像的標準而做的定奪。我總覺得祂們的標準跟我們所想的實在是有相當大的差異。

有那些差異呢？舉個例，沒有經過安神的手續，一定就沒有入神了嗎？未必！也許祂們覺得這個人的確修得不錯，值得祂們來爲他服務，這時候就成了「不請自來的菩薩」；有些是祂們早就自行入神了，只等待有緣人來請祂們回家。甚至於沒有固定的實體形象讓祂們依附，祂們照樣進得門來，幫助那些值得幫助的人。相信我，祂們無所不在，就看我們有沒有那個本事吸引祂們的注意力。

有一件事困擾我很久了，那就是我很喜歡欣賞佛像，卻老是遇到那種要跟我回家的祂們，我那有那麼多的錢請祂們來我家呢？各位不曉得有沒有注意到，為什麼佛像的文物通常都不便宜呢？為此，我不再逛有關的店舖行號。後來，想到一招，乾脆自己畫，好不好看、像不像，都不重要，如果祂們眞要跟著我，那麼就請祂們自己搬家，搬「進」我畫的畫像裡面去，我一定會很樂意地「拜」祂們的。（我曾模仿古代木雕畫菩薩，這一幅畫現在掛在朋友的咖啡店裡。）

同樣的，請大師級的師父來執行安神的手續，菩薩未必就一定願意來入神。就算該位大師的功力實在是高強，菩薩被強迫來服務（這種情形少有），如果當事者不行正，不行善，相信過沒多久，祂們也會回去抗議，不再回來為「祂們的主人」服務的。一樣的道理，名正言順地被指派而來的菩薩，如果當事人越來越不上道，祂們也可以申請調到其他的服務單位。相反的，如果當事人越來越精進，祂們也會衡量自己的能力，請示上面是否需要另外再派一位更棒更高層級的菩薩來換班。

所以奉勸各位！不要以為經過了「安神」的手續，就天下太平了，就以為往後的日子，有願有求，有求有靈。這眞的是大錯特錯了！別忘了，像人世間一樣，祂們也有專門負責到各處稽查的菩薩們，這些個「祂們」專門記錄以及考核被派下來的或自願下來的另一組「祂們」。很複雜吧？不會的！很簡單就能夠把祂們區別清楚，只要把祂們想成是督察長，監察委員等就很容易了解了。

啊！趕快再回到正題吧！如何求祂們保佑呢？如果家中有供奉菩薩，就向自家的菩薩求，如果實在是太緊急了，那麼就「就地」求祂們幫忙，因為只是我們看不到祂們，祂們未必看不到我們，更何況過往的諸佛菩薩那麼多，只要是你行得正，做得正，祂們絕對不會袖手旁觀的，相信我，祂們通常都是很雞婆的。就地誠心誠意，虔誠地默唸，求祂們幫你的忙。想一想，就像我們凡人一樣，在路上走著，忽然碰到別人有危急的狀況發生，而我們又幫得了忙，這時候，我們不也會伸出援手嗎？

至於各位如果問我：「那麼，你知道台灣的寺廟，那幾間寺廟的菩薩比較靈呢？」對不起！我很少到寺廟去拜拜，所以答案是：「我實在是不知道！」更何況，若根據我的理論，駐守在任何一處的菩薩也常會有變動的時候，我該怎麼回答您的問題呢？我只是覺得，爲什麼非要知道祂們的世界那麼多呢？我好像不太認識別人眼中的祂們，我認識的祂們就跟凡人一樣，有喜怒哀樂，很平凡；就像家人一般，可以訴苦，可以爭辯，可以聊天……。

說一個比較有趣點的，有時候世間人實在是很喜歡和祂們溝通，可是卻又無法通靈，於是就用擲筊的方式來猜測祂們的意思。我不是反對擲筊，而是我要告訴各位一點點的「訣竅」。首先先上香，告訴祂們你想要問的問題，然後再告訴祂們五分鐘之後，你再擲筊請示答案。等過了五分鐘之後，你就可以跪著擲筊了。

爲什麼？有沒有人願意猜猜看？對了！祂們也許出去辦事了，也許回上面去一趟，也許找左鄰右舍的同類聊天去了。就像世間人一樣，誰規定祂們一定就得被「人」罰站或罰坐在「一個桌子」上呢？祂們只要留下了「答錄機」，然後再隨身攜帶了接收器……，總得給祂們一點點的時間趕回來吧！另外也得給祂們一些時間去查查你所需要的資料，或開會決定應該如何給你指示……。

我的這套理論，還合情合理吧！記得，下次，尊重祂們一下，不要讓祂們趕得汗流浹背，也許，祂們正在閤眼休息呢！

姑且相信我一次吧！不要捨近求遠，祂們既然被奉派或自願來保護你，那麼祂們就負有責任。就像是家庭醫師一樣，如果需要轉診，祂們也會建議你轉去哪家醫院，或找哪一個醫生幫忙。一個重點，就是祂們絕對是「以服務爲目的」的，如果家中的祂幫不了您的忙，我相信，祂也一定會請祂的主管或祂的親朋好友一起來想想辦法。人世間有許多很熱心而又願意付出的人們，不也是擁有這般的心態嗎？有時候，這些人做起事來，還眞的是比當事人賣力多了。

但是請記住非常重要的原則就是——「不是心誠則靈，而是心正則靈」。行得正，做得正的人，不管他走到哪裡，總是會有很多很雞婆的祂們願意共襄盛舉。所以不要對祂們有分別心，不要在乎你家的菩薩是第幾層？第幾天？你在修，祂也在修；你做得好，祂與有榮焉；你做得不好，祂更是逃不掉。就像是奧運比賽得到獎牌的選手一樣，選手與教練都可以拿到獎金，懂嗎？祂們的確是與您「有福同享，有難同當」、「榮辱與共」的親密室友。

再來說一個「天方夜譚」，有沒有人想過，也許阿拉就是基督就是釋迦牟尼佛就是……，瑪麗亞就是觀世音菩薩就是……。怎麼說呢？舉個例，假設你被派往非洲當大使，因爲「入境隨俗」的關係，而與當地人打成一片，因此外交工作做得非常好。當你被調走的時候，當地人爲了紀念你，將你做成雕像，那是穿著非洲酋長服的雕像。回國一陣子，又被派往夏威夷，一樣地，留下了你穿著花花綠綠夏威夷衫的雕像。接著回國休息沒多久，又出發了，這回是到了日本，留下了穿著和服的你……。

結果，好多地方陸續地留下了不同裝扮的你，身材有胖有瘦，頭髮樣式也不同，說不定有的還留有鬍子，身旁還跟著一大堆的人呢！經過另一個文明之後，已無從查考了，於是各地的人出現了種種不同的解讀……。其實，仔細看看，追根究柢，才發覺到沒有什麼了不起，只不過是同一個人穿著不同的衣服罷了。

眞的，這一則絕對不是開玩笑的天方夜譚，其實它是必須經過深思熟慮的，如果我再把它套用在「因果」上，那麼就更好發揮了。你問我：「請問，我前世是做什麼的呢？」我到底應該要怎麼回答你的問題才算是正確的呢？我們就用上面的例子繼續說明下去好了。

假設你就是那一個外交官，好，你問我，你的前世是做什麼的，我可以這麼回答：「你前世是一個外交官。」但是我自己不會滿意祂們這樣子的回答方式，我覺得就這麼籠統的一語帶過，似乎太對不起對方了。

我會反問你：「你到底是想知道你和那一個人的因果呢？」因爲當有了對應的人選，那麼答案未必一定是在前一世，就算是前一世好了，那也必須去查出在前一世裡到底是發生了什麼事，才會讓你跟這個人一起來轉世，並且互相認識。也許查出來還說不定是有好幾世的因果關係呢！

所以，不要輕易地受騙了，不要傻傻地問這個問題：「請問我前一世是做什麼的呢？」如果我回答你：「你是一個作家。」也許你會反駁我說：「奇怪了，怎麼另一個通靈的說我前世是一個外交官呢？」是啊！怎麼會不一樣了呢？我可以告訴你：

「當你在五十歲以前你是個外交官沒錯，但是退休後，你專心寫作出書，把當外交官時的見聞記錄下來。可是我想告訴你的是你和你太太之間的因果，而你就是在當作家的時候與你這一世裡的太太發生了一些瓜葛，在那一世裡，她的身分是你的哥哥，大約在你六十歲的時候，有一次……，所以這一世老天爺讓你哥哥來做你的太太。」

我這樣子的說明，各位懂嗎？再說遠一點的，如果有人一生之中換了好多種行業（目前這種現象太多了），那麼通靈的人該怎麼回答你的問題呢？這個就有點像前面我所提的「有人告訴我，我是菩薩來轉世的。」我該恭喜你呢？還是耐著性子花點時間慢慢解釋給你聽呢？

這麼多年來，這樣子的推理論調，我已經講給太多人聽了，可是問的人還是一個接一個，說久了，我自己也開始覺得心煩了，但願出書解釋的效果會清楚一些速度也會快一點。

我還要再加一點注意事項，請不要用差異心看待祂們，不要以爲自己拜釋迦牟尼佛、拜觀世音菩薩……，才是對的、才是正信的，不要以爲別人拜的王爺、媽祖……，都是錯的、是迷信、落伍的。

用「老師」來舉例！大學教授很高竿很有學問吧？不妨請他去教幼稚園裡小小班的小朋友看看！大概他只有一個動作「抱著頭殼發燒」。你再請幼稚園裡的老師去教大學生、研究生，答案大概也差不到那裡去。所以很明顯的這其中的差別，不是高低之分，而是各自扮演自己的角色，各司其職而已。老天爺把祂們分配到各個層面，只是爲了應付各式各樣人的需求而已。如果沒有幼稚園的老師蹲下來，用他們的大手牽著孩子們的小小手開始，又怎麼會有後來的大學生、研究生呢？

不妨再到百貨公司走走看看，你會發現有好多的衣服實在是好土好俗，但是也有很多是很高尚很雅淑的……，對不起！這只是你個人的觀點，也許別人就有和你完全不同的審美觀。隨著年齡、性別、個性、職業、金錢觀等等的差異，我相信答案一定會是個很有趣的組合。如果再加上身材的限制，購買的經濟能力，那麼買回家穿上身的未必就是當事人最欣賞的那一件。

再拿水果來比喻吧，有的人視榴槤爲上品，有的人則是避之唯恐不及；有的人愛吃軟的水果，有的人選擇硬的；有的愛吃酸的，有的挑甜的……，所以市面上的水果攤才會擺很多種水果，那絕對不是賣水果的人愛吃，而是他爲了要賺錢，要吸引顧客，只好擺出那麼多種的水果，以便應付那麼多不同口味的客人。因此，不要以爲別人供奉的「祂們」不及自己的好，眞的！修行乃是隨機隨緣，如果「修行」修到如此的有「分別心」，那麼豈不是有些偏了嗎？多可惜！

祂們就是如此的細心，細心到安排這麼多「種」的祂們來面對我們，讓我們自己根據自己的口味去挑選，但是，請小心！我們也有可能帶壞了祂們。別忘了一句老話，「心正則靈，有緣大家一起修。」還有，祂們存在各處，最常在的地方，就是在我們的心我們的腦，外在的形象對祂們而言，一點意義也沒有。「佛在我心中」雖是一句老生常談，但是我對它卻是「深信不疑」。

祂們與我們

我口中的祂們，就那麼簡單，感覺上像「人」，但沒有實體的形象。如果好友在場，熟悉我講話的人就可以知道我說的「祂們來了」或是「有人來了」是代表什麼意思。

有人來了，這四個字，也常會鬧出笑話，因爲一起聊天的朋友未必都知道我的口頭禪，因此常會有人在聽到「有人來了」這四個字時，很自然而然地將頭往門口一轉，而知情的人就不再和我聊天，讓我靜下來，好好地專心接收訊息。

偏偏有一個會通靈的朋友，老是愛和祂們唱反調，總是搶著說：「我現在沒空，本姑娘喝咖啡比較重要。」不要懷疑，那個姑娘絕對不是我。我一向是「乖乖牌」，因爲如果我不接訊息的話，放心好了，我別想喝得到咖啡，咖啡杯就舉在半空中，只能用眼睛喝。不過，祂們也眞的很疼我，因爲比較不乖的那一個，祂們總是三不五時地讓她這裡痛、那裡痛，其實也不能這麼說她，事實上她的體質是比我差了點。

她就是在〈如來的小百合〉中的那一個小尼姑。在這一世裡，小我兩歲。第一眼見到她的時候，是她來找我算命，我告訴她，她的前世是個吉普賽女郎，所以在這一世裡，凡是有關於算命的書她應該很容易就看得懂，她點了點頭。離去時，我才發現這個女人全身的打扮還眞的有點像吉普賽女郎，長髮、長袖、長裙、馬靴……，身上還披披掛掛地戴了一大堆，非常特別非常有味道的一個女人。

我們已經深交好幾年了，直到最近我才知道她是屬於那種從小就看得到、聽得到、感覺得到另一時空的人，那種能力一直存在，只是她淡然處之，外人知道的並不多。和我比較不一樣的是，那些「靈」（不管上界、下界，還是其他界，就姑且一律稱之爲「靈」）如果有事拜託她，而她又不肯幫忙的話，那麼，有時候「靈」就會煩她，纏著她，讓她感覺這裡不舒服，那裡不舒服，這是令她比較困擾的事。

除了文筆佳，她對珠寶的認識也相當的內行，另有一項非提不可的是，她煮咖啡的技術更是一流。凡是喝過她親手煮的咖啡，那鐵定完了，爲什麼，因爲從此就上癮了。以我爲例，我很喜歡喝咖啡的那種享受，可是跟她這麼久了，我卻從來不向她學，只有這樣我才可以理所當然地拜託她煮咖啡給我喝，我只要負責買咖啡豆放在她那兒就行了。我出豆，她出工，這是我們合作的第一步。

她對密宗的事物相當有興趣，很多的佛經、咒語、甚至於五術的書，她一看就很容易進入狀況。這個本事，我跟她比起來，簡直是差了十萬八千里，她也曾經試著想教教我，不過「朽木不可雕也」，我是越努力越糟糕，只好假裝很瀟灑地放棄。後來我才知道，原來是祂們不讓我的腦袋瓜裡，存有任何世間人的成見，祂們希望我要隨時地學會放空。

當祂們來的時候，她能夠看得很清楚，包括祂們的表情，所穿的衣服，帶來的東西，所寫的字等等，但是如果是從來就沒有來過的，她就不知道來者是誰，必須先與祂們溝通一下，才能斷定來者身分。至於我，就差遠了，我都只是看到一個很模糊的輪廓，只是不管有沒有見過，大部分我都會先收到來者是誰的訊息。

也就是說通常我並不是先看到影像，而是先感覺到有「祂們」來了，並且知道祂是誰。當然有時候，我也沒有辦法知道來者是誰，那時候我就會很自然地脫口而說：「這個我不認識，我不想接。」如果她在場，看得到又不理會的話，那麼就沒戲唱了。所以看不看得到影像，對我來說，似乎並不是那麼的重要。各位，有沒有被我搞昏了呢？

我舉個例，就好像有個朋友想來找我們兩人聊天，他事先並沒有通知我們。等到這個朋友快到的時候，才打了個電話給我，告訴我他大概再幾分鐘就到我家了。那麼我當然就知道有人要來了，而且知道他是誰。但是我並沒有告訴同在屋內另一個通靈的她。等他按電鈴時，她去開門，這個時候，她才知道是誰來了，也才會看一下他的穿著打扮。如果不是我們認識的，也沒有事先和我們約定好，當他突然出現的時候，我們當然是有拒絕與他溝通的權利，請他出門了。各位，懂了吧！（我發覺我還眞的很有心在向各位說明我們的情形。）

〈如來的小百合〉中的住持呢？在這一世裡，他小我七歲，原是個園藝景觀專家，對造景的審美觀相當有一套，尤其是對石頭的佈局排置，獨具慧眼。第一次見到他的時候，是個朋友陪他來找我算命，我說他是個心軟又忠厚老實的年輕人。那時他就已經利用晚上工作閒暇的時間爲人看病，只是到了大半夜，他自己的身體會突然變得很痛，很不舒服，折騰一整夜都不能好好的入睡。可是第二天一早，又好了……，如此重複著。

我一查，原來他是處在通靈的狀態而不自知，他有了執照，而「祂」卻沒有，換句話說，也就是說有了駕照，少了行照。我勸他暫時休息兩個月，也勸他的「祂」回去再修，等取得執照後再下來助人。否則，祂有心，他也有意，卻因爲祂沒有執照，害得他在大半夜得承受不屬於他的肉體的痛，這樣對待幫助「祂」的人說得過去嗎？就這樣，他傻傻地接受了我的建議。兩個月後，祂回來了，他再出手看病，半夜不再有事，一切也正常了。

我們三個人對通靈的感覺都不太一樣，走的路線也有所差別，所以最大的好處就是我們可以互相討論互相印證。因爲三個人都不想被騙，不想惹麻煩，更不想被祂們利用去做壞事，因此只要湊在一起，總會提出彼此的經驗並加以討論分析，或互相支援，而祂們也總是不甘示弱地來參一腳，聊個天，加個註腳也好。

如果三個人在場，當祂們來的時候，他看不到也收不到訊息，只會拚命地打哈欠，好大聲，不知情的人還會以爲這個人怎麼這麼沒有禮貌，知情的人就會說：「拜託，夠了沒有？可不可以哈小聲一點。」問題是，只會越來越大聲而已。至於她呢？如果來者的磁場實在太強了，那麼她也會一直發出想嘔吐的聲音，這時的說法就不同了：「到底是幾個月了？」我嘛！比較遲鈍，沒有感應的時候居多，換句話說，就算是祂們來了，只要不是來找我的，我就收不到訊息，也看不到任何的影像。這麼說起來，好像我的身體有個「防衛系統」一樣。

別以爲我們的日子很好過，如果您是這麼想，那就大錯特錯了。我們都一致認爲，今日我們能有此通靈的能力，不是學來的，而是老天爺賜予的，所以我們相信祂們只是想藉著我們去幫助別人，但是現實的日子還是得過，因此彼此拉緊褲帶，決定「隨緣付費」。很簡單的想法，有錢的人可以找那些算得準、收費又高的大師，那麼，那些沒錢的人怎麼辦呢？我們就是專爲這些人而走上了這一條不歸路的。

相對的，這種作法也有一個好處，那就是我們的壓力不會那麼大。不過，不管來者是誰，我們都秉持一個信念，那就是——只要能夠進得門來，一視同仁。想必有人會問，萬一來的人是不懷好意的壞人，你們該怎麼辦呢？是啊！怎麼辦？也沒有辦法！只好把責任推給「祂們」了，拜託祂們在暗地裡先過濾一下人選，讓眞正有緣的人才走得進來，不過這個緣也未必是善緣就是了。

因爲我幾乎不碰佛經，宗教的故事知道的也很有限，因此不管是密宗還是顯宗，一大堆菩薩的名字，對我而言都好陌生。所以祂們在知道我的腦容量很有限之後，便決定如下：反正只要有一個祂們的人隨時與我保持管道的溝通就行了。因此我不管也從不問到底是那一位菩薩正在跟我合作，只要有準、不會耽誤別人就行了。（祂們插嘴了，話不能這麼說，應該寫——我從來就不知道到底是那一個「祂」正在輪班監督我。）不過基於禮貌，我還是要稍微介紹祂們一下，這幾位是不是常來幫忙算命，我並不知道，但是祂們倒是常常在我有空的時候來聊聊天說說理。

當然了，我是用人類的標準來衡量祂們的外表，也許實際上祂們的長相並非如此，只是為了讓我更容易親近祂們接受祂們而幻化成這等模樣（就像我在〈祂們的不同〉那一章所說的外交官的入境隨俗）。至於名字嘛，是我給祂們取的代號，事實上，我也不知道祂們到底叫什麼名字（我說嘛，名字只是一個代號）。

在介紹祂們之前，我必須先說明一下，當我「去」祂們那裡時，我總是變成一個約十來歲左右的小女孩。

阿尖：瘦瘦的，像個斯文的書生，約二十七、八歲，靜靜地，很少說話，很細心體貼的一位男士，就像古裝戲裡的書生打扮，溫文儒雅。祂的文筆很好，寫起論說文，有條有理，像個老師在教導學生一般。如果是我去祂們那邊，那麼通常我和祂聊天的地點是在一個花園裡，坐在花園裡的階梯上，祂就像在哄一個小妹妹般地，怕我生氣怕我溜走。

圓圓：高高胖胖的，大約六十多歲，非常慈祥，穿著像是十八羅漢，又像是少林寺練功夫的那種打扮。他的話也不多（我想起來了，似乎祂們的話都不太多），也很少說理，大部分祂的出現都是在我被處罰的時候。祂的適時出現，再加上抿著嘴巴淡淡的會心一笑，就可以讓我忘了所有的委屈，再苦的日子似乎都撐得過。我也常常用微笑回報祂的來到，在祂面前我就像個向阿公撒嬌的小孫女，很溫馨地被祂寵愛著。

阿主：高高的標準身材，五十多歲，祂的穿著比較像羅馬式的那種有褶的白長袍。祂臉上的線條，給我一種睿智與安詳的感覺。看到祂的時候，大部分是在一個房間內的大辦公桌前面，祂總是站著在整理桌上的文件，所以我猜測祂應該是一個舉足輕重的人物。祂管我可管得多了，對我的要求又嚴格……，慢慢地，我才發現祂的心好軟好軟，可是坦白說，我還是有點怕祂。當祂獎賞我的時候，不是什麼金銀財寶，而是在我的額頭上輕輕地吻一下（看來，祂已看準我是個很容易滿足的小女孩，三兩下就把我給打發了）。

以上的三個祂們常常聚在一起，加上我一個，四個人圍成一個圈圈，阿主在我的對面，圓圓在我的左手邊，阿尖則在我的右手邊。這個時候的我老是穿著一身黑的俠女裝扮，年紀也只有十二、三歲而已。總覺得像是在一間大廳的地板上，我們四個盤腿而坐，很輕鬆自在地在聊天。那個畫面感覺上大部分是我在說話，說些什麼，我自己也不知道。對了，這一章裡所敘述的情景，都是我在很自然地想閉起眼睛的狀態下，閉起眼「看」到的。那種很自然地想閉起眼睛的感覺，我想可能有許多人有過這樣的經驗，如是這般，那就閉上眼吧！待它又很自然地睜開眼睛，並且覺得很舒服的時候，就是已經回來了。

不過，請千萬注意一點，如果睜開眼睛的時候，還覺得怪怪的，一直想再闔眼起來，也就是說眼皮好像撐不太開的感覺，那麼，我勸你，趕快再閉上眼，（因爲那種情形通常是表示你的靈魂還沒有完全回來）等到再一次自然地睜開眼睛，並且感覺到眼前的東西突然很明亮時，那就表示安全了。有些人打坐入魔，往往就是這個原因。至於閉上眼睛能夠看到什麼，或甚至於什麼都看不到，那個並不重要。

星星公公與婆婆：公公是矮矮胖胖，圓滾滾的，好古錐好慈祥。笑起來像彌勒佛，可是認識沒多久，祂就死了。祂的衣著有點像是歌仔戲中員外所穿的那種比較華麗一點的衣服。星星婆婆也是不高，有點像日本皇后美智子，是那種讓人覺得很舒服，很想親近的一位長者。

帥哥：應該說是酷哥，穿著一身黑的斗篷裝，又高又俊，眼睛又大又亮，很像是中東那邊的人種。祂說祂生前是信奉回教的，常來這兒是爲了想透過我們學點佛教的東西。（祂是可以從我們的談話中學點東西，可是如果我想向祂學點回教的精華，那麼我就不知道該怎麼向祂學習。）

老娘：聽起來有點不尊敬的口氣，可是唯有這樣子的稱呼，才會讓我覺得與祂更親近。祂有點像是專門負責調教我的直屬長官。因爲太熟悉我了，所以來來去去，我反倒是忽略了祂的磁場存在。祂的年紀很大，身體很硬朗，有點像是楊家將裡的那位老祖母，表面上看起來很嚴肅，可是相處久了，就會發現中計了，原來祂是一個非常幽默的人。雖然說是幽默風趣，不過卻又很固執，最常說的一句話就是：「凡事不要輕言放棄，不到最後關頭沒有權利說放棄。」可是每隔一陣子，又說了：「我實在不應該要求你們這麼多的！」等到事情辦得差不多了，祂又說話了：「看誰訓練的嘛！」各位想想，碰到這種老師，我也只有一句話，那就是：「我投降！」

張大哥：祂好像是不加入算命的行列的，來的時候也常是自己一個人來。只有在第一次祂來的時候，我感覺到了，也知道祂的職務是什麼，以後祂再來，我就完全收不到祂的訊息，所以我根本就無從描述起。根據朋友的了解，祂總是不說話，只是帶著一本書，如果我們問祂問題，他就翻書翻到某一頁給她看，她就照樣畫出來，然後接下去的工作就是我和她兩個人玩著看圖猜故事的配對遊戲。

這種情形對於我來說，實在是很糟糕的事。我接受的訓練是直來直往的方式，而我又看不到祂的原版圖，這讓我很有挫折感，總覺得我跟祂之間根本就是兩個字——絕緣。偏偏最近我到朋友那兒去的時候，祂總是想和我搭上線，想告訴我某些訊息，結果當然是苦了祂，又達不到祂來的目的。這種不是自己「通」的情形，往往會會錯意，可是兩人之間的溝通管道既然出了問題，我也無可奈何。祂很難過，我也跟著心痛。所以說嘛！就算我會通靈，祂們還是「有志難伸」。（最近一次祂來的時候，我依然看不到祂，也看不到那本書，但是卻看到了祂拿給我的一串項鍊。也許祂們已經派人在修理這條管道了。）

老菩薩：老態龍鍾的老菩薩，就有點像我們常看到的土地公那種模樣，只是祂的臉型比較長，背也更駝了些。我非常非常地尊敬祂。第一次祂來的時候，我正在妹妹家看電視長片，只覺得「有人來了」，我說：「等一下嘛，長片正好看！」但是祂根本不甩我，馬上讓我頭痛得很厲害，我只好乖乖地就地盤起雙腿，閉起眼睛……，還是不行，祂說話了：「到房間裡去！」我只好對妹婿說：「拜託，小孩子的房間借我一下。」

進了房間，我就不由自主地跪了下去，這個時候腦海中才浮現出老菩薩的樣子，大約只有一百四十公分高而已，還拄著拐杖，祂只留下一句話就走了——給你一個國家大事的執照。那時候尹清楓案、劉邦友案都未破，政治我又不懂，我實在想不出那一張執照是幹什麼用的。只是沒想到，不到半個月，發生了白曉燕案，當命案破的時候，那一張執照也跟著被收走了。

後來，有一陣子祂常來，祂常來安慰我，鼓勵我。圓圓是我在受到委屈時出現，可是老菩薩卻是在我遇到挫折想放棄時出現。我曾經問祂：「您已經這麼老了，爲什麼祂們還要派您來服務呢？」祂告訴我：「在我們這一界，從來就沒有想過要安享餘年的，我們總以爲只要還有被利用的殘餘價值，我們都會很樂意去付出。記得！一定要學會付出！」知道嗎？第一次聽到祂說這些話時，我哭了好久，我才知道我居然離祂們這麼地遠！

印第安長者：八十九年開始才出現的一位長者，約五十多歲，灰白的長頭髮，挺拔的身材，穿著很簡單的服飾，飽經風霜的面龐卻掩不住他對我的疼愛與關懷。不是祂來找我，而是我閉上眼「祂把我帶到祂那兒去了。」畫面總是出現在荒郊野外，只有我們兩個人，我只有七、八歲的樣子，是個小男孩，而祂就像是我的祖父。

祂教我最重要的一個觀念就是：「不要害怕危機的到來，往往危機就是轉機，如何在危機到來之前，訓練好自己準備好自己的人，他，才是智者，才是勇者。」祂用繩子在我雙手的手腕處牢牢纏住，然後告訴我，重點是繩頭一定要留在我自己的手抓得到的地方，只要抓得到繩頭，那麼原本以為是致命的繩子，反而變成了武器。這是一種偽裝法，也就是在敵人來之前，自己先捆綁自己，等到敵人不疑，來到了跟前時，我就可以抓住繩頭，用力一拉，整個繩子就解開了，正好用來制伏敵人。祂還教我訓練老鷹，當敵人從後面突襲時，老鷹要會假裝在我面前攻擊我，其實眞正的目的卻是利用老鷹銳利雙眼的反射，讓我知道後面敵人的一舉一動。

也許吧！在某一世裡，我應該是個很快樂的印第安小男孩，怪不得在這一世裡，從小我就非常喜歡看有印第安人出現的電影。如今，當我在「做法事」的時候，我和一般的通靈人大不相同，我幾乎是不使用任何的道具，例如，畫符、指甲、頭髮、紙人等等，絕大部分我都是用雙手在虛空中比劃而已。甚至於我常教別人自己收驚，所使用的也就只是水、白醋、鹽、糖、米、泥土、紅紙、錢幣等，說穿了，生活上的每一件事物，都是我們的救命武器。

除了以上的這幾位之外，還有好多好多的「祂們」，這麼多的祂們，就好像是由那一界來我們這一界服務的「志工」。

九二一大地震、新航空難、象神颱風……，這麼多這麼恐怖的天災人禍，卻一點兒也擋不住台灣志工們犧牲奉獻的服務熱誠，簡簡單單地「將心比心」，就付出了他們的財力，他們的心力，他們的時間……。當在這塊土地上的每個角落也都有著許許多多貢獻所學貢獻所有的「他們」時，我想，「他們」就是「祂們」了，這兒就是天堂，這兒就是西方極樂世界。

印第安長者與金字塔

自從我寫的第一本書《如來的小百合》出版之後，書上所描述的那幾位「祂們」，一個個對我說：「接下來的路，你要自己走！」祂們SAY GOOD-BYE的方式就這樣簡單。剛開始，我嘗試著呼喚祂們，可是誰也不理我，誰也不曾回頭再看我一眼（有夠狠）！

日子裡，一對一的服務、讀書會、座談會依舊沒變，但是祂們到底「飛」到哪裡去了呢？我不知道。我好想念祂們，失落感、被遺棄的心酸不停的侵襲著我。

可是，不理就是不理，作爲凡人的我又能怎麼樣呢？我只不過是祂們手中的一顆小棋子罷了。沒多久，我也就習慣了祂們的不存在，因爲這麼多年來我早已被祂們同化得差不多了。難怪常有人這麼說我：「你這個人怎麼這麼絕情，一點人情世故都不懂，一點都不在乎別人的閒言閒語。」這倒是眞的，我幾乎是不主動打電話給別人，除非絕對必要，我也不參加任何應酬。

五月底的一個夜裡，我硬著頭皮（因爲我知道機會實在不大）試著再與祂們溝通，無聲無息，沒有一絲絲的回應，正想放棄的時候，印第安長者來了。對了！

就剩下祂一個沒有來親我一下和我道別，我怎麼把祂給忘了呢？祂什麼話也沒說，站在我面前，突然雙手一攤開，一塊大約五十公分見方不規則的獸皮上，擺著一小束長約三十公分的頭髮。那一撮的頭髮應該是從祂的右耳旁剪下來的，靠近髮根的地方還纏著線。就這樣祂把東西給了我，對我笑了笑就走了。當時的我，所接到的訊息是……，但我不敢確認。

於是我馬上打電話給原住民的朋友，她說：「這應該是代表分手的意思。」接連幾天，我忙著到書店找答案，試著想要從印第安的民俗風情裡印證我所收到的訊息是否正確，但是一無所獲，甚至於也無法從祂的長相去分辨出「祂可能曾經是」那一族人。

隔了幾天，大概是六月初吧！印第安長者又來了，這一次是祂自己來找我的，是我快進入夢鄉時，祂把我給叫醒的。我爬了起來，盤腿坐在床上接訊息。我「看到」自己還是個小男孩，祂將一頂帽子戴在我的頭上之後，就拿出一把刀子往自己的腹部刺了進去……。（當時毫無心理準備、有著肉體、閉著眼睛的我，頓時放聲大哭。）畫面中的小男孩，含著眼淚

（比我勇敢多了），從帽子上拔起了正中間最大的那一支羽毛，輕輕的將它放在已斜躺在樹旁的印第安長者胸前。帶著滿臉的淚水，我進入了屬於祂的時空。

尋找金字塔

六月八日下午，在朋友的「問路咖啡」店裡（問路這個店名取得可眞巧），我談起了此事，朋友當場也收到了訊息，她說：「祂說，那是左邊的頭髮，頭髮下面還有一根羽毛，你沒有看到。」然後在場的幾個人就議論紛紛的猜測「送人一根羽毛、一束頭髮、一塊獸皮」，代表什麼意思。就在這個時候，一位金光閃閃的戰將出現在我眼前，右手還拿著一支亮晶晶的圓形大槌子。我一邊形容給周遭的朋友聽，一邊說著：

「奇怪？這個我不認識，到底是誰啊？找我又有什麼事呢？祂的磁場我很不習慣，我的頭變得好重。喔！我知道了，祂那個樣子很像雷公！」

「一定是來找你的，你自己看著辦吧！」朋友們太了解我了，一個個離開房間讓我清靜一下。

祂要我把頭往下「正正的」趴在桌子上，十分鐘內不要動，我說過，我在祂們面前一向很乖。我「看到」自己的頭殼，很漂亮的乳白色半圓形，雷公高高舉起金色大槌，一槌槌下，「哎喲！好痛！」我真的是叫了出來，頭殼應聲破裂，變成了一大堆的碎片掉了下來。一槌槌下的那一剎那，我真的感覺到好痛好痛，但又不敢隨便亂動。

接著我看到有一隻左手，一塊塊撿起那些碎片就地排了起來，我看得非常清楚，那些碎片居然都是長方體的形狀，就好像是麻將牌但又沒有那麼長，又好像是骨牌但又比較厚。從一塊接一塊，排成了一直線，慢慢的又排成了一個正方形，心中正納悶著，到底在排什麼啊？

突然之間，一個標準的金字塔呈現出來了。然後再在金字塔的最頂端插上了一支外框是圓形，裡面是個星星形狀的金屬棒（我笑稱是避雷針），一切安裝妥當，我也跟著陷入了睡眠狀態。

不要被「金字塔」三個字給嚇壞了，我絕對不是埃及迷，也不是對古文明有任何研究的學者。只是如今，我的大腦裡居然被祂們放置了一個金字塔，為了它，我拚命的在網路上、書籍裡找尋有關於金字塔的資料。

有人說金字塔算得上是我們這個世界裡最神秘的建築，它應該不是埃及法老們的墳墓。因爲金字塔的體積非常巨大，雖然一般的看法都認爲那可能是法老王的陵墓，但是，其寢室裡的石室卻裝飾得異常單調，甚至於可以說是毫無任何裝飾。更令人懷疑的是，從來就沒有人在墓室中發現法老王的遺體，就連任何的陪葬品也沒有找到，唯一能找到的就只是一口無蓋的石棺而已。

大家研究多年的結果，發現金字塔在數據上的表現更是令人驚訝，似乎它和地球之間有一種密不可分的關係存在著，彷彿就是地球的縮小體一般。而在遙遠的火星上也散佈著許多類似角錐體的地形，它們看起來就像是一個金字塔群……。

在此，我就摘錄網路上的一則說法——建金字塔的人是絕對的少數，既然對地球這麼的了解，於是就想到了用最簡單的記錄方式流傳給後世，所以就把地球的「標竿」資訊建進了大金字塔，因此大金字塔也就成了記錄地球資訊的「文獻」。只不過，他們是什麼人呢？甚至是不是「人」呢？

- 太陽和地球間的距離等於大金字塔高度的一億倍。
- 地球的比重等於大金字塔的比重。

・大金字塔的重量相當於地球的千兆分之一。

・其底邊周長與塔高的比，正等於圓周長與半徑的關係，「π」值，即數學上的圓周率，而且準確到六位小數點。

・大金字塔的面積與地球面積的比例關係是一比四三二〇〇，而春分太陽完成六〇度的歲差運動，穿越兩個黃道帶星座所需的時間，就是四三二〇〇年。

・子午線正好從大金字塔中心穿過，也就是金字塔是坐落在子午線的中間，正好將大陸與海洋分爲相等的兩半，這個位置又正好在大陸地心引力的中心點。

・大金字塔的四邊，分別指著正東西南北，而且誤差甚少，要利用現代的測量工具才能找到誤差，而其誤差更少於一度。

・它的對角總長二五八二六・五三吋，恰好對出二五八二六・五三年的歲差（占星術中的大宇宙年循環）。

・金字塔面朝正北，建築在地球的陸地中心。地球上東西向通過非亞美洲陸地的最長點，與南北向通過歐亞非洲南極陸地的最長點，正好交叉在大金字塔。

地球上有三十億個地點可以建造這個金字塔，如果說這就是巧合，那麼機率是三十億分之一。好多好多相對應的數據資料，一一被印證出來並且呈現在我們眼前，那會是巧合嗎？應該不是吧！埃及人大費周章的建造起傲世的建築，我相信他們絕對不是想為了向後世的人炫耀些什麼，更不是想用金字塔來當作法老王的陵墓。

他們（也許是祂們）只是很努力的用盡各式各樣的方法，試著將他們所知道並且想要傳達的「重要訊息」保留了下來，而所採用的這種方法，又不容許被天災人禍所摧毀。這些訊息包括了地球的地理資料、天文景象，或許還有很多很多我們未知的秘密深藏在金字塔和人面獅身像之中。科幻一下，有沒有這個可能性呢——「金字塔正是聯絡宇宙的通訊站！」

金字塔之所以能夠列為「世界七大奇蹟」之首，其中一個重要的因素就是在古時候沒有先進的科技時，只是依賴一些原始的工具及人力，竟然可以建成如此宏偉的建築，甚至用現今最先進的機械也不能重建一座有精密結構的金字塔，那麼古時候的埃及人，到底是憑藉著什麼而能夠建造如此巨型的金字塔呢？而他們建塔的目的，到底又是為了什麼呢？

另外，金字塔之所以充滿著神秘，除了建造過程偉大之外，更重要的是它的精密設計，就算是用最現代的科技也不能複製一座金字塔，甚至連窺探其中的奧秘都不能盡知，更何況是好幾千年前的事。因此才會有不少人認為金字塔有可能是古時候外星人所留下來的建築物，更有人指出金字塔並非是埃及人所建的，而是當埃及文明未出現之前，由另一個外星文明所建造的遺蹟。

古埃及人的智慧

書裡也記載著——古埃及人在來世中設立了冥王，並且還設有審判廳和審判神，當一個人死了之後，都要被送到審判廳接受審判神的審判，最後再根據審判的結果分別接受不同的獎懲。審判廳中設有一架「天平秤」，除了利用天平秤「精確、公正」的特性之外，也讓人感受到「無私」的精神，因爲天平秤不會含有任何個人的感情因素，也不受任何人的指揮，當然了，更不會偏袒任何一個人。

當在進行秤量的時候，天平秤的一端放置著代表眞理和正義的「羽毛」，另一端則放著死者的「心臟」，當把死者的心臟放上天平秤的時候，一切就已經決定了，誰都無法改變些什麼了。對死者來說，是好？是壞？自然能夠看得清清楚楚；對審判者來說，他也只能做個記錄者的角色，然後再根據天平上所顯示的結果實行獎懲罷了。

不管是死者或是審判者任何的一方，誰都沒有辦法也沒有權利改變天平上的結果。雖然天平很無情地裁定著每一個死者，但是同樣的，天平也很有力的約束著每一個審判官，最重要的是，它清清楚楚明明白白的告訴世間人——「每個人都擁有自主的機會，每個人都可以經由自己的努力而改善自己的命運」。

古埃及人對法官有一種很特殊巧妙的描述——「法官是閉著眼睛來審判的」。也就是說，法官並不需要用他的眼睛來打量原告或者是被告，爲什麼呢?因爲害怕加進了自己的感情，而導致自己盲目、莫名的憎惡一方，或同情一方。他只需要根據聽到的、收集到的證據來衡量其中的問題就行了，因此，重要的是用腦而不是用眼睛辦案。這是向人們說明——「正義在你我的心中，它就像是一支桿秤，不需要任何的附加作用，總是能夠反映出眞實，儘管冷酷，但不偏不倚。」正因爲如此，所以法庭同樣也會要求被告、原告和證人們必須要誠實、正直。作僞證不但被認爲是不雅不智之舉，而且，如果僞證對其他人構成了傷害，那麼便要受到法律的制裁。

對死者誹謗要受到嚴厲的懲罰，作僞證控告某人也要承擔被控者的罪責。因而，古埃及人已經注意到「正義」在法律中的重要作用，並懂得如何使法律中的正義得到維持。只有當法庭能夠以「正義的維護者」面目出現時，政府才能夠取信於民，也才能夠有辦法使社會秩序相對穩定。

各位，當您看完這一些關於金字塔及古埃及人的智慧時，您有什麼感想呢？回過頭來想一想當今台灣的社會問題，您知道我們該用何種心態、何種方式，來共同改善我們生存的環境嗎？

其實通靈至今，我的「身體」常常被祂們開刀，一下子把頭部從正中間剖開，一下子把胸腹部左右剖開，一下子開手一下子開腳……，換東換西的，我只知道祂們在做「手術」、在換「東西」，至於在做些什麼樣的手術，我一點都不知道，所以我常笑說：「沒什麼了不起，我變成了一個隱形的機器人而已！」還記得有一次開腦手術，先把大腦剖成左右兩半，然後再把電腦的報表紙一張張的（每一張連接的虛線並沒有斷掉）從半空中傳到我的大腦裡。後來覺得速度太慢了，乾脆就一整箱一整箱倒下來，「黑盒子」、「超級電腦」的理論就是從這一次手術中得來的靈感。

有時候半夜在睡覺時，祂們也會來通知我要開刀，迷迷糊糊中，我依然乖乖的照著祂們的要求，做出祂們要我躺的姿勢，第二天早上醒來，發現居然還是維持著那個姿勢。至於這一次的手術，是我看得最清楚的一次了，居然有「人」敢在我的大腦裡蓋一個金字塔，天啊！

不久前，我看了《天之鏡》上下兩冊的書，讓我感歎不已，也讓我苦思許久，而今，一個無形的金字塔就建在我的腦袋瓜裡頭……，在這個浩瀚的宇宙中，「人」是什麼呢？滄海一粟、恆河一沙都比我們還要來得大。敦煌的臥佛是在亞洲，印第安應該是在美洲吧？而金字塔是在非洲的埃及，接下來輪到那一洲呢？該不會是愛斯基摩人吧！

七月六日以前，我看不到祂們，可是我知道祂們在等我的回應，如果雙方想要更進一步的溝通，那麼就必須要有一個代號，我總不能每次都說——「金字塔開門」吧！祂們想出了一大堆的代號，但是我不接受。直到七月六日臨睡前，我終於想到了一個和金字塔時空的溝通代號，我發出了訊息，沒想到馬上有了回應，這代表著祂們也能夠接受這個代號。畫面出來了——一個金字塔出現了，從塔尖分成四個三角形，慢慢的向四個方向開展，差不多離底面還有十五度的角度時，停住了，啊！

怎麼出現了一朵蓮花呢？一朵和展開的金字塔一般大小的淺粉紫色蓮花就呈現在金字塔內。我的第一個直覺是——搞什麼啊！怎麼把中國佛教裡的蓮花，放到金字塔來了。各位讀者，如果是您看到了這麼一個畫面，您會如何反應呢？接著我又看到了一支雨傘，撐開著的雨傘，由裡向外看，所以感覺上，可以看到一根根的雨傘骨架。又是怎麼了，金字塔和雨傘又有關係了？不管了，我要睡了。

隔天醒來，想著昨晚的畫面，爲什麼只會有畫面而沒有任何的訊息呢？難不成想考考我。突然，啊！雨傘、骨架，這不就好像是那個架在屋頂上的中耳朵、大耳朵嗎？喔！難道？難道金字塔是電台嗎？是收發站嗎？這一點似乎還說得過去，我可以接受。可是蓮花又代表著什麼呢？各位是知道的，我哪有那麼容易就舉手投降的，翻呀翻的，終於讓我找到了資料——「蓮花是埃及的國花」。爲了證實，我在座談會裡向讀者們求證，結果有人回去查了一下，打了電話來：「陳太太，埃及的國花眞的是蓮花。」您知道這個「常識」嗎？我發現我不但沒有知識，連常識也不見了。原來祂們只是告訴我——「我大腦裡的金字塔確實是埃及大金字塔的縮小體。」

讀者您知道印第安的習俗嗎？送人頭髮、羽毛、獸皮是代表什麼意思呢？有讀者告訴我，送人羽毛是代表「無盡的愛」，多美的答案啊！（我有個建議，以後情人節的時候，不妨改送一支羽毛，既合乎經濟又能永久保存。）您知道建造金字塔是爲了什麼嗎？它的最大功用是什麼呢？也有讀者告訴我，金字塔代表能夠收訊息又能夠發訊息。您還有其他的答案嗎？我期盼您的指點。謝謝！

星月時空

爲什麼?爲什麼?爲什麼心情一直無法開朗起來呢?也才早上八點多而已,同事們都還沒有來,可是感應卻是那麼強烈!似乎是將要嚎啕大哭的一種前兆,眞的不知是怎麼了,我無法讓自己平靜下來,我也不想去壓抑,就讓這種感覺自自然然存在著。

鳳凰來了,鳳凰是一對龍鳳雙胞胎,祂們說:「我們兩個就是你雙手掌中的那兩面圓鏡子,我們來自你接收到金字塔訊息的那一度時空。不用懷疑我們的身分,就像這一世你爲什麼會出生在你家一樣的道理。兩面鏡子的目的爲的就是讓你能夠隨時隨地『反躬自省』。」

突然,我覺得和祂們之間變得有點陌生了,怎麼會這麼快,也只不過三年多的時間而已,這一對龍鳳胎就已經長得這麼大了。三年多前,我是看著祂們出生的人,陸陸續續的,祂們來找過我幾次,而今卻已經像人世間二十出頭的俊男美女了。世間的三年到底是祂們那一個時空的多少時間呢？不同時空之間，時間的換算方法可眞把我給弄胡塗了。

到底是時間的換算出了問題呢？還是以前我所看到的是祂們過去的錄影帶掉頭重播的畫面呢？我還一直以爲祂們是來自星星公公星星婆婆的「星星王國」呢！怎麼會這麼複雜呢？如果我以爲祂們是來自星星王國的這個訊息是錯誤的，那麼，相信被我翻譯錯誤的訊息可多的很呢！這麼多年來，最困擾我的就是「時間」的問題，我想我永遠也通不過這個考試。

從零開始的星月時空

祂們說：「現在，讓我們來介紹另一個時空──『星月時空』。首先，我們翻開你的命書給你看。」咦？怎麼是空白的呢？從頭到尾沒有一個字，沒有一幅畫，完全空白，這到底是怎麼一回事呢？

「不用懷疑！不要緊張！沒什麼！沒有任何紀錄才是正常的，你才剛剛被允許進到『星月時空』來參觀，當然還不清楚這邊的狀況。這裡是這樣的，我們並不事先安排任何人（祂指的是『星月時空』那一個時空的人）的未來，我們是讓每一個人自己去想、去做。很玄吧！你要聽清楚，在『星月時空』裡，活的時候，任你自己盡量發揮，但是死了之後，才是算總帳的開始，所以我們才會害怕死亡。就爲了勇敢的面對『死亡』這一回事，在我們活的時候，就必須戰戰兢兢的面對所有的一切。所以在這個時空，出生時的分數是『零』，沒有負，也沒有正，一切都是新的，就看每一個人自己怎麼表現了。」（怪不得埃及人會是第一個使用「零」這種數字觀念的民族。）

「我用舉例來說明比較清楚。假設有一天，你眞的是因爲在其他時空表現得非常優異而被允許轉世到『星月時空』，那麼從第一世開始，毫無疑問的，一定是從零開始，如果活的時候表現不錯，死了之後，我們姑且假設你的分數是正的，是正的八分好了（假設滿分爲正的十分），那麼第二次轉世時，就一樣可以出生在『星月時空』。第二世，也是從零開始，死的時候，假設是正的兩分，依此類推……，當你累積到一定的分數時就可以前進到另一個更高層次的時空。例如，如果在十世裡，你總共可以累積到六十五分或以上的話，就可以前進到另一個層次，如果達不到六十五分，那就得重修較低分的那一世了。」

「這當中有一個重點，那就是每一世的分數一定都要是正的。如果是負的分數又該怎麼辦呢？很對不起，只要有那麼一世，那一世的結果是負的分數，那就馬上被轉世到較低層次的時空。我們並不是看十世之後所累積的總分數是正的還是負的，因爲根本就不可能有負的總分出現。所以說，只要有一世是負分，那麼所有的努力就前功盡棄了。至於會掉到什麼樣的時空，當然了，那又得視情況的嚴重性而定。」

解析更深奥的因果關係

「你心裡想問的問題我們知道。你想知道的是，如果是這樣子的話，那麼因果輪迴又該如何擺平呢？你想一想，能夠進到這個時空，基本上這個人的修行就已經是相當不錯的了，就算是犯錯，也比較有限。你心裡又在說話了，你說，有時候越是聰明，越是修行高的人，他所犯下的錯誤行爲，往往更大條，還害了更多的人呢！」

「沒錯！的確是如此！如果債權人與債務人同時轉世在同一個時空，那麼，因果輪迴的運作方式就如同『黑盒子』、『超級電腦』所描述的情形一樣。如果債權人的修行很棒，而且還一直在往上提升，那麼你想想看，兩人之間的修行差距越來越懸殊，這個因果輪迴又該如何解決呢？就好像菩薩根本就不想和偷祂香火錢的小偷計較一般，很簡單，菩薩根本就不需要轉世下凡爲人來討這一筆錢，我們只要讓這個小偷在轉世時，老是在掉錢或老是做生意失敗就好了。是他自己不小心弄掉的不是被偷去的，是他自己投資失敗的不是別人騙他的，如果是被偷被騙的，那這些偷他錢、騙他錢的人，豈不是又得和小偷之間，多了另一層的因果關係嗎？」

「再舉個例，如果駕車撞死人而逃逸，受害者爲了修行不願意與加害者計較，那麼我們也許可以讓這個加害者在轉世時，他自己開車不小心去撞火車，或者是煞車不及掉進河裡。」

「懂了嗎？不難吧！以前，一再強調的是——把握機會學習，不要混，要對自己的一心一德一言一行負責；而現在，更進一步了，要學會原諒別人，不管對方是有意還是無意的。爲什麼要求你們如此呢？世間人總愛說：『君子報仇，十年不晚，有本事的話，我就看你往那裡逃！』當人們不再記恨，不再心存報復時，才不需要因爲想要求對方還債而必須跟著對方來轉世。」

「我們所說的是『眞心的原諒』，並不是『縱容』也不是『溺愛』，更不能因此而阻礙了別人的成長。你們可以說這種作法是在『縱容』壞人，但世間人不也常說要用『愛的教育』來代替『打罵的教育』嗎?為什麼就不能多給別人一個改過自新的機會呢?大原則還是不變,變的只是方法而已,試過多次之後,如果眞的還是無效,再用體罰的方式也還不遲啊!這是理所當然的理論,就如你所說的,對那些修行層次越來越高的人,條件只會要求的更多,考題也只會更難而已。」

「記住!在這個時空,我們只會給你一把鋤頭,你知道的,一切的一切,就只能靠你自己去自生自滅。」

蓮花時空悲智情

各位姑且不要被我的蓮花時空或者是星月時空給搞胡塗了，我們可以這樣假設，人世間如果修得不錯了，可以選擇轉世到比人世間更「高層次」的星月時空，至於這個時空是否就是屬於菩薩祂們的那一個時空，我的答案是——「似乎是」還不到祂們的那一個境界。然而蓮花時空又是什麼呢？我的感覺是這一個時空，應該是和菩薩祂們同一等級的時空。用一個最簡單的方式說明好了。如果在台灣有很多的佛教徒修行得很好，那麼這些人死後就到了比較偏向台灣修行方式的極樂世界——菩薩時空；如果在埃及也有很多修行得很好的佛教徒，那麼這些住在埃及的佛教徒死了之後，就到了比較偏向埃及修行方式的極樂世界——蓮花時空。

學習是永無止境的，是吧！雖然是台灣人，如果能夠和埃及的佛教徒搭上線，聯絡一下感情，交換一下修行心得，不也是一件很快樂的事嗎？

蓮花時空來的使者

在這一個時空的祂們，到我寫這一篇文章爲止，我只看到過三個，其中的兩個就是介紹星月時空的雙胞胎，原來祂們已跟蹤我三年多了，而我卻渾然不知，另一個每一次祂出現時，我就只看到祂的光頭，其他的外形長相我完全不清楚。也許只是祂的頭髮並不長並非是眞正的光頭。在這兒，我就姑且稱祂爲「使者」吧！

朋友常說：「我們又不認識祂，可是祂老是來找我們做什麼呢？到底祂的目的是要我們做什麼呢？」其實這個答案很簡單，既然我們兩個女人是通靈人，那麼一定是祂有話想要透過我們表達出來而已。

可是祂一直是很少說話，直到七月底的時候，彼此之間的頻道調整得差不多了，訊息才開始慢慢出來了。

美麗的傳達是一顆眞誠的愛像一顆透明乳白的明珠。

用他不要受控於他（祂氣我們只想利用祂，卻不想受控於祂）。

一顆簡單的心最美麗。

當你選擇對愛付出時，請將你的眼睛閉上，而用心去面對你的情感。

有情的世界是用心去看，而不是用眼睛去比較。

靈者的悲哀是他必須用「心」去看，而無法用「眼睛」去看世間的一切，因而他常不了解世間的情愛觀點。

這些句子是透過朋友寫出來的，剛寫出來的時候，我們兩個也是必須研究老半天，但是我相信久了之後，自然就會很有默契了。最後這一句，祂的意思是說，通靈人的悲哀在於通靈人必須用「心」去體會這個世間，而不是也不能用「眼睛」去看這個世界，因爲用眼睛看世界是一般世間人的做法，然而也因爲這個原因，通靈人常常會被世間人的情愛觀點所迷惑，一般人也常會因此而誤解了通靈人所謂的「情愛」。

通靈人無法了解一般人爲什麼老是無法從情愛的糾纏漩渦中走出來，而一般人也很難相信眞正的通靈人的確是不太容易擁有世間人的感情生活，也就是說通靈人把感情看得很淡，不管是親情、愛情還是友情，但是這些人卻又把他們絕大部分的感情毫不保留的送給了社會大衆。通靈人對感情的看法的確和一般的人不太一樣，所以他們才會悲哀也才會覺得迷惑。

如果根據我的說話方式來做個比較的話，我發現自從這個蓮花時空的使者來了以後，我在爲別人服務的時候，講起話來比以前更直率更冷酷了，並且還常常會不偏不倚地直入核心，讓對方來個措手不及甚至於下不了台，而這個核心，所指的通常是對方比較特殊的個性或品性。這些來問事的人被我這麼一說之後，就會板著一張臉，不敢再多問任何的問題，只是盯著別的地方直到座談會結束。

我也只能在這裡說聲抱歉了，你們也是知道的，這「抱歉」兩個字絕非是眞心的，只不過是客氣的應酬話罷了，因爲並不是我邀請你們來參加座談會，而是你們自己報名進來的。對了，如果你是個無法在衆人面前接受別人說你不是的人，那麼請千萬不要來找我，因爲到時候難堪的人可能會是你自己。

蓮花時空的使者和菩薩們一樣都是慈悲、智慧的，但是祂的要求更嚴，祂要求每個人要有勇氣面對自己的缺點，如果你能夠在衆人面前承認自己的不是，那麼你才比較容易有更多的機會去改變你自己的命運。祂會在前半段用狠的用硬的，逼你自己去面對自己最了解卻又最不敢挖出來的「痛點處」，然後在後半段裡，祂又改變了作法，用有比較性、有邏輯性的例子，供你作參考，爲什麼呢？除了面對自己了解自己的優缺點外，祂也要求大家多用點腦筋去明辨是非。

與哲學系師生的問答

問：就像你說過的，星月時空教我們的是要去原諒別人，而原諒別人的前提一定是要先會忘了自我，平常我們該怎麼做才可以忘了自我呢？埃及的這位使者祂也同樣希望我們要有智慧、要有慈悲、要去原諒別人，請問，我們又該怎麼做呢？或者是祂可以教我們怎麼做或告訴我們如何利用外在的約束力去達到這個境界呢？

答：謝謝你的這個問題，這眞是個好問題，連我都沒有想到過（就在這個時候，我的眼前出現了兩輛倒在地上的摩托車，我並沒有閉上眼睛就已經收到畫面了，但是我也沒有告訴在場的人我看到了這麼一個畫面，所以我相信當時在場的人一定以爲以下的例子是我自己想出來的，錯了！我沒有那種本事）。沒有錯，在現實的人世間，要忘了自己確實不是一件很容易的事，因爲人不爲己天誅地滅，但是如果要學會原諒別人，忘了自己的存在眞的是一種很理想的方法。

首先，「不貪、不計較」是一定要會的基本功夫，一旦在日常生活中，把不貪不計較變成了很自然的一件事時，我想這種人可能老早就已經忘了他是誰了，再要求他去原諒別人就好辦多了。也許很多人會覺得這世界上不可能做得到「忘了自我」，但是我舉個最簡單的例子好了，如果有兩輛摩托車相撞，兩車都倒地，兩邊人馬也都受傷了，在這個時候，如果有一方強忍著自己的傷痛，馬上去扶起對方、關心對方，那麼這一個人在當時他就是「忘了自我」。

然而在實際的生活中，確實是不太容易看到這種例子，因爲我們所看到的大部分是互相叫罵，互相指責對方的不是，但也不能因爲我們沒有看到過，就認爲沒有人會這麼做。另外，我們常常可以在很多的災難場面中，看到一大堆的救難人員，忘了自身的危險而冒險救人。其實要「忘了自我」的機會實在是很多，只是我們想不想做、要不要做、盡不盡力做而已。

（這個時候，訊息又來了，不是畫面也不是聲音，而是像一道閃電般地閃進了我的大腦變成了我的思想，那個動作實在是太快了，我只感覺到一個字「法」而已，但是腦袋瓜裡卻已存滿了一大篇的文章，下面我所說的話是不假思索就說出來的。在座的也許看不出來我正在收訊息，可是我自己卻清清楚楚的知道以下的理論絕不是我的智慧想像得到的，訊息是一段一段的殺進來，我根本就來不及告訴在座者這些話不是我自己說的，只能快速翻譯著。）

如果我們本身的修行功夫無法做到，而國家的領導者，有心想要教導人民如何忘了自我，那倒是有一個比較實際的方法，就是教導人民從「守法」開始做起。當我們必須守法時，最基本的表現就是我們必須要尊重別人，我們要為他人想一想，否則的話我們就是犯法，就要接受該有的處罰了。

舉個例：就像違章建築、佔用公有地好了，他們說他們居住了三、四十年，使用了一輩子，那麼請問一下，如果政府強制收回，再將這塊土地租出去或者是蓋學校蓋公園，那麼受惠的就會是其他乖乖納稅的義務人了。這些違建戶、佔用者想到的只是他們自己，那其他繳稅的人又該如何呢？類似的例子很多。

所以，如果政府執法成功，相對的就是在強迫人民學會尊重別人的存在，這麼一來，當你眼中容得下別人的時候，就比較能夠忘了自己。這是一種靠外在的約束力強迫自己忘了自我。

再仔細想一想，如果想要執法成功，那麼這個法律一定要合理，而且是一般人民做得到的。這些法是怎麼來的呢？「立法院」是吧！所以在立法院裡就要有明理、知法、會立法又會守法的立法委員，那這些立法委員又是怎麼來的呢？是你我一人一票選舉出來的吧，不是嗎？如果政府執法不公不嚴，獨利某些人或某些團體，又該怎麼辦呢？這又得靠另一種法源來監督這些執法的人員，說來說去，是不是又回到了立法院呢？

所以從現實生活中如果要落實修行功夫，「守法」是最基本的了。要百姓能夠守法，那就得立法立得好，執法執得好。難怪，在古埃及時代，他們的繁榮可以歷久不衰，因爲那是個非常講究守法的時代。

知道了嗎？一個乾淨又有智慧的選舉，對整個台灣而言是多麼的重要，這是你我的權利也是責任，至少在年底我們就有這麼一個機會可以改變我們的未來。

問：照你這麼說，有菩薩時空，有星月時空，有蓮花時空，我相信一定還有其他的時空，那麼「究竟」又是什麼呢？你知道嗎？

答：我所了解的只是這麼多而已，並且是毫無保留的告訴了各位，我也和您一樣，相信在這個浩瀚的宇宙中，一定還有好多好多「不同的時空」存在。但是我確實是不知道，走到了盡頭，「究竟」到底是什麼樣子，也許再多給我十世，我也無法一窺全貌的。所以我常說究竟可能是「無常」才對。

就好像天文知識一樣，我們只知道住在地球、去過月球、拍攝到鄰近的一些星球，但是抬頭看一看，滿天的星斗中，我們都認識了嗎？一隻在路上流浪的小狗，望著在牠身邊走過的人群，我請問你，這隻小狗，對這麼多經過牠身旁的人類，牠都認得嗎？也了解了嗎？

舉個例吧！就像是總統選舉，我相信阿扁的後面一定有通靈人指點，我也相信宋楚瑜的後面也有通靈人，連戰的後面也應該會有，也許他們本人並不相信，但他們的助手們一定會到處去問。問題是，每一個高手都說他們的「主子」擁有天命，一定會贏，我也絕對相信這些高手一定不希望他們的主子輸了這場比賽，那麼這些高手的後面，又各是哪一位「祂」或各是哪一群「祂們」在操盤呢？

想想看，爲什麼台灣這麼多的通靈人所接到的訊息都不太一樣呢？你們可以懷疑說那可能是因爲「祂們」或「通靈人」的層次有所差別，但是如果說命運是個定數的話，又何必多此一舉選總統呢？我們可以先來個通靈人的通靈比賽，再請第一名的通靈人「點名指定」哪一個人做總統不就行了，何必浪費那麼多的選舉資源呢？

我相信我們追求民主，我更相信祂們也一定會追求民主，既然我們的「主」是不定數，那麼祂們的又可能會是定數嗎？所以我無法告訴各位「究竟」到底是什麼，我只能說我以爲那應該是「無常」。

大家想想，以前我上面的是「菩薩時空」的祂們，現在是「蓮花時空」的祂們（在這裡，我必須聲明一下，我的菩薩時空是我認識的一種時空，並不是佛教或道教講的西方極樂淨土），爲什麼會換呢？我們可以這麼解釋，也許上面的也改朝換代了，爲什麼我沒有換呢？大概是我把畫面和訊息翻譯得不錯，所以蓮花時空繼續任用我做個通靈人。我們也可以這麼解釋，菩薩時空的作法也許救不了台灣的現況，所以換個不同作法的蓮花時空繼續來努力。

喔！我終於明白了，爲什麼會換埃及的使者來轉達訊息，原來祂們也看不慣了，看不慣居住在台灣這塊土地上的人民，只會口口聲聲說要追求民主、追求自由，追求獨立，卻不知道民主、自由與獨立都必須立基於守法之上。祂們認爲如果只是會用慈悲心去寬恕那些有意不尊重別人存在的行爲，那麼有可能會造成了一大堆的後遺症，畢竟缺少了智慧的慈悲，到底還是無法圓滿的。

所以我一直認爲台灣眞的是個寶島，連上面的「祂們」都不願意輕易放棄我們，都還在想盡辦法幫忙我們，爲什麼我們自己要輕言放棄呢？如果一個小孩子病了，醫生都還沒有放棄最後一絲救治的希望，作爲媽媽的我們豈可忍心就這麼放棄了呢？

我說過，每個人有個黑盒子，那麼東海大學也是有個黑盒子，台灣整個國家一定也有個黑盒子，就像是大圓包中圓，中圓包小圓……，每一個黑盒子又都有著百分之四十可以改變，那麼，就沒有了「一定」的「究竟」。也就是因爲沒有了一定，所以才會無常，也才會有可以努力和想像的空間存在。你可以認爲這只是我自己一個人一廂情願的論調，但是不同的理論，又有什麼傷害呢？我只要根據自己的論調，就可以讓自己有個奮鬥的原動力，這不也很好嗎？就連祂們也沒有權利說我不能這樣子的「鼓勵自己」吧。

九十年的七月二十六日，東海大學哲學博士班幾位師生來到了問路咖啡（他們湊齊了十九個人，是屬於不定期的座談會），這兩個非常棒的問題，就是他們提出來的。我應該這麼說才是——這是我通靈以來，被問到的「最有深度」的問題。

祂們說

教育的發展性

時間：八十七年十月六日　主講人：阿尖

爲什麼不說別的，而偏偏要說是發展性呢？因爲不管以前是對是錯，縱使曾經走偏了，只要「有心」，只要「肯做」，終有回歸正途的一天，老天爺是如此的慈悲，總是不放棄任何一絲希望。

其實很簡單，一切從「心」開始（不要只是從腦開始），人類以爲大腦控制了一切，卻忽略了內心控制著大腦。所以最基本的，任何一個階段的教育開始，開宗明義的第一章，應該就是清清楚楚的說明，這個階段的教育內容到底是應該「抱著什麼樣的心態」去了解它、去學習它。且讓「心理」建設完成之後，接著才是進入課程的開始，等到學習結束，當然也應當要有一番的測驗。但是一如開始，期末的測驗，實在是一種「魔考」，不只是考知識而已，還必須考考「心靈」是否也已跟著知識一起成長。

我們不希望「統統有獎」的獎勵方式，我們希望的是「基礎一定要打好」，否則第一層沒打好，第二層也不穩，到了第三層，大風一吹，三層一起倒。如果第一層打地基打穩了，第二層歪了，第三層，大風一吹，也只是倒了第二、第三層而已，再從頭也只需從第二層開始，所以一定要強調——「一層一層站穩，一層牢固了，再築下一層，千萬不要偷工減料，千萬不要急。」這種牢固的一層層，就算經過轉世，也是不受影響的。

我們一再強調「進化是緩慢形成的」，所以教育的政策也是一樣，一定要讓學生清楚了解到每一層的重要性，縱使將來未必用得到。但是學習的過程中，就已讓人類深刻的了解到「付出」與「學習」的重要性。真的，凡事沒有不勞而獲的。

因此台灣的教育政策，真的是走偏了一些，如：

●忽略了心理建設、心理準備。

●太早教導學生太多的東西，基礎不易打穩。

●既然是基礎，所以重要的學習課程應該是與生活息息相關的課程，而不是風馬牛不相及的課程。

●必須從教育的課程中，提升生活的品質和適應生活的能力，而不只是腦袋瓜裡知識的增加而已。

●千萬別忘了「勞動」的重要性，也別忽略了手足的重要性，只強調腦的大小，那是本末倒置了。

●物極必反，不要以爲科技會發展到無限，「人」才是眞正無限的本錢。

●訓練人的大腦之前，一定要先訓練人的肉體。

●如果心和大腦、手足無法協調，無法同步成長，那麼勢必會偏頗。

●「行行出狀元」，這個社會上需要各式各樣的人才來平衡，所以不要誤導年輕人以爲「智力」才是最終的目標。想想，如果一個高智力的人，卻偏偏是個生活白癡，那麼當危機來臨時，他只有一條路——坐以待斃。

社會福利

時間：八十七年十月二十日　　主講人：阿主、阿尖

談到這個題目，心情怎麼也好不起來，我們的伶姬心情鬱卒得很，因爲她非常關心社會問題，尤其是弱勢者的問題，一直讓她處在很尷尬的地位，她總覺得自己爲什麼老是幫不上忙！

她的小孩都在讀音樂班，享受大筆大筆的公費支援，只要教育局一有風聲要砍音樂班的部分預算，家長們總是議論紛紛，開會、講人情、送禮……都來了。她被選爲家長代表要去與市議員溝通，結果猜猜看她怎麼說：

「我們比別人幸運多了，孩子正常，又有音樂天分，各位有沒有看看那些智障班的小孩，還有一些總是被關在家裡，出不了門的小孩，還有總是長不大的小孩……，也許我們的小孩眞的是很優秀，所以才能考上公立的音樂班，但是，各位有沒有回過頭去想一想，爲了考上這個公立的音樂班，在這之前，我們這些做家長的已經花了多少錢投資在孩子身上，所

以基本上，我們的經濟也許就比別人好一點。當然了，我們這些做父母的和孩子們也都付出了相當的時間與精力。」

「再換個角度想一想，音樂班是特教班是資優班，但是並不代表別的小朋友就不資優，就不需要公費的補助。我倒是覺得，我們的小孩只是比較幸運，只是比別人起步得早一點罷了。我也相信，如果今天沒有了這個預算，各位家長還是會想盡辦法去栽培小孩。可是有些人少了一點點的預算就活不下去了。所以，對不起，就算選上我，要我到市議員那兒，我會去，但是，我一句話也不會說。」最後的結果是——重選家長代表。

「我們也眞沒有她的辦法，這樣子的個性，唉！事後什麼話都來了。」

「自命清高！」

「她那麼慈悲，她的小孩就不要來念，把名額留給別人啊！」

「她以爲她是誰啊？」

反正別人怎麼說，各位也知道此姑娘的個性——一向是我行我素，不甩任何人。再加上一年後的白案，告訴各位，從此一大堆的家長不敢與她攀談。這回她可樂歪了，因爲日子從此清靜多了，很多家長以爲她是調查局的王牌特派員。

我們逼她想起一些往事，她的心情好多了，可以用比較公正的心態來討論這個題目，否則她的情緒不穩，翻譯失當就糟了！

你們孔子的「大同世界」，眞的，也就是我們的世界，世間人自己卻逆道而行，孔子地下有知，知道他的後世子孫，不但無法夜不閉戶，還必須要加裝鐵窗，然後火災時，卻逃不出來被燒死在屋裡；知道他的後世子孫，不但不會選賢與能，還必須用買票、賣票、用刀槍來控制票源……。

各位，您說說，你們的孔子，你們的至聖先師怎麼有臉再來轉世呢？如果用「世風日下」實不爲過，世風日下需要時間才能變成今日的醜陋局面。同樣的，我們只有努力一些，讓世風日上。當然這還需要時間，需要更長的時間，但還是要走，我們都已在加快腳步了，你們難道感覺不出來嗎？

在我們的社會根本就不用社會福利，不是沒有，而是用不上。如果每一個人都能夠將心比心，都能夠推己及人……，這又有何難呢？好吧！如果不能自動，那麼用被動的立法來執行也是一種方法，可是偏偏你們有了法卻不依法執行。唉！法案拖了好幾年才通過，通過時又已是另一種的時空背景，怎麼可能跟得上潮流呢？跟不上潮流，執法人員根本就不知如何

「依法行事」。就算時空仍然如舊，但是如果執法不公，一般的老百姓又該如何適從呢？一頭霧水之下，搞得人民不知不覺就已經鑽進法律的漏洞了。誰的錯呢？

接下來，當然是數說人民的不是了，人民被罰、被關，其實眞正該罰該關的是「立法人員」是「執法人員」。所以內政有何難呢？在人民這一方面，選出理想的立法委員；在政府這一方面，確實公平的執法，如此而已，難嗎？坦白說，我們也忍不住要罵你們了，過去的在位者不依法，讓人民有了錯誤的觀念，於是選出了錯誤的人選，這些人上了民意機關，對法……，惡性循環的結果，才有今日的局面。

不用舉什麼例子，光是看看「違建」有多少就知道了；口蹄疫不也是豬舍亂蓋；土石流淹死人，不也很多是違建、違種的問題；防火巷被堵死了，救火車派不上用場……。唉！連我自己也被你們搞煩了，千頭萬緒眞不知從何改起，眞想放一把火，一切歸零，重新來過。

腐敗的政府，能期望它有什麼作爲呢？如果政府也能歸零，重新來過，不知能省卻多少事。

政府不檢討自己，只知一味討好選民，好好想一想，想想戴安全帽、綁安全帶這麼簡單的問題，前前後後總共要拖多少年才會認眞執行呢？就像教育小孩，不是溺愛就行了，該重罰時，就該嚴厲執行，因爲出發點爲了「絕大多數」的人民百姓好。一個沒有魄力的政府比獨裁還要糟糕。有魄力的政府，知道「教育人民」是必須的，注意！是教育，不是控制，不是壓迫，人民絕對是要受教育的。

社會福利又何嘗不是如此呢？立法立得不錯，但是執行得怎麼樣呢？信仰的自由搞出一大堆大型的山坡違建，應該執行拆掉違建的寺廟。那絕對不是在迫害宗教。想想多少各式各樣的所謂上師，在台灣搜括了多少的財產，那些原本是可以捐到眞正的福利機構的。台灣的一些宗教界人士早就應該「再教育」了。至於一些小道上的「騙士、騙術」，利用住家設神壇，難道這也是宗教的自由嗎？你們也實在是太婦人之仁了。什麼是自由？什麼是宗教的自由？想清楚，不要污蔑了眞正的宗教。

這些「錯誤示範」的存在，誤導了一般大衆，也誤導了靈界，最重要的，社會上一些善心的捐款都落在他們的口袋了，由小型變中型、變大型違建。想想，這些善款本該是很好的社會福利資源，卻被這些惡徒接收了，難道你們一點也想不到嗎？傻瓜一大票。

你們一定會反駁爲什麼我們不會懲罰這些人，何必呢？就讓這些人來教育你們不就是最好的活教材嗎？我們爲什麼不懲罰呢？有朝一日，他們被拆台了，不就是懲罰了嗎？不然的話，來世依然是逃不掉。「佛自心中來」，不是自寺廟神壇來，不要搞錯了。至於你們被他們所騙的「供養金」、「香油錢」、「善款」怎麼辦？又能怎麼辦？活該！那就是學費！還是自動送上門的學費！

一樣是出家人，有人蓋寺廟、有人蓋學校、有人蓋醫院、有人蓋孤兒院、有人自給自足、有人……。眞的是「一樣米養百樣人」，我們也只能說是一大堆的假菩薩在作怪而已。佛法、佛理講得再好、背得再滾瓜爛熟，也都只是心在想、嘴巴上在講而已，至於手和腳要不要動，那似乎又是另一回事了。

要做社會福利，在不能「推己及人，將心比心」的階段，就必須好好立法。立法的背後，必須要有財源作後盾，所以財源是很重要的，好的財團可以幫助政府做好多事。但是社福的錢財來源是固定的，流向宗教多了，流向社會福利的自然就少了。所以首先要考慮如何將財源擋住，不要讓它無謂的流向宗教，然後再改道流向社福。在這同時，培訓人才必須同步進行，除了有給職的之外，更要好好利用義工制度，這個制度，就是人民「再教育」的機會。有時候實在是不能責怪人民，因爲政府沒有給他們接受再教育的機會。

所以社會福利，有人有財有法，就好辦多了。目前，人、財、法都有，只是都沒有好好

「導引」過來而已。好好教育人民，有空當義工，好好教育人民，什麼才是眞正的社會福利——「尊重每一個人存在的價值」（是人存在的價值，不是神佛存在的價值），不管他是老、弱、婦、孺，長得美若天仙或是醜陋無比，長得大還是長不大……，只要他是人，他就有權利享有相對的社會福利。

討論獄政

時間：八十七年十月十四日　　主講人：阿主、圓圓、阿尖

（因爲颱風的關係，孩子們今天沒有去上課，一個個都還在睡覺，我在屋外的長廊上舖條地毯，身上裹著薄被，靠著牆壁，看著一本不錯的書，獨自一人享受這難得的颱風假。可是祂們三人一起來到（阿主、圓圓、阿尖），說要談一談「獄政」，好奇怪的題目！我以爲是在開玩笑，繼續看我的書，沒想到祂們硬要我闔上書……）

「獄政」照理說應該是關犯人、管理犯人的領域，可是我們比較重視並且要討論的卻是它的「再教育」功能。因爲如果只是關、如果只是管，那麼當犯人出獄的時候，他還是原來

的他，相信往後他就成了監獄的常客。如此一來監獄永遠不夠多，永遠人犯爆滿，那又何必要有「獄政」這門學問呢？既然要談「獄政」，就表示這裡是個「革新」之所在，而不是「頹廢」的倉庫。了解了獄政的必要性與本質，再來談內容，才有意義。

（我看到了一個畫面，監獄裡那個高高的瞭望亭，那個探射燈……，我的感覺反而覺得它像鵝鑾鼻的燈塔，指引著在汪洋上過往的船隻，不一定要入港，但至少知道到底船身在何處……）想想那些為非作歹的人，相信他們的內心一定非常空虛落寞，想讓「心」靠岸，卻不知岸在何處，想真正回自己的家，卻往往無臉回去，有家歸不得，心與家只是越離越遠。而在岸上的我們，沒有漂流在外、沒有漂流在海上，我們實在是很難去體會他們的感受。對我們來說，只能套一句俗話，就像是「隔行如隔山」。

沒錯「隔行如隔山」，就是這一句話，如果有「浪子回頭」、「革心改過」經驗的人願意親身來到監獄內鼓勵受刑人，將他們心路歷程的改變，提供給其他人參考，相信將心比心的感受，沒有人比他們更了解的。退而求其次，如果他們不願現身，那麼用錄音用文字皆可，我們不能放棄這些人對受刑人的眞正服務，這是一種非常實用且直接的方式。

坦白說，我們不太希望利用宗教的方式去改變獄政，一般而言，宗教總是包容心大、悲觀、積極兼具，但最重要的一定是慈悲。不過好則好矣，就怕被誤用、被濫用。因為一旦出獄後，要面臨的是殘酷的社會，不見得外面的人皆有慈悲心、皆有包容心。畢竟人還是自私的，還是先求自保的。所以我們以為宗教的方式只能用在死刑犯或無期徒刑的人，至於那些有出獄機會的受刑人，我們希望用另一種方式去帶領他們，不為什麼，因為這些人一出來還是得面對社會。

帶著一個污點，走到哪裡，污點總是存在。我們比較喜歡用「黑盒子」的道理去讓受刑人了解「必須自己為自己的所作所為負責」、「宗教幫不了我們」、「先行惡、再懺悔，沒用！記錄照樣在進行」……雖然伶姬（眞是難為她了，她有夠傻，沒人相信，還是繼續在講。）一再闡述黑盒子的內容、道理，她講的已經夠簡單了，但是還是沒人相信她，怎能怪世人呢？只怪她自己是個怪人（她根本就是個ＥＴ），她那些稀奇古怪的想法，若是在古代早就被當作女巫，早就被用火燒死了。我們也眞的是非常心疼她，因為不知要到何時，才會有較多的人能夠相信她的說法。

在大宇宙中，這個黑盒子是共同承認的，也是共同設計出來的記錄器。唉！只是「人類」的科學無法檢測到「它」的存在，可是只要與伶姬多接近的人就絕對會相信「黑盒子」

的存在。因爲如果不是黑盒子的存在，她又如何能夠馬上調得到對方所要的一些資料呢！

監獄是個監獄，台灣又何嘗不是個監獄呢？只是地區較大罷了。地球何嘗不是監獄呢？在如此有限的地方，爲何不讓自己的大腦，想一想這個小小的「太陽系」，世間人又了解它們多少呢？大腦永無客滿也永無爆炸之時，可是人們卻如此保護它、溺愛它，一點也捨不得讓大腦去闖蕩江湖。人們總是要求另一批人依照自己的模式生活，就怕出了掌握，自己的權力受損。唉！這就不知要如何勸你們了。

天空那麼大，何須共搶呢？就算對方的天比自己的還要大，爲什麼就不想想，哪一天天塌下來了，對方不就是自己的擋箭牌、護身符嗎？

各位，看到這裡，各位的腦海中有沒有覺得受騙的感覺呢？因爲我們提到了「到處皆是監獄」，包括自己的心被自己的肉體束縛住了，更不必提大腦，以及那些眞正有形、無形的桎梏。「獄政」！了解了吧！豈僅是所謂的監獄，套一句話，「了解黑盒子」必須從自己了解起，就不用害怕被掌控在別人手上，了解自己是自己的主人、主宰之後，自己就必須學會爲自己負責，沒有人可以例外。

其實，我們還天眞的以爲，如果能夠利用譬喻式的方法，將「黑盒子」的訊息，列入基本的教科書內……。想想，嬰兒、幼兒時期，我們就用正確的用語與小baby溝通，而不用兒語，那麼將來隨著小baby的成長，我們也就無須再花時間去糾正他們的兒語。同樣的，從小就清清楚楚的知道，凡事要學會「自己爲自己負責」，那麼根深柢固的想法勢必也將影響著我們的未來。想想，如果說出來的話就能直接代表自己的心意，多快活！多爽！何必虛虛僞僞、拐彎抹角、東猜西測呢？多累人！

權力與慾望

時間：八十七年十月十八日　　主講人：阿尖

權力與慾望，在人世間是如此炙手可熱，可是在我們這邊卻是棄之如敝屣。

爭什麼？搶什麼？很簡單的道理，如果有那等本事，又有人和，自自然然的，該是你的，該輪到你的，一樣也不會少，錯只錯在人世間往往加上了「背景」。其實所謂的背景，應該指的就是自己背上的影子。影子的大小依背部的大小而決定，是自己的背影，不是別人的背影。

所以天助自助者，不是嗎？一定要深刻通曉這個道理，否則縱使得到了你所求的一切，但當「失去」的時候，又當如何呢？權力與慾望，差不多是同義字，只不過權力大概含有「想要」支配某些人或事物，然而「想要」不也就是他的慾望嗎？所以我們可以一起概括而言。

正常的人，正常的心態，絕對是會有「慾望」，只是是何種慾望而已。在上界，我們的慾望是再單純不過了，說穿了，也只是「雞婆」兩個字。就因爲雞婆，所以滿心滿腦只想如何能夠盡己菲薄之力幫助別人，卻常常忘了自己的存在，也常常忘了遭受的苦難。並不是因爲我們在上界所以才會有如此的心態，其實，在人世間時，我們就一直是如此。就是因爲熱心、雞婆所以才能夠升天，升了天之後，一如本性，再加上大夥兒「物以類聚」的關係，也就更加習以爲常。於是天界變成了雞舍，有了一大堆的雞公雞婆。

因此在我們的腦袋瓜中，只有「反省自己，幫助別人」這麼簡單的生活訓條。權力是自然來的，高高在上與低低在下，只是所做的事不同而已，宗旨都是一樣的——服務他人。如果自己的本事不夠，老天爺給了那麼多的服務項目要我做，那豈不是被我搞砸了嗎？哪裡談得上是服務，哪裡談得上是幫忙，只不過是幫倒忙罷了。各位以爲如何呢？眞的好嗎？其實是大錯特錯。

人世間的權力慾望，只是比較複雜的想法與做法罷了，一般而言，大多數都只是爲了「增加自己的面子」，而不是爲了「服務他人」。大部分的人總以爲擁有的越多，或更多的人認識他，就是一大樂事。沒辦法，上天與人間，多少還是會有所區別的。道理，世間人都懂，可是卻不會眞正表現在生活上，如此而已。錯就錯在把道理當作是掛在嘴上說的，忽略了道理是要用來實際執行的。再有一點，常常會有人犯一種毛病，那就是看到別人「做什麼」，爲了要與他們一夥，於是也加入了他們的陣營。譬如說加入某慈善團體，如此一來也就讓外人對他們報以認同的掌聲。

我們（上界）常常覺得你們的這個舉止很奇怪，爲什麼非要加入某某團體才能讓自己從善呢？當然了，從人群中，藉由人與人的溝通來修行是不錯，可是有時候仔細想想，似乎出發點不是那麼單純，原來只不過是想藉由某團體的聲望來認同自己也是屬於善類的。話雖如此，但是經由「物以類聚」的感染，團體的力量卻是不可忽視的。

我們比較欣賞那些從生活上行善，與周遭的人互相切磋，互相勉勵的人，不需要捨近求遠，非要跟隨某位名師不可。生活上到處是「我是別人的導師，別人是我的導師」，眞的是

「三人行必有我師焉」，用點心，一點一滴的改變自己，這種基礎比較穩固，而且習慣容易成自然。如果是一剎那之間的大徹大悟，痛改前非，當然了，這也很棒，但畢竟機會不多，再遇到誘惑時也較容易重蹈覆轍。不要急！

「修行」兩個字說穿了，也只不過就是「修正自己的行爲」罷了，就拿「今日的我」和「昨日的我」做比較就行了，難嗎？

如何排解自己的情緒

時間：八十七年十月七日　　主講人：阿尖

其實在靈界的我們，跟人類差不多，只不過當你們接收到我們的訊息時，通常總是在我們心情好的時候才會找上你們，瞧瞧，從來我們也不理會你們是在做什麼或是在何處，說白了，才能眞正體會到其實「我們也是滿霸道的」，不是嗎？

因此，這個主題可能不能發揮得淋漓盡致。

當有情緒衝動出現時，第一，我們會在自己的內心中，看到顏色的變化（我們有能力反觀自己內心磁場的變化，那是在接近腰部靠左的部位），正常的話，是一般的淺黃色（圓形，約直徑十公分），當開始有情緒性的變化時，它會由淺黃慢慢轉變爲橘色。如果在此時，不適時排解的話，情緒繼續高漲，那麼顏色會越來越濁，由橘變紅變黑，甚至會爆炸。

第二，因此，比起人類好多了，我們可由顏色來反省自己，爲了避免爆炸（是自我的毀滅，不是外在的傷害），我們必須時常提醒自己，久而久之，自然成爲一種習慣，熟悉在什麼感覺之下會有最漂亮的顏色，於是以此爲標準，盡量讓自己保持在這種情緒之下。第三，當然了，在這個情緒磁場的圓圈圈內，它的頂端有一自控式的開關，也就是剛開始，我們利用「警備裝置」，熟悉之後，我們就用「自動化裝置」或完全不用這些備用的設備。

在人類而言，如果情緒失控，則容易傷害到別人或傷害了自己，但在我們這兒，只有傷害自己，因爲在未傷害別人之前，就已經先自我引爆了。但是，這種情緒的反射裝置，只有在阿尖界或以上的時空，以下的時空，一如人類，只是我們幾乎都有他心通的能力罷了。說起這個「他心通」，眞正了解的人並不多。

人們總是以爲所謂的他心通，是能夠明瞭他人內心的想法，可是只有這麼簡單嗎？不然！眞正的他心通，除了必須了解他人內心的想法之外，還必須要能夠判斷此種想法對此人是有利或有害，更進一步還必須去幫助此人「解惑」。所以他心通，是能夠幫助對方「通」達事理，而不只是狹義的了解他的心意。

這是一門高超的心理學，所以會他心通的人，他的口才、表達能力也必須是卓越的，他是眞正的心理學家，指導他人向善，破除心障、心魔。所以當兩個擁有他心通能力的人在一起，言語已是多餘了，我們姑且可以這麼說，他們兩人就像是互相聯手在練習「內功」，彼此切磋學習。至於在人世間，我想應該是沒有眞正他心通的人，有的只是「看穿」他人想法的人。

讓我們再回歸正題，如何排解控制自己的情緒呢？

第一，不要礙於面子（不管哪一時空，每一階層都需要再學習），不妨找知心的朋友說說心中的苦悶，當然用其他的方式，例如散散步、唱唱歌、游游泳等都是很不錯的方法。但是總不如找個人聊聊，因爲在對談的過程中，你們可以盡情表達自己的感受。朋友未必能給你什麼樣的大幫助，但是他會像個垃圾桶，暫時讓你傾倒垃圾。只是人類常拉不下臉來，對另一個人傾訴，這實在很悲哀。

因爲我們一再強調「大家一塊兒成長」，不管是垃圾、不管是垃圾桶，也許我們都可以從中找到一絲線索，幫助我們排解情緒的方法。更何況往往嘮叨完了，情緒也正常了，又拉近了與朋友之間的距離。

因爲人類往往喜歡探人隱私，當你對他傾訴時，他會覺得他是你的知心朋友，如此一來，不但知道了隱私，又讓他覺得他很重要。朋友！你在幫助自己排解情緒時，相對的，你也在幫助他建立他的地位。

第二，如果找不到可以對談的對象，只好退而求其次，找個專家聊一聊（其實所謂的心理專家，自己的問題也不少），如此就比較沒有「丟面子」的感覺，也較能有有效的答案。但是交談的過程中，坦白說少了一層親切感與信任感。人與人之間，要的、珍惜的就是那一種「默契」，這是很難描述的一種感覺。

就像伶姬爲何能與我們「溝通」，除了「頻率的調整」之外，在我們的心靈深處明明白白的就存在著那一種感覺、那一種默契，所以她在刹那之間很容易就能捕捉到我們的訊息，並且適當的表達出來。因此，如果你能與專家變成朋友，那麼我相信對你會更有幫助，但也別忘了，眞正有問題才請教，不要因爲成了朋友，反而變成一個「方便變隨便」的待友方式，這是相當不禮貌、不友善的行爲。

第三，如果上一種方法也不行，那麼我建議，不妨將你自己情緒的感覺寫下來，很眞實的用筆墨表達出來，別人看不懂沒關係，自己看得懂就行了。簡單的說，就是將紙張當作垃圾桶，別忘了，盡情地說，不要停頓下來，除非你認爲已經寫得很痛快了，情緒也鬆緩了爲止，否則不要停下來。偸偸告訴你們，伶姬就是用這種方法過了好多年。通靈以來，她的心境不是一般人可以理解的，根本無處說，於是，她隨身都帶著一本筆記本，心有所感就寫。比較不一樣的是，她是寫過就算了，很少回過頭來翻一翻，更妙的是，寫完一本，她一定隨手就把本子給撕毀，頭也不回的就把它丟到垃圾車裡，很瀟灑的再換一本新的！在我們的立場，我們根本就無須擔心她會洩漏任何的天機。這個方法，不是我們敎她的，是她自己想出來的。（伶姬註：我現在已經比較能夠排解自己的情緒，所以不再隨身帶著筆記本了。九十年七月八日）

第一、二、三種方法，很淸楚的你可以看到答案了——垃圾桶，沒有錯，有了垃圾，一定要有個垃圾桶可以傾倒。所以好朋友就眞的是好朋友，不管是什麼樣的垃圾，是金銀財寶、是餿水……，他都能照單全收。別忽略了，在我們的周遭，絕對找得到這種朋友，就看你會不會重視他，會不會珍惜他。同樣的，你將也是某些人的垃圾桶。人與人的交往，就在於要先學會變成另一人的垃圾桶。說出來一點也不難，做起來卻又是困難重重，因爲大部分的人習慣丟垃圾，卻不習慣當個垃圾桶。心理諮詢費用如此高昂，就是因爲諮商師老是在當很多人的垃圾桶。

當然了，找尋垃圾桶就成了排解情緒的重要方法，但是如果找不到垃圾桶，又該如何呢？「尊重每一個人的存在，尊重每一個人的生命；尊重自己的同時，不要忘了也尊重別人。」所以，找不到垃圾桶時，千千萬萬不能找人出氣，不要隨便強迫別人變成你的垃圾桶，這是會出問題的！找個事情做一做，例如大聲唱歌、大叫幾聲、跑跑跳跳等等，縱使不能將情緒垃圾全部倒盡，也要想辦法倒掉一部分。

不要忽略自己的情緒反應，更不要壓抑自己的情緒。從修行的腳步來說，壓抑情緒只會增加修行的障礙。必須先學會排解疏通自己的情緒之後，才會有能力去控制自己的情緒，也就是說，再進一步就是提升自己的情緒到另一種的境界。但我們不再繼續介紹下去，因爲當會紓解情緒之後，自自然然就知道該如何昇華。

爭吵的藝術

時間：八十七年十月十四日　　主講人：阿主

「請問上面的，你們有爭吵的時候嗎？」是啊！我們有爭吵的時候嗎？有呀！怎麼會沒有呢？比較文雅一點罷了，不會臉紅脖子粗就是了。

爭吵通常是發生在意見不同的時候，既然是意見不同，又希望對方能接受自己的意見，那麼爲什麼不好好陳述一下自己的想法呢？再者，人類總是以爲自己才是重要的，所以先讓對方說明一下又何妨呢？更何況聽了對方的意見之後，你自己不是可以趁機修正自己的想法嗎？萬一你的意見正巧與對方相同，那麼何妨在輪到你說明之時附和對方，稱讚對方一番。先禮後兵，稱讚附和之後，再加上你自己的一些「不同」之處，如此一來，相信很多的意見都很容易獲得共識。因爲你給了對方相當的面子。人就是這樣，「面子」問題總是擺在第一位，面子有了，其他的也就容易擺平了。

「口說好話，如蓮花吐芬芳；嘴出惡語，如利刃傷衆生。」一語道破，如果人人說好話，哪還有什麼爭吵呢？當然了，答案是「知易行難」。不過如果不試著改變一下自己，腦海中時時刻刻就只是想著如何「辯」倒對方，如何讓對方臣服，那麼日子不是很難過嗎？因此學會「聽」的藝術是一門很重要的功課。

想想，人類有兩個眼睛，兩個耳朵，兩個鼻孔，一個嘴巴，爲的就是希望人類多聽多看少說話，因爲生存在這個地球上的生物需要學習的是多聽、多看，所以很公平的，大部分的動物差不多都是一樣的。

在上界的我們對「爭吵」這一門功課，較常採用的方式是「等待一段時日之後再說」，眞的，要爭千秋，不是爭一時。既然有些事情一下子無法釐清或者是無法證明，那麼何不等待一下下，讓時間去證明一切呢？你們常說：「時間久了，自然就會淡忘。」但也別忘了，「時日久了，自然就會浮現。」所以，如果你覺得實在無法強迫自己去接受別人的看法，那麼也無須多費唇舌，就讓彼此去接受時間的考驗吧！

「爭吵」最難評斷的是發生在夫妻之間，因爲兩造當事人處於平等的地位，公說公有理，婆說婆有理，當有一方無法先冷靜下來時，衝突就開始了，加上日積月累的摩擦，整個家庭的成員或多或少都將會受到影響。就算是爲了孩子們的問題而爭吵，也不能認爲自己的理由一定比對方更有理。如果是爲了夫妻雙方本身的問題而爭吵，那實在是很難勸解的一樁苦差事，就像伶姬常說的一句話：「最難渡的就是枕邊人。」如果每對夫妻，能夠假想「對方這一個人」是來「魔考」自己、「修行」自己的考題，那麼換個角度想一想，事情也許就會單純化，情緒也許就會緩和下來了。別人是「同船共渡」，夫妻就應該是「同床共渡」。

不騙各位，眞的是有許多修行人，自願選擇轉世成爲「夫妻」來償還他們的因果業障，或者是選擇「配偶」來作爲修行的進階，爲什麼呢？因爲如何對待「另一半」，如何與「牽手」和平相處，眞的是最難修的一門學科，但卻也是最能獲得高分的學科，如果你能夠通過的話。

話是這麼說，理由也很簡單，不過，不騙各位，十之八九是通不過的，通過的那一兩個人畢竟是出類拔萃。所以看倌，您是八九之一呢？還是一二之一呢？

討論愛情

時間：八十七年十月九日　主講人：圓圓

好美好美的一件事！不也都是好美好美開始的嗎？怎麼收尾卻是如此的不可理喻，非要撕破臉、對簿公堂，或者是白刀子進紅刀子出，如此才會甘心呢？

我們一再強調的是「心胸一定要學會寬大」，目光可以短淺，理想可以沒有……，但是怎麼可以沒有心胸呢?更何況女人是有胸部的人。所以,不是開玩笑,在世間人當中,也許眞的是女人比較有心胸(男人也許是比較有遠見)。就因為女人心胸大,所以在因果輪迴中,如果業障較大者,我們通常會讓這個人轉世為女人,利用天生的大心胸去慢慢體會,慢慢償還她的業障。讀者也許覺得很難想像,但這確是事實,我們常常用此來決定是轉世為男還是為女。

但也別忘了,從另一個角度來看,修行高的人也常會選擇轉世為女人來考驗自己的眞功夫。一體總有兩面,不是嗎?不知因果又何妨?積極的想,我不想欠人,所以我是在償還過去事業失敗時所欠人的錢;換個角度也可這麼想,因為我沒有欠人,所以我是在儲存下一個事業的本錢。如果眞正說出天上的愛情觀,我敢保證在人世間只有一句話可以形容,那就是——「天下大亂」。我們不是沒有「吃醋」,但是應該是沒有「報復」,最多的是什麼呢?

是「祝福」。如果您不相信的話,看看周遭您所認識的人當中,覺得修養不錯的朋友,是不是常是如此呢?這些人常被人取笑:「男(女)朋友都被搶了,還故意裝大方,少騙人了!」我們倒是很心疼這些人,因為他們眞的是被誤解了,就算他們心中百般不願意,但表現出來的一定是祝福對方，而且還是眞心的祝福。一如人世間，我們所追求的也是眞也是善也是美，再加上能夠「捨得」，能夠「尊重」，很多有關感情的問題，根本就已經不是問題了。

至於「性」這個角度的討論，我們比較難理解的是很多很簡單的事，爲什麼世間人會畫出這麼多的歧路來，而很多必須好好發揮、實踐的事，卻反而只會分享。前提是——這是好朋友，心甘情願，雙方付出就沒有想要要求交換或回報。當然如果再套上世間人對「婚姻」的限制，那麼更容易解釋，因爲如果配偶就是你的好朋友，那很容易解決。

可是如果第三者漸漸變成你的好朋友（配偶已不再是最好的朋友），那怎麼個解釋法呢？曾經我們談到「尊重」，那麼請尊重世間法中的規定，尊重你的配偶。你們以爲性外遇才是嚴重，我們卻以爲心外遇才是大條。可是既然心外遇了，那麼何不成就對方呢？如果是多角呢？那麼這才是魔考，考考如何一起分享朋友，考考如何因爲多角而讓更多人學會尊重與取捨（要先淸楚知道，所謂的分享是心靈的分享）。

姑且不要知道我們是如何處理性事，但是我們很會處理心事，因爲既然擁有透視的能力，所以根本無須猜測，無須疑神疑鬼，只要選個時機，很坦誠表達自己的感受而已。這眞的是很特別的事，我們要求的反而是「很眞誠的表達自己的心意」，至於對方有沒有回應已不重要了，爲什麼呢？「既然努力過，就心安了。」我們絕對沒有權利要求任何人來配合或順從我們，所以就像配對遊戲配錯了，繼續努力，配對了，就好好珍惜。至於將來變質或褪色，總是有一方先提起，那麼公式顚倒過來，玩另一種配對遊戲——看看對方願不願意離開。總之，似乎不關「面子」的問題。

比較困難的事是牽涉到下一代兒女的問題，所以用個更簡單的公式「心胸放大一點，眼光看遠一點」，想想下一代的問題，有時候大人就不會那麼瀟洒，那麼任性了。歷史往前推進，一代傳過一代每一代都不能缺席，所以每一代必須打好那一代的基礎，爲自己負責，也只有「婚姻」最能讓人體會一代傳一代的那種感覺。所以我們提倡結婚比單身好，因爲婚姻中有太多太多可以修習的課題，讓人們很「自然而然的」學會爲自己爲他人負責，「自然而然的」下一代也承襲了這種方法……，進化就「自然而然的」發生了。凡事唯有在最自然的情況下，才是眞正的滿分。

我實在很想透露一些天上對感情、愛情的看法、標準（應該是沒有標準的），但是我不能，因爲修行不到那種程度，知道了只會誤事，就像練功的人，心態沒有準備好，只想增加武功的功力，於是變成了走火入魔。「心」的感覺是自自然然變化來的，絕對不會是因爲某一篇文章道理或某一事故，就可以讓人完全改變的。唯有慢慢的、又飽滿的走過每一個階段，您自然就會明白如何處理，根本是不加思索就會有答案的。

修行中的夫妻觀

時間：八十七年十月二十日　　主講人：圓圓

我們決定將「修行中的夫妻觀」作爲這一段時日的句點，以後，這種機會不多，這些天（從九月二十一日至十月二十日，整整一個月的時間）我們是「奉命」來與各位聊天，多少也誤了我們自己的一些事，所以往後就看你們自己的努力、自己的造化了，竭誠的祝福各位。各位是否注意到，今天早上這一段時刻，阿主、阿尖還有我，三個人都來報到了。阿主哭著回去，阿尖煩著回去，告訴你們，我一定會笑著回去。世事多變，哭什麼？煩什麼？一笑解千愁，不是嗎？日子還是得一日一日過，怎麼樣都不會少一分一秒，計較什麼？「豈能盡如人意，但求無愧於心」，凡事盡力而爲就是了。

世間人不是很愛說這麼一句話嗎？「成功的男人背後，一定有一位偉大的女性。」還有另外一句更動人的，「女人的故事總是少不了男人。」這就對了，原本男男女女、女女男男就是很平常、很正常的，有什麼不能談的。又有誰規定男人只能喜歡女人，不能喜歡男人呢？其實在我們的轉世過程中，蘊藏了（隱藏了）很奧妙的道理存在。

第一，不管你是男是女，這一世的個性並非完全是依上一世而定，往往是依與當事人有因果的那一世而定，並且又依不同的因（往往不是在同一世）的那幾世，而有多重面貌出現。所以構成個性的因素就很多，再加上這一世是否有心償還或無心改過，這又會有不同程度的差別。

第二，通常我們會讓背負償還因果的那一方當女性，所以才會有一句話「出生為女性，就已經輸了一大半。」她會比較認命！

第三，也有絕大多數的修行者，自願投胎為女性，因為「女性」這個角色更難修，尤其在當今的社會更難！在上界也許她們早有一片天，卻下來人世間嘗試著忍受男人的臉色，確實是不太容易的修法，所以也就有很多這類的修行者「慘敗」而回。

光看上面的三點，看倌就很難去評斷你身邊的女人到底是屬於那一種，是修行者？是償債者？可別低估了女人！如果你是碰到修行者，那恭喜這位男士，因爲你是尊夫人的考題。但也別得意太早，因爲通常這種女人脾氣比較慓悍，作風像男性，可是卻又愛守著家。因爲她覺得她是個女人，所以她絕對必須做好妻子、母親的角色。

說歸說，她口口聲聲說她愛家，的確她是很愛家的，可是卻又總覺得配偶似乎是可有可無。因爲這種女人獨立心相當強，學習能力也強（別忘了，她是個修得很好才來轉世的人），所以做起事來也就無可挑剔。不需要先生的幫忙，她自己一個人就可以把家撐起來，也因爲覺得另一半並不重要，所以又常把另一半當成兒子在「吼」。各位，這種修行者，也眞是自討沒趣，所以她最常反省的是——「我爲什麼要對先生那麼兇呢？他對我眞的很好，爲什麼我總是要挑剔他呢？」可是沒過多久，故態復萌，一切如舊。男的也苦，他以爲只是當個考題，很簡單，又豈知日子是如此沒有尊嚴。

想想，考題像張紙，可寫可不寫，一氣之下，甚至可以撕了它，只是分數怎麼個打法呢？偏偏這種女人又沒有什麼因果可說，所以這位「女性」修行者要碰到的困境，坦白說，實在並不多，當然了，因爲她的困境就是她的配偶。概括而言，她最大的困擾絕不是外在的因素，而是她自己內心的掙扎，她覺得她可以對任何人好，可以原諒任何人，爲何唯獨會對自己的配偶要求那麼多呢？

別難過了，這很正常！就因爲一句話「恨鐵不成鋼」而已。至於「愛之深，責之切」則是用不到了，爲什麼？因爲這種女人，對任何人都可以「愛」。關於這一點，我們必須承認，她們眞的是修到屬於那種「大愛」的階段，坦白說，世間的男人，沒有幾個人有這等胸襟。爲此，我們就應該豎白旗，她們眞的就是「無私大公」的愛。

另外一種是歸類在「償債」的女人，這就不用多說了，在這個地球上，舉目望去，的確是不少。

至於修行者的男人，又是如何呢？這更慘！當他的老婆跟「苦守寒窯十八年」的王寶釧沒兩樣。因爲這種男士更是大愛，愛到把家給丟在一邊了。他不是不顧家，他只是沒有時間顧家（這是他們自己說的），可是偏偏他又覺得「家庭」對他很重要，他有義務保護他的家人。

關於這一點，我可要說句公道話了，那是這些男士，自以爲沒有「他」不行（我不該如此批評，我應該說他們責任心很重，這是他們一直引以爲傲的本事），只要是和他有關的，他們總是希望能在現場坐鎭指揮，不是要出鋒頭，而是覺得那眞的是他們的責任。就好像女人口口聲聲說，她愛家，她要做家庭主婦一樣。可是事實上，少了他這一號人物，事情照樣可以進行，照樣進行的很好。

再者，修行者來轉世的人，在女士方面，你們可以發現這種女人外表很女人化可是卻有男性化的個性，例如果斷、阿沙力、縱使長得再嬌小也不會畏懼大場面；在男士方面，你們則往往可以在小動作中發現到這種男士其實非常細心、非常溫柔，縱使社會地位再高也不會擺出任何架子。也就是說，越高層次的修行者，不偏男也不偏女，而是走向了「中性化」的角色，在這些人的身上似乎只有一句笑話可形容——「雌雄同體、陰陽並濟」，就像是太極圖一樣。

這些男士、女士，絕對都是獨立心強，都是屬於不願意受約束的個性。如果男修行者「他」回家了，想到妻子的辛勞又爲了顧及家的圓滿快樂，他怎麼能夠自由自在的伸手伸腳呢？同樣的，女修行者「她」守著家，作爲考題的先生如果回到家裡，請問，這個先生會有生存的空間嗎？所以這兩種不同的先生——修行者和考題，都會有著類似的境遇，什麼境遇呢？哎呀！出外一條龍，在家一條蟲。

總之，這些所謂的男女修行者，誰要是當了你們的配偶，我要替他（她）們說句公道話：「眞是有夠悲哀了！」我想這幾位當考題的配偶，下輩子也絕對不敢再來找你們了，他們絕對想不到修行者都是這樣的「固執」。話說回來，若不是有這些人的傻勁，這些修行人對「大愛」傻勁的堅持，相信社會早就變了樣。

可是我還是要奉勸各位，好好的想一想，所謂的修行者，既然是結了婚，他（她）就絕對會對他（她）的婚姻負責，不會背叛另一半，這是眞修行者的眞本事，也就是說，他們絕對會對「配偶」、對「家庭」負責，因爲起碼在世間法裡，這是做人的本分。再想一想，如果不是當考題的另一半忍受你們這種個性，這個家早就完了，不是嗎？所以，再往深一層想，是不是我們應該這麼說——當「考題」的另一半，才是這一世裡的眞修行者。懂嗎？不要小看了他們，既然他們可以當考題，忍辱的功夫又如此之佳，想必也不是個簡單的人物來轉世吧！

修行中的夫妻觀，是什麼呢？第一課，最簡單也最難，只有十個字——「尊重對方，尊重男女平等」。我們一再強調「每一個人來轉世，一定有他存在的價值」就是這個道理。一個細細的樹幹，任何樹枝也長不出來。「性」再簡單不過了，兩情相悅，兩者心與體合而爲一的表現，再自然不過的事了，就像廣告詞「好東西與好朋友分享」。

天語

民國九十年六月十六日，聯經出版公司爲我的第一本書《如來的小百合》在台中舉辦了兩場「與作者有約」的讀書會，第一場在國立台中圖書館，早上十點到十二點，第二場在聯經出版公司台中門市部，從下午兩點到四點。台中的磁場大概比較不一樣吧！居然上下兩場，都各有一位小姐當場表演了「天語」，讓我開了眼界。其中的一位，她的大姊也會說天語。我只聽說過有人會說天語，但從來沒有親耳聽過。眞的是很好聽！可是卻是——鴨子聽雷，有聽沒有懂。

早上的那一位小姐語氣比較甜美比較可愛（後來她打電話告訴我，當時和我說話時，是兩年來說得最好聽的一次。我好幸福！同行有眼通的朋友說，早上來附身的，是個年紀較輕的小女孩，下午來附身的，是位中年婦人），可是兩位的口氣或講話方式居然是一樣的。當時在場的人，直覺上的第一個反應就是：「兩個人說的是同一種語言！」下次如果有機會再去台中，眞應該讓這兩位小姐「互相對談」。

困擾她們的是——這是什麼話？說的又是什麼意思呢？根據兩人表示，現在已到了想說就說，馬上可以脫口而出，不想說時，就可閉口不說的地步。可是她們又不想如此，她們想要回到以前，快快樂樂的做她們自己，不想被當成異類。有一位問我：「爲什麼叫做天語呢？」我告訴她：「就是因爲聽不懂，所以才叫做天語。」這個答案似乎並不正確，但是卻又不知如何回答。

我的看法是，如果是來附身的，既然聽不懂，既然不知道是什麼意思，那又有什麼意義呢？如果祂們眞的那麼有心想要來幫助世間人，不妨請祂們再回去修行，修到可以學會人世間的任何一種語言再來幫忙，起碼有人會翻譯就行了。如果祂們學會了附身人本來就會的那一種語言，不就萬事如意了嗎？我說的有理，不過分吧！再不然的話，就是請附身的這個附身人認眞的學會聽懂祂們的語言，這種方法也絕對是可行的。所謂「通靈」和「附身」的區別，大概可以用這麼簡單的概念加以說明吧！

「附身」只是身體借給了祂們，讓祂們自由發揮，如果祂們用的語言剛好是當事人懂的，那就好辦。舉個例，一個不懂中文的美國男士來台灣找所謂的「牽亡人」，想和死去的老婆對話，結果死去的美國女士附身在不懂英文的牽亡人身上，這個牽亡人嘰哩呱啦講了一大堆他自己聽不懂的話，可是來訪的美國男士卻大有所獲。

當然了，如果雙方面講的都是同一種語言，那就更容易溝通了。至於「通靈」，我的看法是，通靈人可以了解祂們的意思，然後再用通靈人自己的表達方式說出來。

舉個例，就用同一個例子好了。通靈人用他自己的語言——台語，說出死去的美國女士想要和她先生說的話，如果這位美國男士聽不懂台語，那麼只好透過翻譯者了。「靈媒」這個名詞，有的可能是附身人，有的可能就是通靈人了，這兩者還是有一點點的不同。各位讀者，您以爲我的這種解釋還說得過去嗎？這只是我個人的看法，是否正確？還有待商榷。

「通靈」所指的應該是轉述靈界的意思，在此就姑且把不屬於人世間這一界的，統統暫稱之爲靈界吧。至於這個通靈人會不會那麼多的人世間語言，並不是那麼重要，因爲只要透過人世間的翻譯者就行了。

如果，我們把兩個聽得懂「天語」的人（我聽說有人可以如此），讓他們用天語對談十來分鐘，然後馬上隔開兩人，請這兩個人分別寫出剛剛互相對答時的內容，是眞是假？多少就可以有個論斷。進一步，我們也可以直接提出一個題目讓兩人對答，若是想要搗蛋的話，甚至於還可以給雙方互不相關的兩個題目，只給單方看自己的題目，並且不讓他知道對方的題目（也可以故意騙他說是相同的題目），然後讓他們面對面用天語談個一、二十分鐘之後，再把兩個人隔開，要求兩個人各自寫出剛剛雙方用天語對談時的所有內容。

有時候，科學辦案的印證態度是很值得我們學習的，你會發現有很多認為不可思議的事，其實並不是那麼玄、那麼不可理解的。知道嗎？要騙人並不難，要拆穿更不難。我不是說這兩位會說天語的女士是在騙我們，我是說，我們不要被「祂們」騙了。如果我前面所說的實驗，一再測試之後，發現確實有天語的「存在價值」，那麼我們就該好好研究天語了，就像我們研究甲骨文、腓尼基文一樣。

六月二十四日，在高雄的讀者會中，我提及了天語這一回事，第一排中有一位女士說了：「我會說，我也會寫，我也知道是什麼意思。」我好高興，以為可以解惑了，雖然當場我想請她上台寫一下，卻又被其他的對談給耽擱忘記了。不過，我倒是問了她一個問題。

「那麼，請問你寫的是些什麼內容呢？」

「我寫的差不多都是些有關於觀世音菩薩的事情。」

「那我就不太能認同了。爲什麼呢？因爲你寫的內容我無法去印證。」
到了這個時候，我還是有夠理性！

有人在跟蹤我

鬱金香不過開業五十天而已，這種案例就出現了五個。以前在木柵問路咖啡時，碰到過一個，那個男的所敘述的種種情節，留給我很深的印象，還以為是特例，沒想到……。到了鬱金香咖啡屋，有經驗了，只要對方一說起類似的狀況，我大概就知道碰到了什麼樣的人物。可是今天這個很特別，因為她胸前背著一個小娃娃，拿第一號的牌子，又表明趕時間，所以我就讓她兩個問題一起問。

第一個問題：「我有一位朋友，但他不能說是我的男朋友，可是他對我的影響很大，我能不能知道我和他的因果。」「他叫什麼名字？」「他叫×××，×年×月×日生。」若是在平時，我的答案通常是：「因果要償還、報恩、學習、考試的對象，通常發生在自己家人身上，例如自己、自己的父母、配偶、配偶的父母，還有就是自己的子女……所以這個問題我不會回答。」

畫面很簡單，故事可不簡單。畫面上就只看到一個人的背部，重點在他的褲子，褲子後面有兩個口袋，突然有一隻手跑進了畫面，這隻手拿著一張紙，快速的把這張紙塞進前面這個人的右邊口袋。故事又是如何呢？

「妳是警察，一個卧底的警察，藏身在壞人堆裡，妳的任務是在這些壞人中找出眞正的兇手。妳和外面警察約定的暗號是，如果在那一個壞人的身上搜出一張紙，那麼這個人就是眞正的主謀。可是約定的時間快到了，偏偏壞人又已經開始懷疑妳是卧底的，於是妳心一急，就隨便找個人，塞紙給他，交差了事。事後，這個人被判了死刑，然而，他並不是眞正的兇手。所以在這個故事裡牽涉到兩個因果，一個就是妳害了別人的一條命，另一個就是妳的工作態度出了問題。妳害死了一個人的生命，就是因果上所謂的欠命還命，妳得還他一輩子。」

「我能不能說明一下，實際的情形和你說的故事很像。這個男的是別人介紹我們認識的，當初是介紹爲男朋友的，我們也交往了一陣，他家人也對我很好。但是我後來發現，他得了腎臟病，必須洗腎，他家人對我很好的原因是因爲想利用我，叫我捐一個腎給他，我不願意，於是就離開了他。可是他們不放過我。」

「妳那一世裡害死了這個人，在因果上就得還他一輩子，只不過他選擇的是折磨妳一輩子而已。」這時，我壓根兒也沒有想到後面的答案居然會是……。

「他們找人在我家裝竊聽器，監聽我的一舉一動，他們也有認識警察，就叫警察跟蹤我。」

「妳怎麼知道他們跟蹤妳呢？」

「我當然知道，我有看到，而且我做什麼他們都知道。」

「我建議妳找人到家裡檢查一下，看看哪裡裝了竊聽器。」

「我自己有買儀器來檢查，結果紅燈一閃一閃的。」

「我建議妳去報警。」

「沒有用的。」

「爲什麼呢？」

「因爲這種小事他們才不管。」

「妳不去報警，怎麼知道他們不會受理呢？」

「我就是報警了，才知道他們根本就不管。」

「妳可以找偵探社幫妳忙的。」在場的來賓也在幫她出主意了，只是他們可能不知道等一下我要說的話會讓他們開眼界。

「妳說有警察跟蹤妳，妳有什麼證據呢？」

「像我打電話給律師，電話才接通，我沒有說什麼，對方卻一開口就知道我發生了什麼事。」

「奇怪了，律師是妳自己找的，又不是他們的人，律師怎麼會知道妳發生了什麼事呢？」

「所以我說嘛，就是因爲我的電話被他們監聽了，所以對方就事先和律師溝通過了。」

「如果妳沒有做錯什麼事，又有什麼好怕的呢?就讓那些人跟蹤好了。」

後來她還談了唸經回向給這位先生的情形，我說沒有用，她不以爲然。她說唸了五個月之後，這個男的腎臟病就好很多了，本來他有兩次快要死了，結果都過關了。她也問了很多師父，師父都告訴她，她還完了。

「妳還沒有還完，因爲如果過去世眞的就像我所說的，那麼基本上妳一定要還對方一輩子。」我還是很堅持的對她說。

「師父說我已經還完因果債了！」她不理會我的話，還繼續強調說著。

「那還有沒有人在監聽妳、跟蹤妳呢？」我只好繼續問她。

「有！還有人在監聽我、跟蹤我。」

「既然還有人繼續在跟蹤妳，那怎麼可以說還完了呢？」

這簡直就是偵探片，可是各位你知道嗎？五個案例都大同小異，只不過前四個我統統沒有爲他們調因果資料，我就直接暗示他們：「你覺得你有什麼價值或有什麼本事，值得對方爲你付出這麼大的代價，監聽你又跟蹤你。」有個人這麼回答我：「也許我沒有什麼軍事或國防的價值，可是我在網站上有看到，在國外有很多人在做這種研究，專門在研究一般人的思考模式……。」唉！反正千奇百怪就是了。

這當中比較冤枉、比較倒楣的就是調查局或情治單位了（今天又多了個警察單位了），因爲這幾個案例大部分都說是被這些單位選中的對象。

忍了再忍，最後，我也只有明說了：「我覺得妳的精神可能有點問題。也有可能因爲妳前世是警察又臥底的緣故，所以在那一世的那一段時間，妳一直處在很緊張的狀態之中……。」是不是有這樣的可能呢？什麼可能呢？是不是她把過去世那種「懷疑別人」、「跟蹤別人」的心結，老老實實的反映在自己身上了呢？如果眞是這樣，又有誰能夠幫她忙呢？除了她自己，還有誰可以幫她走出類似的陰影呢？

整個座談會結束之後，小妹說話了：「姊！剛剛那個背小孩先走的女人，打電話回來罵妳，說妳怎麼可以說她精神有問題，她還問我說，妳是不是跟警察很熟，是不是她的電話被監聽了，警察事先都告訴妳了，所以妳事先就已經知道她的問題。我跟她說，不可能，因爲今天的座談會有一個人臨時打電話來取消，而她剛好是在這個之後才打進來的，所以她是今天才候補進來的名額，我回答她說，老師根本就不知道有候補這麼一回事。」

天啊！連我也加入黑名單了。這個人的精神狀況如何呢？想想看就知道了！平常掛號，一對一的服務，我都是自己接聽電話，至於座談會則由妹妹們等全權處理，我只是決定哪幾天我有空可以排座談會、可以排幾場，或者看實際的需要，考慮要不要再加開幾場。

其實在座談會時，當她先離開之後，我也對全場的朋友說了以下的話：「這種人很多，他們常常會以爲被別人監聽、跟蹤，非常沒有安全感，甚至於連他們自己的家人都棄他們於不顧，因爲實在不知道如何幫忙。所以，如果各位周遭有類似朋友的話，初期的時候，記得幫助他們一下，拉他們一把，讓他們早一點走出自己的幻想，就比較容易好。」

我話是這麼說沒錯，但是，出了什麼問題呢？如果前四個人我也是像今天一樣很認眞的去調過去世的因果資料來看，是不是也會和今天一樣，一樣的跑出類似和「警察」有關的畫面呢？

這些平日必須神經繃得很緊的職業，例如情報人員、警察等等，如果他們沒有學會調劑自己的身心，難道說到了下一世都會有這樣的後遺症嗎？還是今天我碰到的這一個女人是特例，因爲她隨便交差了事，且又害死了一個人。這很値得探討研究。

可是話又說回來，這年頭，在工作場合裡，隨隨便便做做交差了事，或許還因此而耽誤別人，浪費了一大堆公帑的人，到底有多少呢？套句台語話——「踢倒山」，這些人又該怎麼辦呢？各位不妨閉眼想想看，不妨爲這些人編一下故事，看看他們到了下一世可能會有什麼樣的下場呢？如果你問我的話，套句我常說的：「恭喜你！你完了！你穩輸的！」

下次如果再有這種人來找我，我要特別注意，但是我會不會也被自己事先的「預設立場或成見」所影響呢？我會不會在自己的腦袋瓜裡「憑空製造出」相關的畫面故事呢？如果這樣，我和這些人又有什麼不同呢？

所以嘛，我是眞的通靈嗎？眞正能夠調到資料嗎？還是我的精神也有那麼一點點問題，或者不僅是一點點而已？

也才不過過了兩天而已，又來了一位，他也是拿一號牌子。

第一個問題是：「我這十年來動過兩次大手術，一次是十年前，腎結石，拿出了一個很大的結石（他用左手比了一個大小很可觀的體積）。過了七年，也就是三年前，我常常睡不著覺，爲此特地去看醫生，才發現我的腦部長了一個很小的瘤。我想知道爲什麼我會在短短的十年內動了兩次大手術呢？」

「我先說一件事，我妹婿的哥哥，三十多歲時，有一天晚上跟兒子在玩球，兒子（讀幼稚園而已）不小心用球打到父親的頭，他覺得頭很痛很痛，於是趕緊送醫急救，可是你知道嗎？這一進去，沒多久就走了，這當中還開腦開了三次，原來他得了腦瘤。和他比較起來，你不覺得你幸運多了。」

「我看到的你是一個醫生，有一個人跪在你前面，你拿著筆不知道在寫些什麼，喔！我知道了，原來你是負責開死亡診斷證明書的人，但是你拿喬，要病患家屬多拿一些酬庸給你，你才願意開死亡診斷證明書給對方，也就是說你從中謀不當利益。我以爲你應該還沒有還完，因爲你不會只欠一個人，譬如說，如果開一張證明書需要五十元，但是你卻收了五百元，多收了四百五十元，對家屬來說，也許不算什麼，因爲他們急著領遺體回家。也許他們並不需要一個一個單獨來向你要債，也許他們都原諒了你，但那是屬於民事的部分，至於刑事的部分，你照樣還是得負責到底。」

「站在老天爺的立場，祂們就是得代爲處理刑事的部分。這個應該可以歸類到基本運作模式中聚少成多的原理。有沒有人知道，老天爺憑什麼可以代爲處理刑事的部分呢？」

「因爲祂們是執行單位。」有位朋友答對了。

「所以，你應該親自嘗受到的處罰，應該還沒有完。」

「你的意思是說我還會再開刀嗎？」

「不一定，但是我擔心你的腦部可能還會有問題。」這時候我會講這一句話，純粹是將訊息直接翻譯過來，我也還不知道爲什麼他的腦部可能還會有問題，正想要再問問祂們時，這位男士說話了：

「對！我有時候也覺得怪怪的。」

「啊！爲什麼你會覺得你的腦部怪怪的。」

「因爲我有時候會覺得後面有一道白光，有時候又會覺得我好像看到黑的東西，不知道是不是我帶著玉珮的關係……。」

「你這個情形要稍微注意一下了，因爲我們已經有五個案例了，他們來的時候都說有人在跟蹤他們……」我把前面的那一段大略的說了一遍。

「我有時候也覺得被人監看著，爲此我還特別去印證，結果……。」有人開始七嘴八舌說出他們各自的看法，我說過，第一輪的問題可以讓全場朋友公開討論。這是座談會的目的，我希望大家能夠腦力激盪一下，想想事情可能發生的前因後果，想想應該如何破解、善後，才是最佳的解決之道，才不至於淪爲迷信的行列。

「這麼說來你是第六個了，只是你是最輕微的，加油！就靠你自己走出來了。」這時我不得不「讚歎」祂們了，讚歎祂們爲什麼會先說出擔心他腦部會有問題的這一句話了。

「我們可以這麼解釋，夜路走多了，多多少少也會怕鬼。在過去世裡，你暗中向每個人多收了四百五十元，就爲了多收這些錢，也許你每天都提心吊膽的擔心有同事或家屬去告密，擔心政風單位找上門來，擔心飯碗不保……。老天爺也只不過是讓過去世的緊張心態直接陪你轉世過來，讓你自己折磨自己而已，祂們完全沒有動任何手腳。」

各位，如果眞有一條這樣的因果輪迴轉世處罰施行細則，你覺得如何呢？我舉雙手雙腳贊同！只是我很想知道正牌的精神科醫師，如果碰到了這類精神病患時，他會如何處理呢？

以上所說的似乎都是大人的故事，有沒有可能發生在小孩呢？我不知道，起碼到目前爲止我沒有碰過。不過最近我卻碰到另一種值得加以深思的現象，事情是發生在小朋友身上。

一個媽媽說：「我女兒常常會看到一些我們看不到的東西。我就跟著好緊張。」

「那有什麼關係呢？像我書上寫的，我的兩個女兒小時候都看得到。」我說。

「沒關係的！那是他們還很天眞。等她大一點，接受外界的訊息多一點的時候，例如看電視、打電腦，自然而然的她就會看不見了。妳不要太緊張！」現場一個好心的父親如此說道。

「不過，我倒要提醒妳一件事，前一陣子有個媽媽帶著女兒來，她的女兒也是看得到一些有的沒有的，本來做媽媽的就有點怕了。有一天女兒突然說她看到爸爸被一個東西打到頭部，隔沒幾天，爸爸的頭部眞的被打到，當場死亡。又過了沒多久，她又說了，說看到祖母死掉了，隔幾天，祖母也死了。」

「做媽媽的害怕到了極點，於是帶她到處問，有人就建議她請師父把她的陰陽眼封閉。

好不容易找到了師父，師父卻說，把天生的陰陽眼封閉不是很好。但是媽媽堅持要封閉，於是師父就動手幫忙。結果不封還好，封了之後更慘，因爲本來女兒看得見，有時候就會把看到的畫面告訴媽媽，封閉了之後，她看不見了，但是依舊感覺得到。只能感覺得到，卻看不到，你們想會怎麼樣呢？從此小女孩反而變得很沒有膽量，整天怕東怕西，連睡覺都不敢一個人自己睡，一定要媽媽陪她睡。」

「我告訴她，我沒有辦法幫她忙，只好建議她再回頭找原來的那個師父，看看有沒有辦法再恢復她的能力。我把這個例子告訴妳，就是請妳也要特別注意一下。」

「可是，我女兒也是一樣，因爲有一個朋友知道我女兒能夠看到靈界的東西，就對我說她能夠幫我把女兒的陰陽眼封閉，結果我讓她做了。眞的！我女兒好像也是從那個時候開始，變得非常沒有膽量。」

過了國曆新年，才一月初，又有一個同樣的案例發生了。

幻聽

這是經常碰到的案例，對方有「幻聽」的現象，有的是自己一個人前來，有的是家人或朋友帶著他們來鬱金香咖啡屋。這些人，如果你注意他們的眼睛，「有時候」你會不經意的發現他們無法集中眼神，也就是說他們的眼神是「散亂的」。

有的也許是〈有人在跟蹤我〉那一篇中所描述的那種人，而大部分的人則是眞的可以「聽到」靈界的某些聲音，或者是說他們眞的可以接收到某些訊息。這實在是很麻煩的一件事，祂們會告訴我，對方是否眞的可以接收到訊息，是否可以聽到靈界的聲音，但是我卻無法知道他們的「聽到」是怎麼一回事。

對我來說，我聽不到也看不到一般人所謂的「陰魂」，我一再的強調，當我在爲人服務時，我才會想要去看畫面、收訊息，至於不服務時，除非祂們主動來找我，否則我也看不到、聽不到祂們，而來找我的祂們，又是極少數的幾個「人」。我常有一種感覺，似乎祂們「相當」保護我，絕不讓不相干的「人」來干擾我。我很感激祂們對我所做的一切，這也就是爲什麼我一直願意爲祂們服務的原因之一。

這些被「診斷」爲有幻聽的人，只好被醫生和家人強迫開始「用藥」，這一用藥，就沒完沒了，有的一用就是十多年。然而我的資料裡，有些人也許是和我有著相類似的體質而已，有些人其實也沒什麼，只不過是帶著過去世裡的嚴重心結來轉世而已。這些人一直是令我很心疼的一群，可是往往我也幫不了忙。來不及了！因爲只要時間拖久了，他們的心理狀況會影響到生理狀況，再加上用藥的後遺症，結果……。

這眞的是很嚴重的一個問題，因爲就像我一樣，如果我不是「很努力」、「很堅持」、「很清醒」的讓自己走到今天，如果不是剛好白曉燕命案讓我出了名，如果不是前刑事局局長楊子敬先生，願意站出來「挺」我，如果不是家人支持我……，我想今天的我，應該是被關在某一個療養院裡。

只是有太多的人沒有我這麼幸運，一開始，他們往往就被某些醫生認爲是「精神方面有點問題」，通常家人不會如此就放棄了自己的孩子，於是轉而求助於坊間一般的宗教界人士。而這些宗教界人士又是如何看待呢？來找我的人，答案幾乎是完全一樣的：「他們都說我是神的代言人，我一定要爲菩薩服務，如果沒有替祂們辦事的話，我幾歲時，就會有很大的劫數，或者我的家人會……。好多師父都說我帶有天命，我有執照，都告訴我一定要到靈山去接旨，要混乩……。還有交代我一定要設壇或到寺廟爲人指點、服務。他們都說我這一世是乘願再來，所以無論如何一定要普渡衆生。」

有夠差勁的菩薩，這麼不民主，這麼鴨霸，跟綁架、強暴有什麼不一樣呢？可以這麼說，擁有「可以通靈」體質的人也許不少，但是，是通些什麼呢？又通到什麼程度呢？如果這些人連自己的肚子都顧不了，連自己的生活起居都得仰賴他人照料，如何期盼這些人能夠兼顧天下蒼生呢？

有夠愚笨的菩薩，天底下有閒、有空、有修行的人多的是，哪個人不好找，偏偏找個恍恍惚惚的人來爲祂們辦事，這是在害人，還是助人呢？不但害了這個通靈人，也害了來問事的人。這些菩薩可知道後果如何嗎？

也許吧！也許這些菩薩希望會通靈的人是很會「放鬆」自己（不是放空自己），很沒有「自我」的人，祂們只是希望這些「通靈人」的身體可以直接讓祂使用，讓祂附身，讓祂可以好好的發揮祂自己的本事就好，其他的一概不管！那是他家的事！

有夠自私的菩薩，只爲了自己要辦事，就平白無故的傷害另一個世間人，這樣做對嗎？祂們可曾想過，兩者之間的體質或磁場很不一樣，常常被附身又退駕，是多麼傷身的一件事啊！人是人，靈是靈。

前面我說的，都還是菩薩，如果來的是陰魂，又該怎麼辦呢？你這個「爲菩薩辦事，濟渡衆生」的通靈人分辨得出來嗎？被菩薩附身也就罷了，換成是陰魂的話，你的肉體、精神狀況，早晚一定會出很大的問題。到了那時，不要怪菩薩不保護你，誰叫你「認人不淸」呢？

就算我再多說一百個理由，可是還是有很多人認爲，被祂們選上是非常光榮的事，那表示自己修行很好。錯了！那只能說是我們這些人的體質，很容易和祂們搭上線而已。想想看，在山區，某些品牌的手機，收訊很好；在大樓的地下室裡，卻又是另一種品牌的手機，訊號較強。一樣的，也許在台灣，我們這些人的「收訊能力」比一般人強了一點，那有什麼了不起。也許說不定是因爲我們的腦袋瓜裡有一條線路「短路」了呢！是我們生理異常，而不是因爲我們的修行比別人好。

我常用一個例子來解釋——如果有一天，有個乞丐來「鬱金香咖啡屋」伸手向老闆「分錢」，好心的老闆給了他十元。我敢保證，第二天，他一定還會來。如果老闆又給他十元，完了！他以後一定天天來報到！搞不好，還會「有好東西要和好朋友分享」，呼朋引伴來了一大堆。可是如果一開始時，老闆就不理他，第一天要不到，第二天要不到，第三天也要不到……不用多久，乞丐自然而然就會過鬱金香的大門而不入了。

就算你有執照，有了執照，未必要開業吧！有誰規定有了「通靈的執照」就一定要「為菩薩辦事」。多的是擁有人世間好幾種的執照，但是卻都沒有拿出來亮相的人。有律師執照的人可以不執業而去開咖啡屋吧！有醫師執照的人可以不執業而去當歌星吧！

我常常講：「這是一個相當講究證照的時代，將來如果沒有證照，就一定無法開業辦事。誰能夠告訴我，通靈有沒有什麼試可以考，如果有的話，請告訴我，我一定要去考。不然，我就要到考試院去抗議，抗議說我有心想考通靈執照，想合法做通靈的事業，卻沒有人願意出試題讓我作答。不是我想犯法，想暗地裡偷偷營業，而是國家忽略了通靈這個行業的存在。」

如果你問我，我能夠給這些幻聽的人什麼樣的建議呢？

就如我剛剛前面所講乞丐的例子一樣，首先，你要訓練自己不要理會那些「聽到的靈界對話」，久而久之，他們也會自覺無趣的走了。可是也有很多人告訴我：「我如果不照他們的意思去做，他們就會整我！」是啊！是會有這種情形發生，有的人一覺醒來，莫名其妙的，身體這邊青，那邊紫的，也不知道到底在半夜裡被「誰」偷打了。雖然我從來沒有這種經驗，但是我的菩薩還是跟我說：「請盡量維持原來的你自己，不要為他們的說辭而有所動念，一旦你照他們的話去做了之後，就很容易沒完沒了的。記得，能夠聽得到聲音的人很多，但是能不能夠『聽而不動念』的人才是眞功夫，只要聽過去就好，就像一般人常說的，『你把我的話當耳邊風』，就是這種功夫，就是把聽到的當做耳邊風就好了。」

祂們又說了：「因為高竿的菩薩很少來這套，如果通靈人想更上層樓，那麼就得訓練自己先通過這一個關卡。好好在日常的生活起居中修行，扮演好你該扮演的角色，時間一到，你自然就會知道可以上路了。那時，來和你接洽的菩薩，也會是和你同等級的菩薩。你們的磁場會自然相應，不會有任何不適應，也不會造成你生活上的任何不便。」

這是什麼原因呢？因為並不是每個菩薩都可以隨意來人世間服務，想到人世間服務的菩薩，也必須申請「服務執照」才可以，我們姑且就把菩薩的這種服務執照，稱作「行照」好了。而人世間擁有通靈能力的人，也未必擁有爲人服務的執照，如果這些人想要替老天爺辦事，做祂們的代言人，也必須申請「服務執照」才可以，我們姑且就把通靈人的服務執照，稱作「駕照」好了。

行照和駕照都有等級之分，如果通靈人的駕照是第六級，那麼這個通靈人就收得到六級以下所有行照的訊息，也會翻譯得很恰當。至於更高深一點的第七級、第八級、第九級、第十級等等，六級的通靈人，也許收得到少部分的訊息，但卻無法翻譯得很正確。同樣的，一個擁有九級行照的菩薩，祂就不可能去找一個九級以下的通靈人來作祂的代言人，因爲祂會擔心這個通靈人是否能夠勝任祂要交代的事件。

不管行照、駕照是幾級，有一個很有趣、很值得探討的現象，那就是一個六級行照的菩薩，可能無法推算出一個九級駕照通靈人的命運。動動腦！趕快想一想，爲什麼低層的菩薩無法算出高層通靈人的命運呢？這又是爲了什麼呢？原來呀！九級行照的菩薩，當然想要保護祂九級或十級駕照的通靈人！因爲人才難得啊！唯有好好的保護這個通靈人，祂才能夠「專人專屬專用」！

不管是行照還是駕照，都是呈金字塔的形狀，越低層級的執照越好考，也就越多人擁有；而越高層的執照越難考，考上的人也相對的減少許多。然而未必考得上的人都願意「出來執業」。所以，物以稀爲貴了。

這樣的解釋，不知道各位是否看懂了，所以祂們才會說，把「幻聽當成耳邊風」就好了。

只要好好在你的生活當中，存好心，說好話，做好事，該是屬於你的通靈能力，不會因爲你沒有替老天爺辦事而消失，反而只會因爲你認眞做人而進步神速。當你眞的能夠「控制」自己，能夠「不被別人當成精神病患」時，和你的通靈駕照同等級的行照菩薩自然就會出現，也會好好保護你了。

換句話說，如果你聽到的是：「你如果不照我的意思去做的話，你就會……。」想想看，這種不想保護你的菩薩，還值得你爲祂辦事嗎？當然了，如果你要「向下」求發展，有九級的駕照，卻心甘情願爲二級的行照菩薩「專屬專用」，那也是你自願的。因爲我都已經說明得很清楚了，到時候出了問題，天地間可沒有「人」會同情你，因爲祂們很民主，絕對尊重你自己的決定。

調資料的畫面與訊息

在一般的文章中，我所謂的「畫面」純粹是我個人的「經驗」，也許在我來轉世的時候，這是祂們和我之間已經協調好的溝通方式，也許就只適合我，就像我從來就不知道其他通靈人士他們所看到的畫面是什麼模樣，他們是如何加以闡述的。如果有其他的通靈人士，也想利用我解說畫面的方法，坦白說，我不知道這會有什麼樣的後果，是好？是壞？請有心想學的人多加思考一下。

我之所以講出來，就是讓各位了解我這個通靈人的「神秘」之處，在大衆面前，赤裸裸解剖自己，並不容易，可是我還是會很努力一刀一刀仔細的劃下去。爲什麼呢？因爲我絕對不願意變成一個迷信的人，並且誤導大家的成長，相反的，我非常樂意各位用「科學」的角度來批判我這個所謂的通靈人。

「畫面」都只是一閃而過，非常模糊的輪廓影像，大部分是黑白，而「訊息」也會馬上跟著傳遞過來，就像我的思想一樣，一直竄進我的大腦來，速度非常快，有時候就好像只有「主題」而已，有時候我也會因爲訊息的關係，再特別注意一下畫面。偶爾祂們也會浮現出字體或是一兩個聲音。有時候，訊息是一次就給足，有時候是間斷性的，也就是說祂們是根據對方的問題繼續給答案。如果您仔細一點的話，您就會發現我在接「畫面」、「訊息」的時候，有時會閉上眼，有時就不用閉上眼，但是不閉上眼的時候，我的眼神常常會停滯在某一點，但並不是「凝視」。

那一點。有人曾經這麼形容：「陳太太，你的眼睛給我一種很特別的感覺，就是你的眼睛好像在看好遙遠好遙遠的地方。」

我再說明清楚一點，當我開始「調資料」的時候，頭部的左前方先出現很模糊很模糊的畫面，差不多在這個同時，頭部的右側方也接收到相關的「訊息」資料。也許可以這麼說：我的通靈通器有兩套系統，一套在左前方是畫面，一套在右側方是訊息。訊息中也許可以有很多的人物出現，可是這些人不一定會在這一世碰面；但是如果畫面中有幾個人，那麼在這一世中，這幾個人一定都會來轉世碰頭的。

可能我和別的通靈人不太一樣的是——我似乎看不到那些很可怕很恐怖的畫面，不管是譬喻式的畫面或者是一般所謂的陰靈畫面。電視上常有那種到陰氣較重的地方去探險的節目，參加的人一個個……，這種情形，我完全無法體會，我也不敢去嘗試。在通靈之初，我就很誠懇的拜託祂們：「我很膽小，拜託請不要讓我看那些很難看很恐怖的畫面，千萬不要嚇到了我，這樣子的話，我才能夠爲你們服務。」這麼多年來，祂們一直遵守著這個承諾。光憑這一點，我就得好好謝謝祂們了。

至於爲什麼「會」接畫面，而畫面是如此不清楚如此短暫，爲什麼我「可以」看得懂呢？爲什麼「會」接訊息，而訊息是如此快速如此簡潔，爲什麼我「可以」解釋得清楚呢？這個，說實在的，很抱歉了！我眞的是不知道我爲什麼「會」，我爲什麼「可以」。我從來就沒有拜師過，也沒有學習過，也因爲如此，所以我可以大大方方詳詳細細的「介紹」給各位讀者，分享我的經驗、我的成長。

別忘了，祂們的「原版」會有錯，我的「翻譯」也絕對會有錯。選擇用文字的方式公布出來，一來是一視同仁，省掉了搶「獨家報導」的問題，二來是免得被媒體東剪西接，失掉了原味。

*兄弟與女人

這是我通靈以來最令我震撼的一個因果故事，說穿了，也沒什麼！只不過很難以令人相信而已。

來的是一位穿著粉紅色花襯衫、白色齊膝休閒褲、白色長筒襪、白色休閒鞋、牙齒上還留有檳榔紅色痕跡的男士，陪他前來的是一位穿著深色長褲的朋友。

朋友留在另一桌用餐，只有當事人坐在我的對面。還好，我並不緊張，因爲既然能夠坐在我面前，那就是一種緣分，我當然有義務爲他服務，我只是覺得很好奇，很想用我自己的直覺判斷，想猜猜看這位仁兄到底是要問些什麼事。

「你想要問什麼事呢？」開門見山，這常是我的第一句話。

「我想要知道一個女人和我的因果關係。」請注意這一句話裡面的「一個女人」，如果會這麼說，就表示這一個女人應該不是他的妻子。如果是他的妻子，一般的講法是——我想要知道我和我太太的因果關係。

「叫什麼名字呢？」他在紙上寫下了這位女人的名字。

「你知道嗎？我介紹很多人看你的這一本書。」就在我看畫面的同時，這位仁兄很開心的說了一句讓我很窩心的話。

畫面——一個農夫在耕作，還有兩個字「老鴇」。

「哇！這個女人的晚運會很不好。」老鴇這兩個字給我的直覺答案。

「這個女人在某一世裡，她曾經是個老鴇，你知道什麼叫做老鴇嗎？就是台語的……就是那種……。」我在紙上寫下了「妓女」兩個字，然後畫個圓把這兩個字給圈了起來，再慢慢加以解釋。（後來，我才警覺到我實在是有夠笨的，多此一舉。）

「你是一個農夫，沒有結婚，但是因為生理上的需要，於是你到妓女戶找人。你是用賒帳的方式，到了最後一次的時候，你告訴老鴇說你要回家拿錢結帳，舉個例，假設你有三萬元，每一次消費是一千元，到了第三十次的時候，你知道你沒有多餘的錢了，於是就告訴老鴇，你要回家拿錢結帳了。誰知道，當你拿了錢前往妓女戶的途中，居然被強盜給搶了，到了妓女戶，你向老鴇說分明，但是有誰會相信你的話呢？不但沒有人相信，老鴇還叫人把你狠狠給打了一頓。」

雖然在這個訊息裡，我已經知道這個農夫被活活給打死了，但是我把這一句話給忍住不說出來。

「我的因果故事講完了，你還有什麼要問的？」

「你都已經這麼說了，我還要問什麼呢？」

「我聽不懂你的意思。」

「你說的是過去世的因果嗎？」

「是啊！要不然你以爲我說的是現在這一世的？拜託！我的本事還沒有那麼厲害。對了，這個女人現在怎麼樣了？」

「沒什麼啦！她死在我家裡而已！」

「啊！警察有沒有找你去談？那你有沒有問題？」

「有問題的話，我現在怎麼還能夠坐在這裡跟你說話呢？」說我笨還眞是笨！

「那你還有其他什麼問題要問的呢？反正三十分鐘內都是你的時間。」我不敢再接下去問那個女人的事。

「沒有了！」他站了起來，我也跟著站了起來，看了一下時間，從他坐下到現在只花了我十分鐘而已，我賺到了二十分鐘，而他是排在下午時段的最後一個，所以我可以好好吃頓晚餐休息一下，再為晚上的四個名額服務。就在站起來的那一剎那，我突然看到了那個女人的臉，非常模糊且極為短暫的畫面，第一個直覺就是——她長得不錯。我也脫口而出：

「這個女的，長得還不錯。」

「還可以啦！你怎麼會知道的呢？」

「菩薩現在才讓我看到的呀！」他坐了下來，我也只好再坐了下來，我們兩個都只是站了起來而已，連一步都還沒有移動呢！

「你說這個女人長得不錯。」訊息就在他問完這一句話的同時，竄了進來。

「對啊！因為在那一世裡，她很生氣的一件事，就是她自認為長得很不錯，可是上門來的農夫卻從來就不曾找過她，每一次都是找其他的女人。你這個農夫並不是覺得她不好看，只是你根本就不知道也可以點名老鴇。總之她就是『一廂情願』就是了。」

「你知道她是怎麼死的嗎？」難不成他是想來拆我的台？我的眼前出現了四個字「死在床上」，心裡有數，把心一橫——無論如何，我都不能讓自己下不了台。

「我不知道啦！反正人都已經死了，說這個也是多餘，何必呢？不過嘛，其實我是知道啦！菩薩祂們有告訴我，但是又何必說呢？你我都知道就好了。」各位，怎麼樣？我的功力如何呢？馬上由「通靈人」升格爲「通靈師」。「死在床上」這四個字的答案，直到現在，我都還沒有得到印證。

就在這個時候，他的朋友走過來了，叼著牙籤，就站在我的左手邊，看著擺在桌子上的紙張，紙張上只有那個女人的名字、妓女、農夫，這幾個字而已。

「你走啦！這是我的事！」

「騙×的！我只是看看，眞的有那麼厲害，一個名字就可以算得出來！」

「你走啦！你在浪費我的時間！」答得可眞好，只是氣氛變得很僵。

「對不起！請你離開！這是他的時間，對不起！請你離開！」我只好打圓場。

「小姐！買單！」這位朋友付了餐費，獨自大搖大擺走出了咖啡店。

「可是她這一世爲什麼會死在我家呢？」

「因爲，在那一世裡，你被他派來的打手給打死了。你也實在是有夠冤枉了，你有心付錢卻被搶，老鴇又不相信你所說的話，不過，你到底還是欠了妓女戶的錢。」

「你還有什麼問題嗎？」

「你知道嗎？在這一世裡，她也是一個老鴇，我也是去她那裡找其他的女人，她也是一廂情願想要和我在一起，所以才會死在我家。」

「啊！怎麼會一模一樣呢？」天啊！這到底是什麼樣的輪迴呢？

「我要怎麼辦呢？還會有來世的因果關係嗎？」

「你就幫她拜一拜吧。不會再有來世的問題了，因爲你們是過去世的因果，這一世來解決，何況在這一世裡，你並沒有錯，連警察也認爲你沒有錯，所以不會再有下一世的問題了。」

前前後後，花了我二十分鐘，各位，您相信這個因果故事嗎？

這位仁兄走了出去，約過了十分鐘，先走的那一位朋友打電話進來了，「小姐，我也要掛號！」

我之所以描述得這麼清楚，爲的就是讓各位讀者了解畫面與訊息是多麼短暫、快速，如果您覺得我的服務對您有幫助的話，那麼我就必須一再強迫自己隨時保持「空」的狀態，爲了保持「空」的狀態，我就必須要有獨處的時間，讓自己安靜下來，這也就是爲什麼我會請朋友們幫忙接一大堆的電話，處理掛號的事務或是處理一些來電者的不滿與抗議。我唯有讓自己獨處，讓自己「空」，我才能夠爲大家服務。所以，算命的時間到了，我才會讓自己出現，其他的事務，只有委託別人代勞了。

至於以下幾則所要說明的「畫面」，祂們大都沒有給我任何的訊息加以補充，所以就看我自己怎麼「看圖說故事」了，和各位讀者聊聊，也讓各位知道我的「拆解過程」。我可是很有心的。

＊骨董車

一個九歲的小女孩，跟著父母一起來參加座談會，父親問道：「陳太太，我女兒想知道她將來朝哪一方面發展比較好？」

畫面——一輛簡簡單單的車子，車頭向左，像吉普車那種形狀，很模糊的影像，但是「第一眼」的直覺告訴我，那是一輛骨董車。這麼簡單，就是「骨董車」三個字。

「你女兒可能有一世是出生在歐洲，雖然在這一世裡，她是個女孩子，但是她將來可能走的方向是理工方面的，如果她對家事、對一般女孩子喜歡的科目不感興趣的話，你也不要強迫她非學習不可。」

「我再說清楚一點，她將來可能發展的方向，譬如機械或者是汽車都可以，爲什麼呢？

因為我看到的是……，讓我們想一想，汽車的發源地是那裡呢？更何況我看到的是骨董車，所以……。」座談會的時候，我常常會教與座的讀者如何分析現場所收到的「即時連線畫面」，也常常會讓大家動動腦想想看，該如何處理當時發問讀者的因果。

「陳太太，我告訴你，我女兒長這麼大，從來就不玩洋娃娃，她只玩汽車而已。」

＊擊掌

一個女士問：「我想知道我媽媽和我阿姨在過去世裡有沒有因果。」

畫面——兩個手掌，互相拍了一下，感覺上有一個非常短的訊息——擊掌。

「奇怪？我看到的畫面是……，我不知道這是什麼意思，什麼叫做擊掌呢？在座的有沒有人知道這兩個字代表的是什麼意思呢？」一片靜默，我靈光一閃：

「我知道了，那大概是指某一種運動項目比賽之前的禮貌問候語，雙方各伸出一隻手，手掌對手掌拍了一下，例如劍術比賽等，這個資料我要印證一下。」

畫面又出現了——一個臉部的鏡頭，我注意到了這個人的左眼從眉毛上方開始，由右上而左下有一道刀疤的痕跡。

「她們兩個人，有一個人的左眼應該會不太好。」
「我阿姨的左眼眞的是不太好……。」
「她們在過去世裡，是劍術比賽中的對手，因爲……。」
這個因果故事，還是有一點點的訊息。

＊有個人

幾個姊姊問起弟弟的工作問題還有他和手足之間的關係。
畫面——有個人，穿著類似西片中的獵裝打扮，他的左腳陷在一處泥淖裡，我的感覺那應該是流沙。流沙已經到達他的小腿肚，他的表情卻還是嘻皮笑臉的樣子。
而泥淖河的兩岸（河寬大概只有四、五公尺而已）站了許許多多圍觀的群衆，個個面無表情的看著他。
「我看到的是……，大家想想，他穿著獵裝，而泥淖流沙應該是比較偏遠荒漠的地方才會有，所以我們可以想像，他大概是個到原始部落探險挖寶的人，從這一點，我們可以推斷這個人做事比較不切實際。再來，他的左腳陷在泥淖裡，卻沒有拔起來的意思，還嘻皮笑臉的，而旁觀的人個個面無表情，那麼我們又可以推斷這個人愛面子，又不太能夠接受身邊的親朋好友好心的建議，也就是說，常常自以爲是。」

「陳太太，我弟弟眞的是都聽不進去家人好心的勸告，所以搞到現在仍非常落魄。你說我們是不是應該找個第三者來勸勸他比較好呢？」

「對！沒有錯，大家想想，在這個畫面裡，我們可以這麼解釋，也許當地的人好心勸這個探險者不要走泥淖這一條路，但是他自以爲是，還故意將左腳踏了進去，那麼當地的人也就只有默默看著他，等著看看會有什麼好戲上場。爲了面子的問題，他絕對不會把腳縮回來，所以這個時候，必須依賴第三者去把他拉起來。」

＊騎獨輪車的女孩

「陳太太，我已經離婚，目前我和女兒住在一起，我想問一問我和女兒的因果關係。」

畫面——一個人坐在獨輪車上面，腳踩著踏板。

「我看到的是……，那麼我可以告訴你，你一定管不了你的女兒。」

「眞的，我眞的是沒有辦法可以管她，她都不聽我的話。」

「因爲獨輪車沒有手把，沒有後座，也沒有其他的裝置可以讓其他的人抓著，也就是說外人控制不了她，也無法左右她。再來，她既然可以騎獨輪車，表示她的技術很好，換句話說，她很有本事、很有功夫，獨立心也一定很強，其實你根本就不需要煩惱她的問題，再講白一點，你講了也是白講，因爲她根本聽不進去。不過，你已經離婚，孩子又半大不小的，而孩子的成長過程，畢竟還是需要有人在一旁協助、指導比較妥當，像你這種情形，我就會建議你讓孩子去唸可以住宿的學校，讓學校去管她，就像在馬戲團裡一樣。你只要負責賺錢讓她繳學費就好了。」

「我也是正在考慮要讓她去住校。」

＊兩個鐃鈸

有讀者願意猜猜看，我爲什麼會找上聯經出版公司呢？

《如來的小百合》這個書名不是我取的，是祂們取的。我原來想好的書名是「黑盒子 vs. 超級電腦」，後來又改成「循線追蹤到源頭」，直到我覺得可以交給出版社之前的兩、三天，祂們才表示意見，不過，我舉雙手雙腳贊成祂們的建議，《如來的小百合》這個名字眞的很美。等到整本書的大小細節都完成了，我才想到該找哪一家出版社才好呢？也才不過動了一下念頭，畫面就出現了。

第一個畫面——兩個鐃鈸，不是兩對是兩個，也就是說分開的兩半，畫面的左上角一個，我看到的是內側，畫面的右下角還有另外一個，向左邊斜傾，所以我看到的是外側。我這麼描述，各位讀者不知道能不能勾勒出那個畫面。

第二個畫面——第一個畫面一閃而過，第二個畫面緊接著就來到，畫面中只剩下一個鐃鈸，右下角的那一個，也就是說鏡頭拉近了些，我注意到了，它的外側，用手抓的地方，居然是條粉紅色的絲帶。

好了，各位讀者，如果是您，您會怎麼解讀呢？又該如何從這麼多的出版商中找到祂們所暗示的答案呢？動動腦，反正你們已經知道答案是聯經出版公司了，能不能從答案中反推回去呢？

我說說當時推測的方法，看看和各位所想像的有沒有一樣。

因爲我常常逛書店，所以比較大一點的出版商大概都知道，也知道有些出版社常常會出版有關於宗教或者是靈異方面的書籍。當然了，爲了「將來會不會拿不到版稅」的問題，所以小出版社就不列入考慮範圍。

好了，第一個畫面，一對鐃鈸，這種樂器，一定要兩個才會響，兩個半邊也是長得一模一樣，使用的時候，是左右手各拿一個，所以這家出版社的名字，第一個先決條件是必須能夠從中間剖開，也就是說這個字體是左右兩邊合成一個字的。舉個例，「桂」「源」「幼」「松」這類的字都可以從中剖開，而「商」「遠」「中」「天」「九」「皇」「晨」「智」「麥」「方」這一類的字就沒有辦法從中間分開。這麼一來，符合條件的就只剩幾家了，如果兩個字都必須是左右兩半的話，那就更少了，例如能仁、格林、臉譜、時報、聯經等。

還是第一個畫面，這是種樂器，它的主要作用是發出聲音，要用聽的，用耳朵聽的，好了，「聯」這個字，一邊是耳字旁，另一邊的結構，又剛好可以從中間分開，左右兩邊又剛好是一模一樣。答案差不多已經出來了。

第二個畫面，粉紅色的絲帶，「經」這個字，不就是清清楚楚地就是「糸」字邊嗎？各位讀者您還能找到第二家出版社嗎？

就這麼決定了，我自己打電話到查號台，自己打電話到聯經出版公司。我向總機說明來意，她說編輯部分成四組，我這一類的文章應該是分在第一組，但是第一組的主編出國不在，我隨口問了一下：

「請問一下，這位主編姓什麼？」

「第一組的主編姓簡。」

「那能不能換別組的呢？」

「嗯！第四組的應該也可以吧！我幫你轉過去，你問問看！」

「請問一下，第四組的主編姓什麼呢？」

「她姓林。」

我心裡樂了一下，「林」不但可以從中間剖開，左右兩邊還一模一樣。接下來的事，還滿順利的，後來更發現一件事，居然連總編輯也是姓「林」。

不過，這段看圖找出版商的緣由，我是在聯經決定出書後才告訴他們的。

＊號角手

他拿出了一張相片，問道：「請問我和這個鐘有沒有什麼因果關係？」

我看了相片一眼，那是在墳墓邊照的照片，有四、五個人站在一起，旁邊還有一個大鐘，我說「大」，一點也不過分，那個鐘就像「鐘樓」裡掛的那種鐘，直徑大概有兩公尺吧！一個大大的鐘就這樣放在山上的墳墓邊，四、五個人與它一起合照。

「這個鐘是做什麼用的呢？」如果換成是各位，我想也是這種反應。

「喔！我是敲鐘給山上的人聽的。」

「啊？敲給什麼人聽的？」

「是敲給那些……。」對方欲言又止。

「喔！我懂了，你的意思是說敲給靈界的朋友聽的，爲什麼要這樣做呢？」

「因爲這樣可以幫助靈界的朋友，讓他們有所領悟。」

「可是你這種方式是屬於佛教的作法，難道山上沒有信奉其他宗教的靈界朋友嗎？難道你不覺得這樣會吵到他們嗎？」我開始好奇了，怎麼會這個樣子呢？

有一句話是不是可以用在這個地方呢？「吵死人！」其實我收到的訊息正是這三個字，可是看對方一臉虔誠的模樣，旁邊又有十多個他的朋友在場，我再怎麼痛苦，都不能把這三個字說出口。

「別的宗教也有鐘聲。」

「可是他們敲的節奏也許不一樣。」我只能這麼說了。

「是誰叫你這麼做的？這個鐘是誰的呢？」

「這個鐘是我的，是我師父叫我這麼做的。」各位，如果你是正常人，相信你也會和我一樣直接就問這三個字：

「爲什麼？」

「因爲我常常做同樣的一個夢，夢到在戰爭，看到很多人死亡，我覺得很痛苦，所以師父說我有任務要來超渡這些亡靈。師父叫我做這個鐘，然後運到山上，敲給山上的一些亡靈聽，這樣子就可以超渡他們了。」

他才開口說這一段話的同時，我的眼前就出現畫面了，這時候的我並沒有閉上眼，而是一心三用：

一——張眼看畫面。

二——右側腦部接收訊息。

三——耳朵聽對方說話。

在這裡我必須說明一下，通常畫面都呈現在我眼前，而訊息則是我集中精神在右前上側腦部接收到的（大概是在右邊眉毛往後上方延伸，耳朵往上方延伸，兩條延伸線所交叉的位置）。至於到底要不要閉眼才能夠接收到畫面，就不一定了。

很多人問我：「老師爲什麼你剛剛回答我問題時，沒有閉上眼睛呢？是不是菩薩沒有給你答案，你就隨便說一說呢？」隨你們怎麼說吧！其實我很不喜歡回答那些問未來會如何如何的問題，爲什麼呢？因爲「一步一腳印」，「沒有耕耘就絕對沒有收穫」，有什麼好問的。再說，如果你是問未來的話，基本上祂們就直接給我答案，那種訊息來得很快，沒什麼故事好敘述，短短幾句話就可以解決了。

如果你來參加過座談會，應該可以發現，我講一個故事的時間，也許是我看畫面、收訊息的好幾倍。如果你很仔細，應該也會發現，當我在「調資料」時，我右手的拇指和食指會動，等調到資料之後，手指頭就停止不動了，然後再仔細看畫面，一邊收訊息來搭配畫面。不知道各位是否看得懂我的意思？

一、問事者提出問題。

二、我開始閉眼調資料，右手的拇指和食指會動，眼前的畫面也會不斷變化或跳動。

三、畫面停止了（因爲找到對方問題的答案了），手指頭也不動了，開始專心看畫面，並且用右前上側的腦部接收訊息。

四、故事結束（通常也只是有了大綱而已），張開眼睛，開始用嘴巴敘述。

五、如果祂們還想要補充細節，那麼當我在敘述因果故事時，祂們會隨時陸陸續續加一些資料進來，也許是畫面，也許是訊息。

但是，這時候在場的來賓，未必看得出來我是在「接收狀態當中」，因為這時候，我一定「一心好幾用」。不過，再告訴各位一個重點，通常這時候我的「接收狀態」現象是，眼睛「固定」在某一點，若有所思的模樣。所以我常說，當我在為人服務時，一定是緊盯著當事人看著，至於旁邊的人發生了什麼事，對不起！絕對不關我的事。為人服務時的我，我自認為態度就算達不到一百分，也絕對有九十九分。

如果說有時不閉眼就能夠接收到畫面，那並不是說我不想閉上眼睛，而是祂們的畫面來得太快，我只不過是提早進入「一心好幾用」的狀態罷了。既然有人擔心我沒有閉眼就是「隨便」，那麼我也學乖了，閉就閉吧！我還可以趁機閉上眼睛休息一下，等個幾秒之後，再調資料也不遲，反正也沒有人知道我在做什麼，反正祂們也沒有規定我不能閉眼休息！

「我看到的是樂器沒錯，但不是鐘，是號角，是那種在戰場上吹的號角。那一世裡你是軍隊中的號角手，有一次戰爭時，你們這方慘敗，帶隊的將領命令你吹撤退的號角聲，提醒大家趕快撤退，可是你心一急，卻吹成了前進的號角聲……。當然了，就算你吹對了，吹了撤退號，但是也許全隊的人還是會全部陣亡。」

因果的理論，用在戰時就有點不太一樣，畢竟那是非常時期，人人都有自保、自衛的本能，跟一般的動物沒什麼兩樣，也許多了點「人性」罷了。再說，如果判定殺人就有罪，那麼我以為罪該萬死的，應該是那些有能力、有權力「煽動」、「發動」戰爭的人。就像很多人對殺豬賣肉的人很不以為然，覺得他們這些「殺生」的人，罪孽實在太重了。我總是勸這些人反過來想想，如果沒有人要吃肉，那麼這些人有必要殺生嗎？是想要吃肉的人殺生重呢？還是賣肉的人殺生重呢？不要只是看到別人的不是！

「想想看，如果你就是那個號角手，當你知道你吹錯了，又看到同隊的戰友拚命往前衝，又看到一大堆的人死在你的左右……。最後，你也不例外，也陣亡了。別的士兵也許沒有特別的感受，因為是戰爭嘛，一旦上了戰場，心理自然就有陣亡的準備。但這個號角手可就不一樣了，懊惱、憎怯、懺悔的心結，並沒有隨著死亡而消逝，卻隨著出生而帶到了這一世。」

「超渡」是怎麼一回事呢？台灣的寺廟、宗教團體，一天到晚都說要「超渡」，有冤親債主要超渡，發生了大災難也要超渡，每年的農曆七月更是不能免……。然而超渡又是怎麼一回事呢？有很多讀者向我抗議，說超渡眞的很有用，說我因爲沒有經驗，所以才會反對超渡。

我無法認同坊間所謂超渡的功效，祂們也一再告訴我，世間人誤解了超渡的意義，但是，祂們卻從來沒有給我正確的答案。所以我還在窺探這個奧秘。當有一天我自認爲找到答案時，會和各位一起討論的。但是，我說出來的答案是否就是祂們的正確解答，可就不一定了。

常有人這麼問：「我的某某過世了，當我拜拜的時候，應該要對他說些什麼比較好呢？」也有人這麼問：「我的某某快要過世了，我應該做些什麼對他比較有幫助呢？」

「如果你想通了因果輪迴轉世的理論，也認爲他確實存在，那麼我建議你跟親人談一談，告訴他欠債還債、施恩報恩的前因後果。勸他要能夠放下，眞心的去原諒別人，不要阻礙了別人的成長。要懂得施恩，但不求回報。如果他在世時，曾經犯過錯，那麼就老老實實的在老天爺面前認錯。早一點認錯，老天爺就能夠早點結案。早一點結案，他就能夠早點輪迴轉世。早一點輪迴轉世爲人，就能夠早點淸償債務，早點修行，早點升天。」

每個人都有成佛的機會，只是成佛時間的早晚罷了！

*遭天忌

她想知道她和先生的過去世關係。

在過去世裡，她是個男老師，先生是她的一個學生，有一天，男老師失手打死了學生，故事就是這麼簡單而已。在這一世裡，她的先生意外死亡了，完全沒有外力介入的意外，這是一種很標準「冤冤相報」的要債模式。

這位太太很不以爲然，她這麼說：「我和我先生的感情非常好，我認爲，我們是因爲遭天忌，所以才會有這樣的結果。」

一剎那間，我的胸前，一支十五公分長的刀子，狠狠地刺進了我的心臟，好痛！我的眼眶紅了！眼淚差點掉了下來！我眞的看到了那把刀子！也感受到了肉體的劇痛！可是那卻不是「實象」。我知道那是祂們的「身體」被那位太太的話刺傷了！傷得很重！很重！

「我告訴妳，祂們絕對不是妳想像的那種樣子，祂們非常的慈悲，祂們從不忌妒任何人，妳把祂們傷得好重！好重！」我的心，也好痛！好痛！

自家人

我把想學通靈的、想做通靈人的，已經有執照只是正在爲自己做心理調適的、或已有執照也已經在爲人服務的等等相關的人士，還包括了「半通不通的」，統稱爲「自家人」，有比自家人這個稱呼更親切的嗎？

自從出書之後，很多的自家人來找我，還好我有自知之明，因爲很怕被牽絆住，所以在第一本書裡就表明得相當清楚，可是，還是有很多人來找我。因爲我的能力不是跟著某個師父或是照著某本書籍學來的，所以我根本就不會教他們，我只是會傾聽對方的經驗，再根據我的經驗，給這些自家人一些良心的建議或請他們特別注意某些可能會遇到的特殊狀況。對於這些人，我絕對不會有任何的保留，我很不願意看到這些人受到有形或者是無形的傷害。

「陳太太，我能不能跟著你學？」有很多人這麼問。

「可是，我不會教。」永遠是這個答案。

問：老天爺讓你通靈，祂們有沒有要求你要守哪些戒律呢？

答：當我剛通靈的時候，祂們給了我一個很特別的「戒律」，什麼戒律呢？「不准和任何人有任何的金錢往來」，什麼叫做任何人呢？包括父母，包括自己的兄弟姐妹。什麼叫做任何的金錢往來呢？舉例來說，向人借錢，借錢給人，與人投資等等一概不行。

祂們對我的限制就只有這一條而已，信不信由你！剛開始時，我並不相信，高高興興的投資了朋友一次，結果慘敗，一次就學乖了，我可沒有那麼傻！從此之後我謹守這個戒律。直到今天，我不得不佩服祂們的遠見，我感謝祂們的這個限制讓我在通靈的這條路上，一路走得自在瀟灑，說來就來，說走就走，不欠人也不被人欠。爲什麼呢？

祂們所持的理由很簡單，想想，如果我知道某些人有賺錢的命，那麼我只要投資對方就好了，我只要做這個人的通靈顧問（不知道有沒有這個行業的頭銜），一切不就搞定了，從此衣食無缺了嗎？但是，再想一想，那我不就「貪」了嗎？別忘了！修行是最忌諱「貪」的。從此之後，我的「心」能夠超然？我的腦袋瓜會「空」嗎？我的看法、建議會是「公正」的嗎？絕不可能的！

問：我想我還是會走上這一條路，因爲我覺得這是一種使命、天命，一種天職。

答：對不起！通靈不是一種使命或天命，不要把自己想像得這麼偉大，少一個通靈人，這個社會還是會照樣運作得很好。「通靈」只是一種職業，跟一般的職業沒什麼兩樣，有人是專職，有人是兼差，有人把它當作是義工而已，沒什麼大不了的事。至於天職嗎？每一個角色都是天職，您說爸爸、媽媽的角色不是天職嗎？

各位不防再看看〈通靈人的悲哀〉、〈通靈人的危險〉那兩章，其實「會通靈」是最不值得「自傲」的，因爲本事不是自己的，是祂們的。這個工作一點保障也沒有，隨時得接受魔考，執照什麼時候會被吊扣、吊銷也不知道，只能戰戰兢兢的過日子，和一般的工作比較起來，「通靈」眞的是最不值得嚮往的。各位也許會以爲那是因爲過去世修得不錯，所以被祂們選上作爲代言人，錯了！那只是因爲磁場、頻率較爲接近罷了！

問：我的妹妹有兩個小孩，一個兩歲多，一個一歲，最近她也出現了會通靈的現象，說出來的事，也都會很準，她想走上這一條路。

答：你妹妹是有執照沒有錯，但是，老天爺並沒有規定給了你駕照，給了你行照，還送了一部車子在你家門口，你就一定得把車子開出去載客。她的先生答應嗎？

對啊！換成是我，我也絕對不會答應我的老婆在這個時候，走上這一條路。為什麼呢？兩個孩子還這麼小，她走了，誰要負責照顧呢？將來出了問題，又是誰的錯呢？通靈人是角色的一種，媽媽也是角色的一種，通靈人的角色可以隨時放棄，但是媽媽的角色，當你生下小孩的時候，就已經是一輩子賴不掉了，你忘了盡媽媽的角色而造成的現世與來世因果，對不起，沒有一個菩薩可以為你承擔。不要這麼傻，祂們從「不能」替別人承擔因果的。

問：我平時有通靈的現象，但是我不敢讓同事們知道，害怕他們會對我另眼相看，不過我也常常在為別人服務。我能不能和祂們講條件，拜託祂們讓我的經濟狀況變好，那麼我就可以為祂們做更多的服務。

答：你既然會通，那麼你就自己和你的「祂」溝通就好了，可是我所知道的情形是祂們不會答應你的條件。

問：可是，爲什麼你就可以和祂們談條件呢？

答：喔！你誤會了！當初我在和祂們「談條件」的時候，我很清楚的知道那些條件是我自己可以應付得來的，也就是說不需要祂們的幫忙，靠我自己的努力就可以做得來。話是這麼說沒錯，但是你們並沒有看到我爲我自己的條件付出了多少，我只是對祂們表達出我的看法和立場，並沒有要求祂們幫我任何一點忙。再說，就算祂們答應你了，也未必就一定做得到，因爲就連祂們自己的命運也是有百分之四十的未定數，我們姑且假設就只有百萬分之一的未定數吧，就因爲有未定數的存在，所以諾言未必實現。這年頭，開空頭支票的政治人物不是多得很嗎？而一般的老百姓，言而無信的不也滿街都是嗎？不要把祂們太過理想化了。

問：我如果也走上這一條路，我在和祂們談條件的時候，應該注意些什麼呢？

答：你必須先認清自己周遭的社會背景、家庭背景，也就是說是否能夠同時身兼多種人生的角色，並且都很稱職。另外還必須清楚了解自己的本事有多少，什麼本事呢？你的意志力，你的判斷力，你的行動力等等，了解了自己之後，才比較能夠不被外界的名利情色所誘惑。最重要的，就是一定要以身作則，凡事一定要對自己的良心負責，絕不能說的是一套，做的又是另一套。當您言行不一的時候，我想應該說，您早就入魔而不自知。

問：奇怪！你在書裡寫的，好像你說的都很準，爲什麼呢？

答：沒什麼！人之常情而已，準的我才會記得，也才會寫出來，不準的，我只有想辦法趕快把它忘掉，當然就寫不出來了，要學會跟著流行走——選擇性的記憶。

另外，剛開始通靈的時候，我也曾經對祂們說了一個重話，我說：「我絕對不想騙人害人，所以，如果說不準的菩薩就不要來，如果不知道的就說不知道，絕對不可以隨隨便便搪塞過去。」你們應該可以注意到，我常常會翻譯出下列這一句話：「祂們說，眞的是不知道。」其實，事後證明不準的，還是有很多，但是我也學油條了，我會說那是因爲百分之四十的原因。

（各位讀者，能不能淸醒一點了？不要迷信，也不要相信我，應該相信你們自己的努力，唯有努力過後的失敗，才能把責任推給過去世的因果。）

問：你是怎麼看身體的呢？

答：我很不會看身體，因為我沒有透視力，如果我碰巧說對了，那大概是因為過去世的因果所造成的，因為我可以看得到因果，所以我會根據因果的畫面來「猜測」對方這一世裡可能會發生的身體狀況。至於真正在這一世裡才得到的病痛，對不起，我就看不出來了。所以，除非你已經到醫院做了所有該做的檢查，並且查不出任何的原因，那麼再來找我，我才可能可以給你一點點的安慰。

問：如何形容通靈人和祂們的關係。

答：你的這個問題好難回答，讓我先問問祂們。以下的答案是祂們說的，不是我的經驗談。你看過馬友友拉大提琴吧！馬友友就像是個「通靈人」，那麼大提琴（包括琴和弓）就像是「祂們」。如果馬友友的功夫很好，那麼再怎麼不好的大提琴，他拉起來也絕對比一般人好聽；如果馬友友的功夫很爛，那麼再名貴的大提琴，到了他的手上，也是英雄無用武之地。這樣子的舉例，可以接受嗎？

大提琴和弓的品質優劣差很多，同樣的，拉琴人的功夫好壞更是有天壤之別。

如果您不能選擇琴，那您就得多加練琴，提升您拉琴的本事。但是，如果您老是不長進，越拉越差，或者是只會亂敲琴出氣，甚至於不練了，那麼祂們當然有權力拿回屬於祂們自己的琴（收回執照）。不要羨慕馬友友上台拉琴時的迷人風采，也不要羨慕他擁有一把名琴，該思考的是，在舞台下的馬友友，爲了舞台上的片刻風采，已經孤孤單單的苦練了多少年。

問：我如果通靈了，你想我該走哪一個方向呢？

答：這個不是由祂們或通靈人單方面決定的。以前祂們也想訓練我走看病的路線，但是就像我在第一本書《如來的小百合》中所分析的一樣，我了解自己的本事，所以是我自己放棄了「看病」這一門。另外，還必須認淸一點，就是祂們絕對不是萬能的，像人世間一樣，祂們也是分工分得很細的，我走到今天這個局面，各位應該是把我列入「因果諮商」的行列，而不是什麼「超渡行列」、「治病行列」或者是「招搖撞騙」等等。

祂們也絕對會有「當機」的時候，譬如人世間再怎麼高明的醫生也會有失手的時候吧！常常會有人笑算命的，說算命的人是屬於那種「會算別人的，卻算不準自己的人」，這話倒是沒錯，自己眞的是自己的「盲點」。爲什麼呢？我也不知道，但是我認爲這個盲點，可能是因爲老天爺不希望我們迷信，所以利用這個「唯一的破綻」嘗試著點醒衆人。是啊！算命的總是說得頭頭是道，爲什麼他救得了別人，卻救不了自己呢？有沒有讀者能夠解開這個謎題呢？這絕不是簡簡單單的一句話：「他洩漏了天機。」就可以搪塞過去的。

問：通靈人和神經病有什麼不一樣呢？

答：醫生從來就沒有說過我有神經病，我也無法體會神經病到底是怎麼一回事，所以我也就無從說明通靈人和神經病有什麼不一樣。但是我的好朋友說得很直接很貼切，她說，通靈人可以自主，神經病的人不能夠自主。

問：市面上有很多教通靈的老師，他們都強調要借重某些工具以便加強自己的通靈能力，例如水晶球等等，也有很多的道場，宣稱他們有辦法打開一般人的「天眼」，你以爲如何呢？

答：對不起，我從來沒有去過這種地方，所以我不清楚，我只針對我所了解的做個說明。當我剛通靈的時候，我先生說要去買個高級的水晶球送給我，以便加強我的功力，沒想到，祂們出來干涉。祂們說：「我們就是故意用這種方式在訓練她，我們強迫她不借用任何的外力就可以接收訊息，你不要破壞了我們的計劃。你以爲好心買個水晶球給她是在幫助她，可是萬一水晶球破了，或是忘了帶了，那她該怎麼辦呢？出國的時候又該怎麼辦呢？唯有不帶任何道具，她才可以遠走高飛，也才可以看起來像個正常人。」

我也聽說過，有些師父可以幫別人開天眼，也可以幫別人關起來，問題是，開的是天眼呢？還是陰陽眼呢？一天到晚看到一大堆奇奇怪怪的靈界「人物」，如果您有興趣的話，那是您的事，我不便置評。但是，當您不想看的時候，您有把握自己有這個能力把它關起來嗎？萬一關不起來，師父就一定有本事幫您的忙嗎？不妨三思！我也特別聲明一下，我不會幫別人開，更不會幫別人關，因爲我連我自己爲什麼會開會關我都不知道原因。

問：再過幾天，我們那個道場的師兄、師姊們，要到某某靈山去「接旨」，你看我能不能去呢？麻煩你幫我看一看，我們那個道場的師父是不是正派的？

答：未出書之前，我會回答第二個問題，我會根據祂們的訊息來回答有關於對方師父的問題，但是，出書之後，我一概不回答了，我不想自找麻煩，因爲在書裡我已經清清楚楚告訴各位，如何簡單的去看待你們的師父。

第一個問題，坦白說，一天到晚有人問，我是說了再說，這些人也是聽了再聽，可是到了下一次要去接旨的時候，他們一定又會來問。有一個女士，七、八年前她就來過了，她說她要去接旨，因爲她的師父說她可以爲人靈療做善事。我勸了她好久，也警告她如果再這樣繼續下去，遲早她會出事的。最近她又來到了我面前，一身的病痛，害得她不得不提早退休，問題是到醫院怎麼檢查也都沒有毛病。我對她說：「七、八年前，我就已經警告過你了，這麼多年過去了，我還是活的好好的，可是你呢？你還說你要拿的是治病的執照。」

我不是很清楚「接旨」這兩個字的眞正涵義，我只能從字面上來解釋。關於我的回答，我會這麼說：「既然是祂們看上了你，也就是說祂們想要利用你這個人的通靈能力或者是其他的能力來爲祂們服務，作爲祂們的最佳代言人，注意這個關鍵點——是祂們看上了你，你大可要求祂們把『旨』直接送到你家來給你，根本就不需要勞動你去某某靈山接旨，想通了嗎？」你可以反駁我說：「可是，那是團體行動啊！」是啊！如果你眞的是祂們非常渴望的人選，怕什麼呢？

搞不好祂們還得用轎子才請得動你呢！想想看，在大型的運動比賽之中，不就有很多運動星探會去看嗎？他們的目的又是為了什麼呢？為自己尋找最佳的運動選手，不是嗎？

問：妳的因果理論裡有很多的觀念很好，很值得我們好好想一想，但是相對的這些個觀念一定會影響到一些既定的利益者，例如賣金紙銀紙的、算命的、幫人家做超渡的，或者是同樣的通靈人等等，請問你會不會害怕有人在你後面動手腳呢？

答：害怕又能夠怎麼樣呢？說也已經說了，認了就是，別人怎麼處理，我不知道，至於我嘛！交給老天爺就是了，我只能請祂們當我的終極保鑣，至於祂們會不會盡責呢？我又能如何。我只有一個原則——「心正」就是了。

如果您是專業的環保人員，您認為保麗龍的濫用會破壞環保，您會站出來講話嗎？您會憂心忡忡而大聲疾呼嗎？我不敢自認為是專業，我只是用一般人的想法，就覺得有很多似是而非的觀念必須改一改，於是我就站出來了。如果我這樣子的作法違反了法律，我願意接受法律的制裁。我也知道你的意思，你是擔心我被有心人施法、放符。坦白說，我有「看到過」，但是我沒有「感覺到」。

事情是這樣的，有一個讀者來問事，問呀問的，他問到了他同修的朋友，「我這個朋友和你一樣，他說他常常可以接收到很多的訊息，拜託你幫我看一看我這個朋友是不是眞的能夠接收到訊息。」

「沒有錯，他的確是可以接收到訊息，但是有一個問題我必須說淸楚，十句訊息裡面，他只能翻譯對六句，你覺得這樣如何呢？」

「我不懂你的意思。」

「也就是說，每次祂們都給了他十個訊息，十個訊息他統統翻譯了，但是每次翻譯正確的成功率卻只有六成，也就是說翻對了六個，偏偏連他自己都不知道這十個裡面，到底是哪六個他翻對了。你懂我說的嗎？」

「那不就等於沒有翻嗎？有通等於沒通嘛！不知道還沒事，萬一被人信以爲眞的正好是翻譯錯誤的那一個訊息，那豈不是更糟糕嗎？」

「所以我就無法很明確的告訴你，你的這一個朋友到底有沒有通。」

「有一次，他說某某菩薩來了，我也不知道是眞是假。」不知怎的，我的「祂」就自動把那個某某菩薩給找來了。

「菩薩說，讓這個菩薩自己來印證好了……。對不起，祂說那一天祂並沒有去他那兒。」我爲了愼重起見，把另一個通靈的朋友給請了出來，「小姐，你看一看相片中的這一個人會不會通靈呢？」

「好臭！怎麼會這麼臭呢！受不了了，這麼臭！」她邊看著相片邊摀著鼻子，周遭的人，我看你，你看我，誰也沒有聞到什麼怪味。

「拜託！狐騷味怎麼會這麼強呢？」她受不了了，回頭就走人。

「怎麼辦呢？他也叫我要通靈，他說我的體質很適合通靈。」

「你自己決定吧！」

「陳太太，我不要通，我眞的不要做通靈人，請幫幫我的忙，拜託拜託！」

這位先生走了之後，店裡的一夥人聚在一起聊天，約過了十多分鐘，突然朋友從旁遞過來一張紙，上面寫著：「你們不要插手，壞了我的大事。」

「是剛剛那一個來了。」

「嗯！它很不高興。」

「你告訴它，我們沒有壞了它的大事，那是因爲它冒充了某某菩薩，是那個菩薩自己來處理的，不關我們的事。要算帳叫它自己去找那個菩薩。」

「可是它說它要人。」

「要什麼人呢？」

「要那個來找你問事的人去通靈。」

「我沒有阻止它，有本事，它去找他就是了。」我亮出了我的執照。

這個時候，畫面才出現，大約就在離我一公尺遠的地方，有個影子轉了身，我看到了一樣東西。想不想猜猜看我到底看到了什麼呢？我看到了一條類似尾巴的東西，應該說就是尾巴，淺土黃色，略帶點稀鬆的毛，毛的長度大約四、五公分，越靠近根部顏色越淡，整個尾巴的長度大約四、五十公分。就是這樣而已，我只看到了一條尾巴。尾巴是垂下來的，就像是一個人站著，但是卻從尾椎骨那兒長了一條垂下來的尾巴。

接下來兩天，朋友的脖子，很不舒服，好像被人勒住了一般。

問：我應該如何和祂們相處才能覺得像是一家人呢？

答：你覺得和祂們相處得像是一家人到底是好？還是壞呢？我還是用我的經驗和大家聊

一聊。剛會通靈「之前」幾個月的時候，我發現自己有一個很特別的現象，那就是只要我默唸某個菩薩的名號幾次之後，「祂」就會來附我的身，然後我只要將身體放輕鬆，大大方方的借給祂，那麼我就會表演一些動作。

舉個例，達摩祖師好了，祂一來，少林寺的功夫就出現了，也許高難度的我做不來，但是做出來的，至少我覺得是有板有眼，事後和先生討論，他也認為我的動作非常正確，可是真實的我卻對拳腳功夫一概不懂（當時，我還有個很天真的想法，裝個攝影機把這一套錄下來，再拿出去賣）。九天玄女一來，就有曼妙的舞姿可供欣賞了，柔軟的身段，特殊的舞步，連我自己也嘆為觀止，恨不得就讓她一直附在我身上，因為我不會跳舞但好希望更像個女人。再來就是誰呢？是濟公，醉拳各位一定都知道吧！可是我覺得很可能我這一套才是正版但也絕版了，因為我完全不會喝酒，所以我假裝不來，但也不敢再亂來，所以不再表演了。

大概各自「被我請來了」兩次之後，我突然警覺到自己的這種行為非常不可原諒，我根本就不知道祂們在靈界裡是不是正在忙著其他的事，就冒冒失失把祂們給請了過來，搞不好祂們誤以為是我發生了什麼大事而在求救呢？而我這邊卻純粹是為了好玩而已。我好差勁喔！怎麼可以這麼沒有禮貌呢？就算祂們是家裡的成員好了，我也不能夠無緣無故就把人家叫來叫去吧！如果我可以這樣，如果我繼續這樣，那我和「放羊的孩子」又有多大的差別呢？

當然了，「尊重祂們」是一定要的，既然我看不到祂們，那麼我就不能夠隨隨便便去麻煩人家、叨擾人家，只有在絕對必要的時候，我才會找祂們出面。

我覺得（這是我自己的猜測，答到這裡，祂們插話進來了——我們之所以願意配合伶姬，也就是因爲這一個特點是她和絕大多數通靈人不同的地方。）如果我有事沒事就請祂們出來，請祂們告訴我今天穿哪一件衣服比較會帶來好運氣？請祂們告訴我這一碗剩菜有沒有酸掉壞掉？請祂們告訴我生病了要不要去看醫生？請祂們告訴我孩子們這一次考試可不可以考得很好？……你想祂們會不會煩呢？何況祂們要我學習的是不要依賴祂們。同樣的道理也可以應用在各位讀者和我的身上。

除此之外，我覺得最重要的一點就是千千萬萬要把生活和通靈分開，怎麼說呢？

通靈是用來爲社會大衆服務的，生活是自己活生生要面對的，再說淸楚一點，通靈是你的職業，生活還是生活。你的職業可以解決生活上部分的問題，但絕對不是全部的，如果你把「生活」用「通靈」兩個字完全取代的話，那就只剩下一句話——杜鵑窩裡見了。

問：你有沒有去過天堂或是去過地獄呢？

答：這個問題，我不知道該怎麼回答才比較恰當，如果我說我去過了天堂，可是我所看到的和佛經裡所描述的差了一大截；如果說我去過了地獄，可是我感覺到的也和一般道士在做超渡法會時，所掛出來的圖片不太一樣。我想我去過的天堂只是天堂的某一隅，我去過的地獄也只是地獄的某一角罷了。所以如果不是佛經對淨土（天堂）描述得不夠完整，就是天堂已經改變太多了；如果不是圖片對地獄畫得不夠詳盡，那就是地獄時空也變得人道多了。

我並不想描述我所看到的天堂或地獄，但是我想要提醒各位一點的是，請想想看，佛經是幾千年之前所流傳下來的紀錄呢？那時候的時空背景是什麼樣子的呢？人世間的一切都已經改變得這麼多了，從石器到電器、從古裝到中空裝、從走路到搭太空船……。

難道祂們會那麼不長進嗎？又有誰能夠保證經書上所描述的天堂、地獄經過這麼久的時空轉變，還是一成不變的呢？我小的時候，所看的卡通影片是太空飛鼠、大力水手，我妹妹看的是粉紅豹，我堂妹看的是小甜甜，我甥女看的是神奇寶貝……請問，你看的是什麼呢？

你的小孩看的又是什麼呢？卡通的定義是什麼呢？難道卡通的定義是主角不變，背景不變嗎？

多用點腦筋想一想吧！如果你只會在經書的字面上打滾，而不去實行它眞正的涵義，我只能依我的經驗告訴你一句話：「對不起，你一定會迷路的。」

問：我參加過你的讀書會，你說過，曾經有一個會通靈的女士去找過你，她也教你們如何向「祂們」要錢，你說那個女士在一個星期內，進帳了一千萬。如果我也想要向「祂們」這般的要求，又該怎麼做呢？

答：沒有錯，那個會通靈的女士當場告訴我們（我指的是我和另一個會通靈的朋友）說：「你們都忘了重點！在求的時候，一定要把時間說得非常淸楚，一定要說請根據宇宙中的銀河裡的太陽系的地球的台灣的中原標準時間的幾天內，我需要多少錢。」

我是一笑置之，沒辦法，因爲長這麼大以來，我最不行的就是對錢的觀念，雖然我唸的是會計系，但是在實際的生活中，我最不會處理的就是有關於「金錢」的事項。我是愛錢，但是我的個性又不會想要擁有些什麼東西，所以是屬於那種可有可無，得過且過的人，也許是老天爺故意讓我如此吧（看吧！我又在替自己找藉口了）。但是，朋友就不同了，年輕的時候就已經和先生離婚了，而她又是個獨生女，上有老父和一個生病的老母，下有一雙兒女全要靠她一個人負責，能夠餬口就算很不錯了，所以直到現在根本就沒有能力買任何房子。

她聽了之後，心好想，嘴裡也唸個不停：「是啊！別人的菩薩對他們都那麼好，難道我們的菩薩會那麼吝嗇嗎？」於是乎她也要求了。

祂們也說了：「可以啊！在一個星期內我們也可以給你兩千萬！絕對沒有問題，你想清楚決定之後，我們就會進行的。」

這時候的朋友心是盲了，但是腦筋還沒有生鏽，她想天底下眞的會有不勞而獲的事嗎？如果是這樣子的話，那麼以前菩薩敎我們的，豈不是在自打嘴巴嗎？這當中哪裡出了問題呢？一定是有問題的。於是她拚命的想，菩薩到底要如何做才可能讓她在一個星期內擁有兩千萬呢？

想呀想的，她突然淸醒了，冷汗直流，這回可把她給眞的嚇壞了，因爲這個時候，她的父母正在日本，如果發生了意外，不多不少，保險金正好是兩千萬。她後悔，她懺悔，後悔自己的貪念，懺悔自己的不是，於是她開始提心吊膽，天天擔心父母的安危，直到父母平平安安進門的那一刻，整個人才回過神來。

事後，她說了：「沒有錯，也許祂們有辦法讓我們富裕，但是我們卻不知道背後是拿了什麼樣的代價去換來的，我寧可窮一點，心安理得一點，也不想來世再來償還這一筆意外之財所帶給我的因果。」

曾經在一天兩場的座談會中，就來了五位自家人，第一場有四位，第二場有一位，爲了第一場的四位，在座談會結束之後，我又另外再和他們談了將近兩個鐘頭。

我說過，我會心疼這些人，心疼這些人可能會走不出來，而進了另一個「道場」——瘋人院，我也會擔心這些人，擔心他們可能會變成了迷信的始作俑者，所以如果時間允許的話，我都很樂意和他們多談一下。很巧的是，如果這些人是一對一的服務方式，他們的時段幾乎都是被排在上午的最後一個，或下午的最後一個名額，因爲是最後一個人，所以我有較充裕的時間，可以和這些人多談一些。關於這一點，只好請其他的讀者原諒了，物以類聚，惺惺相惜嘛！

「什麼時候，我才可以像你一樣爲別人服務呢？」很多人都會問我這一句話。

「你現在會問我這個問題，就表示此時此刻你還不夠資格爲別人服務，爲什麼呢？因爲你今天來找我並不是只爲了通靈的問題，你還問了你家人或其他一些困擾你的事，當你還沒有辦法解決自己身邊的事情時，你又怎會有能力爲別人服務呢？我的意思並不是說你一定要會解決你自己的難題，你總不能爲自己開刀吧！」

「我的意思是——你要有基本的想法、基本的態度、基本的行事風格，知道如何面對自己的問題、處理自己的問題，當你能夠解決自己的問題時，才能夠有一套屬於你自己的標準模式。我自己就是用『黑盒子』這套理論來解決我自己的問題。別人怎麼說我不清楚，但是我個人以爲，如果眞的有心想要走上通靈這一條路，絕對要以身作則，不要說的是一套，做的又是另一套。通靈之所以能夠通得準，靠的就是一個『誠實』而已，唯有誠實的翻譯，誠實的面對自己面對別人，這條路才可以走得長久。」

要知道祂們絕對不是萬能的，如果是的話，那又何必要透過通靈人呢？很多人告訴我說他們不要「通」、不要聽到、不要看到、不要祂們來干擾到他們的生活，可是當自己碰到問題時，又拚命希望祂們告訴自己應該要如何做才好，這樣行得通嗎？你說不要通，可是自己又是這樣「依賴」祂們，你捨得祂們走嗎？

祂們會走嗎？祂們本來就是不想走啊！你的自我不見了，那個可以獨立思考獨立行動的你，被祂們取代了。你已不再是你，你只是個被祂們利用的一個「行屍走肉」罷了！祂們是神？是魔？神、魔也只是一線之隔而已。到目前爲止，只有一個人告訴過我——我眞的不要通，請把祂們請回去吧！等到我們假裝要動手的時候，他馬上閃了。

有些人來到了問路咖啡參加座談會，他們會對我說：「我和你是同行。」這個時候，心中有疑問的人一定是我，不是對方，因爲我實在不知道該如何猜測對方的職業，是寫書的嗎？是心理諮商的嗎？是想研究修行的嗎？是算命的嗎？是個通靈人嗎？還是乩童呢？還是像我一樣是個很認眞的專職媽媽呢？……（這個時候，我才發現我的身分還眞不少！）也許他們都很有心，可是我所不了解的是，如果這些人不能爲自己「定」下一個標準或讓自己的作爲有一個基本的根據，那麼他們又該如何去服務別人呢？

我絕不是看不起這種人，只是我覺得很奇怪，他們既然可以爲人服務，爲什麼就不能將自己服務別人的那一套用在自己身上呢？也許吧！就像我常說的，自己是自己的「盲點」。可是話又說回來，如果這些人的理論自己不先實行看看的話，又怎知親身實踐的結果會是什麼樣的一種體會呢？他們的理論基礎符合現有的法律嗎？符合一般的風俗民情嗎？還是只是爲了迎合對方，替自己也替別人找藉口呢？我所擔心的是他們所提出來的理論基礎，自己都覺得有破綻有疑問，都不知道是否能夠前後如一左右貫通，又怎能期待別人能從他們的理論中獲得新生呢？

更嚴重一點的是拿別人的生命開玩笑，不勸對方去看醫生，只是一味的希望、一味的迷信自己的通靈本事、符咒效力、法術功夫、算命能力……，可以救回對方的生命。這些「同行的」知道嗎？如果自己沒有把握而只是迷信老天爺的能力，如果因此而耽誤了對方就醫的時間，那麼這些「同行的」，所該承受的因果就如同害死一條生命一樣，絕對是要為此付出代價的。為什麼呢？很簡單！老天爺絕對有好生之德！絕對不允許用「開玩笑」的態度對待生命！

舉個例，如果說對方有偏財運，那麼請問該勸他去簽六合彩呢？還是簽樂透呢？還是買股票呢？這個答案倒是不難，因為六合彩在台灣是不合法的，所以自然就會被剔除。我常說——「千萬不要迷信」，那麼我自己就絕對不能迷信，也就是說當我不迷信，而又能夠照樣過日子時，我才可以確定真的是不需要迷信。

我個人以為在修行的這條路上，不是宗教派別不同、法門不同、師父不同等的問題，也不是修行層次高低的問題，更不是理論玄不玄、有沒有道理、適不適用、有沒有聽懂的問題，而是做了多少、實際做了多少的問題。常聽有人說他修到了第幾天第幾果位，這又能夠代表什麼嗎？就算他能夠不吃不喝不睡，他能夠長生不老永不死亡，還不是照樣要過日子！照樣要守法！

當然也可以有另一種解釋，那就是——我很沒有包容心，很沒有進取心，不知道向別人學習。

這倒也是眞話，自從我通靈之後，只去過一個地方，那是在松山附近的「觀落陰」。那一次我們三個會通靈的好友覺得我們應該去看看別人是怎麼通靈的，於是按址找了去（那個時候電視節目大力推薦這個地方）。三個人因爲是臨時起意的，所以掛不到號，只好和其他掛不上號的人從一開始就一直站在後面很有禮貌的觀看著。據說在短短的一、二十分鐘內，在場有緣的人就可以進入狀況，可是我們去的那一次，師父們已經唸經唸了一個半鐘頭，卻一直沒有人進入狀況。

師父是每隔三十分鐘休息一次，直到第三次休息時，我們才順手拿起旁邊的一本書翻閱著，書裡頭有一頁是關於觀落陰的注意事項，其中有一條寫著——「現場如有會通靈的人士可能就會影響觀落陰的進行。」天啊！怎麼會這樣呢？還有什麼好說的呢？我被推爲代表上前去向師父道歉：「師父！眞是對不起！我們不知道有這種限制，偏偏我們一來就是三個通靈人，害得你們觀不起來，眞的很對不起，我們馬上就走。」

第二次再去時，我拜託先生和我一起去，先生並不會通靈，他也只是站在後面觀看。我在佛前拜拜，我是這麼說的：「菩薩！我不是來攪局的！我是眞心來見識的！您就行行好！把我變成普通人就好了，我絕對不是來搗蛋的，您就讓我開開眼界吧！」於是我故意坐在第一排，蒙上了眼……。這一次我看到了，看到了韋馱菩薩，還看到了金剛杵和金剛鈴，其他一般人常看到的什麼樹啊、花啊等等，我卻一樣也看不到。

各位，您說說看嘛！我該如何呢？又能夠怎麼樣呢？別人可以到處去見識、去觀摩，我卻擔心耽誤了別人而不敢登門拜訪請益。甚至於連路邊的測字攤、算命攤……我一概把錢給省了下來，因爲我覺得有關於自己的問題還是應該自己想辦法解決才對。我不想浪費金錢，也不想去踢別人的館子，更沒有想過和其他「同行的」一較高下，所以這麼多年來，就這麼一次。

還有一樁更不可思議的事，說來讀者一定又會認爲我自以爲了不起，但是我說過，我願意將自己的經驗寫出來和讀者一起探討，所以您會怎麼想，那是您的事，我不介意。通常我們總是勸人家要多唸佛——「南無阿彌陀佛」、「南無觀世音菩薩」、「南無地藏王菩薩」……，唸到一心不亂。可是您知道我有多可憐嗎？我居然不敢唸佛。不要存疑！眞的如此！

我不敢誦唸佛號！

自從通靈開始，喔！不對！是從通靈前不久開始，我就注意到，似乎只要我誦唸佛號，祂們就會來。就像我稍前在這章所提到的，一下子來了達摩，一下子來了濟公……。注意到這個現象以後，我就可憐了，我不敢誦唸佛號，我怕祂們收到我的訊息，啪的一聲就飛來了，發現我沒什麼大不了的事……，那我豈不成了「放羊的孩子」。

從此以後，如果不是絕頂重要，我不敢唸佛號，就連動個念頭都要盡量自我克制，實在受不了的時候，也只敢唸六字大明咒。關於這一點，相信您一定很難想像，但是就算您不相信，我也不會想要誦唸佛號證明給您看。我只想在眞正無助的時候，才請祂們幫忙，這就是我的個性，很倔也很不可理喻。

直到九十一年二月九日在高雄凱旋醫院做腦波實驗時，我才將這個「誦唸佛號」加入了我的實驗項目。結果是什麼呢？有沒有讀者想要猜猜看？答案是六個字！我誦唸的是「南無阿彌陀佛」六個字，我實驗的感覺也是六個字——「一發不可收拾」。

我把「金字塔」也列入了實驗，我將它想像成是個「收發器」，我很認真的觀想著金字塔。才一下子，我就「被電到了！」金字塔從我的頭頂往下鑽，一直鑽，一直鑽，一直鑽到我的腳底，變成了像一個成人般大小的金字塔，把我整個肉體給占據了，我像個金字塔般的矗立著。

問：一般修行的人總是要我們多聽聽內心的聲音，照著那個聲音的指示去做就對了，就連國外的通靈者也是這麼說，請問你的看法如何？

答：所謂內心的聲音，我想可以說是「第六感」、「直覺」，就是「另一個我」。我也曾經有過這種經驗，「感覺上」是耳朵聽到聲音，但是聲音卻又是從心窩裡發出來，而且一句接一句，很快很大聲很清楚，你根本不知道什麼時候會結束。那個聲音通常是我在看電影的時候出現的，所以電影的情節對我來說，總是有一大堆的空白。至於是否應該照著那個聲音的指示去做，我個人倒是抱著存疑的態度。

舉個例來說，如果我發現自己喜歡上一個男人，也正爲此事而苦惱之時，這個聲音來了，它清清楚楚地告訴我那個男人也正愛戀著我，它要我去接受這一份感情，不要害怕，甚至於它還轉述了對方的心意，這時候，我該怎麼辦呢？如果照一般的說法，那就是大大方方去接受就是了。但我不以爲然，我覺得這正是一個「魔考自己」的最佳時機，用自己來考自己，很高招的一種考試方式，根本就不用去管到底是誰在出題。

第六感或直覺固然很珍貴，但也就是因爲它的珍貴而讓我們失去了理智，失去了作判斷的智慧。再回到前面的那個例子，我覺得，當聲音出現時，首先我就應該知道，我自己是眞的對這個人動了眞感情，而對方也許也是如此，因爲連內心深處的另一個你也感受到了。這時候，我必須讓自己冷靜下來，好好思索前因後果，想一想當時的處境，我有沒有婚約在身呢？對方有沒有婚約在身呢？孩子怎麼辦呢……。該想又可以想的實在是很多很多，如果想讓自己做個了斷，而對方卻又做不了決定時，那麼主控權不就是在我這邊嗎？這樣你懂我的意思嗎？

當內心的聲音出現時，不妨先讓自己冷靜下來，看清楚當時的處境，利用自己的智慧或參考別人的意見之後，再作出最佳的判斷。我承認內心的聲音眞的是非常可貴的，但是千萬不要被它所騙了。如果一切都照著第六感，照著直覺去做，那麼請問您，我們來轉世做什麼呢？我們又何必學一大堆有的沒有的呢？我們和一般的禽獸又有什麼不同呢？

問：平常的生活中，如果你碰到了問題，祂們都會教你怎麼做呢？

答：對不起，我知道你問這個問題的意思，可是我的答案可能會讓你很訝異也很失望。平常生活中，如果我碰到了問題，坦白說，我總是在這個緊要的關頭把祂們給忘了，這個時候的我，非常自我，滿腦子就只有我自己的想法，根本就容不下祂們。

再說白一點，我會通靈，但是通靈對我自己的生活一點「幫助」也沒有，因爲我從來就不曾動用過這種特殊的能力來處理自己的事情，就算是教育孩子、夫妻間有了瓜葛、經濟出了問題……我也都是用我自己認爲對的方法去處理。

也許您不相信，但是，事實就是如此，平時只要是我對人或對事任性了點，祂們就會馬上處罰我，祂們絕對不會說對方的不是，所以如果我碰到了問題而想請教祂們，答案應該是——「很簡單！自己想！」這也眞的是很簡單！

我深切了解到「善有善報，惡有惡報，不是不報，時間未到」，我也明白「命運絕對不是個定數」，所以我相信在人生的旅途中，我有相當的空間可以去努力去改變，我不奢求最後的結果爲何，我只反省自己是否盡力。因爲我會通靈，而我卻是如此，所以我很不明白爲什麼會有那麼多的人想要找我「問路」。

有時候，我常會有一個很怪異的想法——我還是個人嗎？

也許吧！也許就是我這種不輕易驚動祂們的個性，所以祂們願意請我幫忙做翻譯。心存正念，不貪不取不求，認眞的度過每一個老天爺賜與的日子，就這樣！很簡單！

很多人說：「陳老師，你的腦袋瓜眞的很奇怪！好像裝了好多好多的東西。」

也有很多人說：「你這個樣子其實就是佛經裡所說的顯現神通。」

但是，有個人說：「陳老師，菩薩藉你的身體顯現神通，可是你知道嗎？祂們眞正的用意是什麼呢？讓一般人能夠輕易的看見神通的存在，其實，它就是危機來臨之前的一種警惕，一種啓示。你難道沒有發覺在台灣這個小小的島嶼上，絕大部分的人，做人處事都失去了準則、失去了方向嗎？似乎所有的人都存著無所謂的心態在過活。你說，可不可悲呢？」

一旦走上通靈這條路，如果一切正常的話，很可能就是一條「不歸路」，您如果也要跟進，還是一句話——「請三思」。因爲我個人的經驗，基本上在實質面而言，並沒有遭遇到經濟或家庭或身體上的任何苦難，有的也只是我內心的掙扎與轉變過程而已，更何況一路上我還碰到了好多好多的貴人相助，和大部分的通靈人士比較起來，我敢說我一定是最幸運的一個。

如果因為我的出書，而引起了您對通靈或通靈人士的興趣，我害怕您可能會以偏概全而引起了誤解，所以我建議您不妨多看看別的通靈人士所遭遇到的痛苦，尤其是在實際的生活層面，必須要直接面對的難題或抉擇，這一方面是我無法提供給您的資料。如果我能給您一個建議，我會說——「豈能盡如人意，但求無愧於心」。

請記住一個非常重要的觀念——態度，請對您自己的良心負責，當您閉上眼的時候，不一定要「無憾」，但一定要「無愧」。

通靈與催眠

就這麼簡單的兩個字：「不屑！」讓我難過、懊惱了許久，爲什麼我就不能稍微美化一下祂們所示現的字，爲什麼我就必須要如實地照樣翻譯不可呢？更何況對方是這麼有心來參加台中的讀書會，這麼有誠意的想和我交換心得。爲什麼祂們非要用「不屑」這兩個字來收場呢？我眞的覺得非常非常抱歉！是我的錯！

自從美國的布萊恩・魏斯醫師出版了《前世今生》與《生命輪迴》這兩本書之後，台灣掀起了一股催眠風，也讓因果的理論用另一種較爲科學的方式加以證明，那是催眠醫師的臨床經驗談。而我的第一本書《如來的小百合》中所寫的一些例子，是我這個通靈人所碰到的另一種因果經驗談，只是我的例子比較難以讓外人相信，一來是因爲我的身分背景，二來是我從不錄音不記錄，三來是我也沒有做後續的追蹤工作。所以如果依照科學的方法，要我必須拿出證據證明，那眞的是比登天還難。

不過，就因爲我不想騙人，也不是個輕易放棄的人，於是我綜合了自己的經驗，加以分析、歸納，再加上祂們的協助，整理出了〈黑盒子〉與〈超級電腦〉的理論。

爲什麼我要多此一舉呢？爲什麼不多寫幾本因果的故事讓讀者看看就行了呢？我個人以爲，如果只是「說故事」只是「舉例」，而缺少了眞正的中心思想，那麼縱使枝葉再茂盛，缺少了中心的主幹，看起來總是覺得怪怪的，覺得站不穩的感覺。

所以無論如何，我要求自己一定要找出能夠讓自己也讓他人信服的一套理論，爲的就是想讓那一些沒有錢去做催眠、算命，又沒有時間沒有機會去問因果，心裡徬徨不知所以的人，有個可以稍微參考的指標。當然了，絕大部分也是爲了破除坊間一些莫須有的迷信，讓一般人深刻體會命運眞的不是定數，命運眞的是掌握在每個人自己的手上。如果他是個眞正有心想學好的人，那一點都不難，但是如果他是個想行壞的人，我也想告訴他提醒他：「天不知，地不知，但是你自己的黑盒子絕對統統知道！」

從「催眠」的角度來推測因果，和從「通靈」的角度來研究因果，這當中有什麼關連呢？又有什麼區別呢？各位您不妨先動動腦想想看。（這一章所說的純粹是我個人的經驗，至於別的通靈人是否和我有相同的看法，我並不了解。）

如果根據我的理論，每個人都隨身帶著自己的黑盒子，黑盒子裡的第一卷錄影帶裡就有一部分是全部關於因果故事的檔案（請參考《如來世3——因果論一》的〈超級電腦〉那一章）。如果是利用催眠的方法，那就好像是自己進入狀況，自己看到黑盒子裡的因果資料；而通靈的方法，是祂們代替各位去調出資料，然後示現給我看，我再解釋給各位聽。

利用催眠的方法，似乎被催眠者可以比較詳細看到事件發生前後的完整畫面，以及清晰看到四周圍的景象。而通靈人所看到的（以我而言）通常只是一、兩個簡單的畫面，只有主題或是重點，其他的都被省略掉了（也許祂們是為了避免我被其他的細節所影響而做出錯誤的推斷）。因為當事人想知道的是「人與人之間」的因果關係，至於那個因果是發生在什麼時代什麼地方，各位，您覺得重要嗎？

但是站在科學的角度，確實是可以根據這些周遭的景物或條件，逐一去調查去印證的，只是我沒有選修這個學分。很多的事實，經過時間與歷史的變遷，多年後往往無從查起。就像「鐵達尼號」，請問，當日沉船的眞正原因，如今有人知道嗎？就算是文獻上有記載，可是又有誰能夠保證，那一段文獻記載是被「忠實」記錄的。

催眠的後遺症

在這一個階段裡，我想探討的是，不經過催眠，不藉由通靈者，一般的人是否可以很輕易看到自己過去世的因果呢？因爲有很多人就是想要知道自己過去世的因果而努力修行的。可是如果眞的能夠讓我們很輕易就知道過去世的因果，那可能會有什麼後遺症呢？各位不妨回頭參考《如來世3——因果論一》的〈命運是定數嗎？〉那一章。再仔細想一想，老天爺之所以不讓我們很輕易就知道自己過去世的因果，祂所秉持的理由，我個人以爲還是滿有道理的。

其次，我們再來探討債權人與債務人的關係。這是非常關鍵性的一個重點，看完這一段，讀者自己試著動點腦筋多想幾個例子，就很容易明白了。我就先舉個例子做開頭吧！

假設有一對夫妻，做先生的動不動就打老婆、罵老婆，老是拿老婆當出氣筒，做妻子的實在是怎麼想都想不通，自己又沒有做錯什麼事，爲什麼會遭到先生如此的對待。於是她自己一個人去做催眠。在催眠的過程中，她看到了原來在某一世裡，她惡意殺死了那一世裡的鄰居，而在這一世裡，這個被殺死的鄰居轉世來成爲她的先生。很淸楚的，她知道是因爲過去世的關係，害得她這一世必須如此，也許在催眠出來之後，她「認」了，也比較能夠忍受先生的無理打罵。

但是，這個先生自己也覺得很奇怪，明明老婆就很好，連外人也一致公認她是個好太太，可是自己卻不知道吃錯了什麼藥，每次看到太太就滿肚子火，就想出口罵她、出手打她。做先生的也很痛苦，想不通爲什麼自己會有這種不理性的行爲，於是他也偷偷的去做了催眠。不看還沒事，看了之後，也許「變本加厲」而已。

爲什麼呢？如果催眠師當場沒有做合宜的開導，回家之後，做先生的也沒有好好的思考一下，那麼下一次當他動口傷人、動手打人時，就更有理由了：「誰叫你上一世惡意殺了我！是你欠我的！是你自己活該，欠扁！欠揍！」

同一個因果，卻因爲不同立場不同角度的人分別去做催眠，讀者您仔細想一想，是不是有可能會產生我前面所說的後遺症呢？這眞的是值得我們三思的。可是有關催眠的書籍似乎都很少提到這一點，難道是因爲都沒有所謂的「債權人」去做過催眠嗎？還有，難道這一世裡受苦受罪的一方就一定是債務人嗎？

在這一方面，我個人的看法是——第一，如果我們不知道因果，或者是我們沒有機會做催眠，難道我們就不能假設這些好像是債權債務的關係問題，其實是跟過去世完全沒有一點關連，一切都只不過是從這一世，從「零」開始的。第二，我們也可以假設之所以看起來像個債務人，是因爲我們自己「許願」要來「渡化」這個看起來像個債權人的人，只不過採用的也許是「以柔克剛」、「以忍爲貴」的法門而已，我們並沒有在還債，相反的，我們是鴨子划水似地在行善。很多菩薩的乘願再來，也是如此！如果是這樣，不知道在催眠的狀況裡，這位轉世的菩薩該會是看到什麼樣的景象呢？難道會是一片空白嗎？也許吧！

我的答案是——「這個人根本就不會去做催眠。」就是少了這一類人的催眠資料，所以利用催眠方法研究因果的結論，才會讓人覺得好像少了一角，有點不夠完密的感覺。

接下來，也是個大問題。通常催眠師會勸在催眠狀況中的「債務人」向當時的「債權人」道歉說聲對不起，請對方原諒自己的錯誤行爲。我絕對相信，一旦催眠結束，債務人多多少少會自覺慚愧，也許會有好一陣子對這一世裡的另一個當事人，做些「還債」的動作或行爲，也許就眞的徹徹底底的「認命」，在有生裡還清了該還的因果債務。可是我也相信會有一部分的人會以爲——「我既然花錢做了催眠，又在催眠狀態中向對方道了歉，那麼這個因果債務，應該就可以算是還清了吧。」

當然了，催眠師一定不會這麼說的，但是也一定會有轉不過來的債務人天眞的以爲——「只要在催眠中說了對不起就天下太平了。」用簡單一點的方式想想，如果這麼有效，那麼有錢的人統統去做催眠，沒錢的人又該怎麼辦呢？豈不是永遠沒有翻身的機會了嗎？

想想看，一定是生活上遇到了「對手」遇到了「債權人」才會覺得痛苦、才會想要去做催眠，那麼，淸淸楚楚的，這個對手或債權人不就是已經活生生轉世在您的身邊了嗎？您不去向「活人」道歉，卻去向不知是什麼「形象」的「人」說聲對不起，恕我不客氣的說一句話：「天底下沒有這麼便宜的事。」如果我這麼說，您的腦筋還是轉不過來的話，我就用舉例說明好了。

朋友惡意倒債欠你一千萬，他不想拿錢還你，卻想盡各種辦法，什麼辦法呢？利用託夢的方式，他進到你的睡夢裡，很誠懇的向您說：「對不起！我錯了！」您會因爲一個夢境，就原諒了朋友嗎？就甘心平白損失這一千萬嗎？也許您是寬宏大量的，可是，我就沒有這個肚量。如果這個朋友強暴了您的太太，殺死了您的兒子，您又會如何呢？

我們常說「好漢做事好漢當」，爲什麼一般人就不會把這句有骨氣的成語應用到「因果」這個地方呢?做錯了，該有的懲罰就接受，有什麼好拐彎抹角、強詞奪理的呢?角色互換一下，馬上就能夠明白。

通靈人如何解析因果

反過來，如果您是個理智的人，您應該會反問我一個問題：

「陳太太，那麼你這個通靈人看到這種有關因果的畫面，又該如何解釋呢？」

（我喜歡這種追根究柢不輕易被我的理論拉著走的讀者，只有讀者們的反駁，才能夠刺激我的成長，所以歡迎各位的挑戰，大家就事論事。我和各位一樣，也非常想要探究宇宙間的眞理，我不希望被送到杜鵑窩，更不希望被列入迷信的名單裡。）

是的，既然假設「黑盒子」、「超級電腦」的理論存在，那麼也許我和做催眠的人一樣，能夠看到黑盒子裡有關於過去世的因果畫面，再假設所看到的畫面「眞的是一模一樣」，那麼又該如何處理呢？

一種是各位您自己看到，一種是我代替各位看到，看到了相同的畫面，畫面上甲強暴了乙的妻子（假設爲丁），又殺死了乙的兒子（假設爲丙）。在這個案例裡，我只解釋甲和丁的因果關係。至於乙的兒子，我們暫不討論，就留給各位讀者自己練習編故事。

如果您是甲，那麼我當然會將眞正的前因後果說得很清楚，我一定會很強烈的要求您改過，並且還會一再強調，萬一您不接受該有的懲罰，後果可能將會是如何如何。如果當時我夠狠的話，也許我還會告訴您，有關於另一個債權人丙的因果故事，讓您有個心理準備。沒辦法，這個時候的我，就變成了一個非常嘮叨的巫婆，苦口婆心的希望您在這一世裡就能夠將債務全部淸償完畢。

如果您是丁，在這一世裡，老天爺把甲「賜」給您當作您這一世裡的先生（也就是說強暴犯和被強暴者在這一世裡成了一對夫妻）。那麼我也許會先問您：

「妳和妳先生在一起辦事的時候，是不是有時候會覺得心理非常非常的痛苦，一種莫名的心痛，總覺得是在受傷害，而不是在享受魚水之歡。可是偏偏妳先生又對妳百般體貼，根本就是沒得挑剔的好好先生。」

各位，注意到了沒有，這一位原是債務人的先生，在這一世裡，對太太是全心全意的愛著她、照顧著她。

這裡有一個前提，我必須先說明一下。這個甲必須是在轉世的過程中，知道自己在哪一世裡做錯了，不應該強暴丁，於是他抱著心甘情願的還債態度來轉世的。

當然也有可能會有相反的情形發生，也就是說甲那一世死後，根本就不覺得愧對丁，那麼老天爺也許就會讓甲轉世變成女的，丁轉世變成男的，並且成了夫妻，如此一來的辦事過程，也許作爲太太的就必須每晚忍受先生的性虐待，又無處可訴。對不起，這只是舉例，拜託！請不要自行對號入座。

讀者您會懷疑老天爺是不是瞎了眼，還是睡著了呢？怎麼可以做這種安排呢？

不要懷疑，眞的！我就碰到過這麼一位女士，她淚流滿面：

「陳太太，妳不知道，我快瘋掉了，我很氣我自己怎麼會這個樣子，我覺得很對不起我先生，我喜歡我先生，可是每次和他在一起辦事的時候，我就心好痛好痛，好想大哭一場，我眞的不知道爲什麼會這樣！這種現象已經有六、七年了，我快要崩潰了！」

各位，如果這位女士去做催眠的話，如果讓她自己再親眼目睹自己被強暴的經過，您以爲如何呢？您忍心讓她再受一次傷害嗎？在催眠的現場，催眠師又該如何安慰她呢？出了催眠狀況，她「走得出來」嗎？

我是這麼告訴她的，這也是祂們教我說的：

「太太，我調到的因果，妳曾經被妳先生強暴過，所以在這一世裡，只要是妳和妳先生在辦事的時候，潛意識的妳，就會回到過去世被欺負時的心理狀態，於是自然就會影響到妳的情緒。所以，第一點，我要告訴妳，妳並沒有瘋。再來，能夠在潛意識裡，存在著過去世的某些記憶，一般來說，這個人累世的修行必須是不錯，才有可能會如此。所以，第二點，我要恭喜妳，妳的修行很好。第三，妳再想一想，既然修行不錯，為什麼還會被人強暴呢？」

女士不語，我想她當然不太可能會猜想得到答案，包括我自己，如果祂們不說，我也絕對猜不到。

「祂們說，在那一世裡，妳先生（甲）到朋友（乙）家喝酒，兩人喝得很痛快，朋友因為沒酒了，於是外出再買，妳先生因為酒醉亂性，趁著朋友外出的時候，無意識間強暴了妳，男的力氣很大，妳無力抵抗。碰巧這個時候，妳兒子回來看到了這一幕，於是兩個男人扭打了起來，妳這一世的先生又失手打死了妳那一世裡的兒子。雖然這個強暴犯兼殺人犯，那一世裡就已經被司法機關判了死刑，但是那只是人世間的處罰而已，至於老天爺的處罰現在才開始。」

「問題是，妳是個累世修行得很好的人，而妳這一世裡的先生又有心來還債，於是老天爺就利用這個因果關係繼續來考驗妳，祂們故意讓妳變成好像是債務人的角色，看看在這個迷亂的人世間，妳自己有沒有智慧去悟出『冤冤相報何時了』以及『冤家宜解不宜結』的道理。」

「祂們告訴我不要再告訴妳太多，因爲妳的修行很好，所以這是個魔考，如果妳考得過，就可以往上跳過好幾級。加油！我知道妳絕對辦得到的，只是時間的長短和悟出多寡的差別而已！我祝福妳！如果妳有問題，不要客氣，隨時和我聯絡，我很願意幫助妳，因爲如果妳走得出來，祂們說我也可以跟著記功。」

她一直和我保持聯繫，我親眼看著她改變，眞的很不簡單。正如她自己說的：

「我比任何人都還能夠體會得到那種被強暴的椎心之痛，所以我非常心疼那些被強暴的女孩，尤其是被輪暴的女孩，那種無助的痛苦也許將會和我一樣，到了下一世還能夠淸淸楚楚感受得到。有心的社會人士應該正視這個現象，而我也認爲應該加重強暴犯的刑責，因爲不管他是在何種狀況下做了這種事，受傷害的永遠是另外一個人。」

「我學著改變我自己的心態，既然在那一世裡，先生不是惡意，在這一世裡，他又有心還債，對我那麼好，那麼我爲什麼就不能給對方一個改過向善的機會呢？就算是菩薩騙我的，我也應該要學會用各種方法去試著改變我自己，走出過去世的陰影。陳太太，請你告訴菩薩，我不再往後看，我會學著向前看。」

這位女士過去世的因果故事以及這一世裡的親身體驗，遠比我所描述的更富戲劇性，基於尊重當事人的要求，我稍微美化了前因後果，也簡化了她的心路歷程。

讓我們一起祝福這一位勇敢的女士。

前面的這一個故事很長，但是非常值得我記錄下來。從這個故事裡，各位就可以知道，一個催眠師，一個通靈人，不管他們的功力如何，但是他們爲人服務的心態以及服務的技巧卻非常重要。通靈人也許可以稍微修飾一下內容，讓當事人較容易心平氣和接受老天爺的安排；而催眠師就比較不容易掌握狀況。

但是，如果當事人直接進入催眠狀況中所得到的「教訓或啓示」，我想那一定比通靈人所轉述的方式，更加令人終身難忘。例如有個女孩，當她走夜路的時候，常常會莫名其妙的感到緊張感到害怕，家人都不能諒解她，還罵她是——自己心裡有鬼，於是她去做了催眠，想爲自己的行爲找到一個合理的答案。

原來在某一世裡，她被強盜們追趕著，逃亡的時候，她不斷往後看，生怕自己被他們發現。很悲哀的是，她還是被抓到了……。各位想一想，經過催眠後的她，難道從此就不再害怕走夜路了嗎？還是會更加的害怕呢？

另外我們也可以這麼懷疑，是不是也有可能被催眠的人「自行」進入「遐想」、「夢想」、「幻想」的境界，而催眠師並不知情呢？

是寶物也是致命傷

台中的這位催眠師又告訴我：「我曾經替通靈人做過催眠，通靈人告訴我，他有個寶物放在天上忘了拿下來，我幫他催眠讓他回到了天上，但是到了最後一關的時候，這個通靈人卻自己起來了，我問他爲什麼要把眼睛張開，通靈人說他被菩薩趕了下來。當然了，我想，這也有可能是這個通靈人犯了『貪念』，所以才會被菩薩趕了下來。陳太太，你認爲我能不能和通靈人合作，去開發一般人的靈性呢？」

就在這個時候，我的眼前現出了兩個字——「不屑」，偏偏我又是那麼的直來直往，我說了：「其實曾經也有催眠師想要和我合作，您想知道我的答案嗎？我的答案只有兩個字：不屑。」我是個相當沒有禮貌的人，至少在當時，的確是如此。

什麼叫做開發靈性呢？我不清楚。我眞的是不懂這些專有名詞（難怪我一直進不了學術界的大門）。我還告訴他：「我不知道這個通靈人爲什麼要回去拿他的寶物，我只知道我的寶物，都是菩薩祂們自己送下來給我的。」這種話任何人聽了，都會覺得我這個人好傲（事實上，我自己也常有此感覺，所以盡量在改進），之後，我再也沒有多說什麼了。但是在這裡，我要繼續說下去。

不是開玩笑！是眞的！對您所不太了解的靈異世界，千千萬萬不要貪戀，您以爲是寶物的東西，也許就是您的致命傷。這是我的秘密，事到如今，非說不可了。

那場讀書會結束之後的隔天，一夥人聚在咖啡店裡聊天，談到催眠的種種，突然另一位看得到的通靈朋友說：

「奇怪了！怎麼有一隻蜈蚣這麼漂亮！」

「在哪裡？」

「在陳太太的身上！」

這個時候，我也看到了，那個畫面呈現在我的眼前大約一公尺遠的地方，我沒有看到一整隻的蜈蚣，我只看到了「一節」的蜈蚣而已，深咖啡色的，表面好亮，大約比我的拳頭還小一些（手背但不包括手指的部分）。

「奇怪了，祂們送你一隻這麼大的蜈蚣做什麼呢？」

「我剛開始通靈的時候，祂們就送給我了，那時候不到二十公分長，牠就盤在我的右腳踝上。」我站了起來，用手在右腳上指出牠原來的位置。

「我怎麼從來就沒有聽你說過呢？」

「我從來就沒有向任何人提起過，事實上，我也已經好多年都忘了牠的存在。牠現在在哪裡了呢？」

「牠就直直地在你的右腳上，咦？祂們給你蜈蚣做什麼？」

「祂們說，蜈蚣是很毒的昆蟲，放在我身上，萬一有人要欺負我，那麼我的蜈蚣就會攻擊對方；萬一我自己做錯了，那麼蜈蚣就會從腳踝慢慢往上爬，爬到我心臟的部位，把我給毒死。所以，我怎麼敢告訴別人說我自己身上就帶著一隻蜈蚣呢！很多人羨慕我，卻不知道我的日子是戰戰兢兢，隨時都有致命的危險。」

您是知道的，依我的個性，我怎麼可能會被祂們這麼輕易唬過呢！既然我看到了，朋友也看到了，那麼好戲上演，大家等著瞧。在回家的路上，我突然想到了這一件事，顧不得開車不能用手持式手機的規定，馬上打電話給朋友。

「喂！你看到的蜈蚣，有多長呢？我的意思是用人世間的標準，這隻蜈蚣到底有多長呢？」

「嗯，我想想看，大概有三呎長。」

「如果是三呎長，那麼差不多就是九十公分了。」

「你問這個幹什麼？」

「我只看到了一節而已，差不多比我的拳頭小一些，也就是說每一節差不多是六、七公分。沒什麼，我想印證一下而已！」

回到家翻開《動物百科全書》，找到〈節肢動物〉那一章，上面有照片，也有說明——「蜈蚣，雖然又名百足蟲，但是每一隻蜈蚣，大約都只有十五對足，每個體節有一對足。」算一算，每一體節六公分乘以十五個體節，等於九十公分，九十公分不就是等於三呎嗎？這就是我對自己通靈能力的態度。我不願意被祂們騙，我也不願意騙別人，這麼簡單而已，很多事，用點腦筋就可以找出答案的。

九年前，牠不到二十公分，九年後，牠三呎長了，我相信想攻擊我的人可能要花點力氣，但是，一點都不難，因爲，蜈蚣離我的心臟更近了。有心想傷害我的人，只要能夠讓我「心貪」就行了，根本就無須動手。各位讀者，我的這種「寶物」您想像得到嗎？我沒有請祂們賜給我，我想我也不是忘了拿，而是祂們不經過我的同意就自作主張送給了我。「寶物」，也許其他的通靈人想要越多越好，對我來說，一個就怕到了。

我把話題給扯遠了，我們再來談談最後一個觀念。有些催眠師會要當事人在催眠狀況中，到「未來世」去看看將來的情形。舉個例，催眠師教債務人回到過去世誠心的向債權人說聲對不起，請對方原諒，然後，再指導被催眠者到未來世看一看，看看在不久的將來，也許是三、五年後，債權人、債務人彼此間的關係，是否會有所改善。

催眠師當場將催眠者所描述的未來世情形加以記錄下來，等到相關時間到的時候，再拿出來做比較與印證。這原本是個很科學的追蹤印證方式，但是，往往事後的事實情況與催眠時所看到的並不見得會完全一樣。催眠師自己並沒有從這個迷惑中繞出來，他們只是一再地重複做不同的實驗，想要從概率中得到些許的答案。

我相信，任何一個讀者都可以告訴催眠師，他們苦苦追求多年的答案是什麼。是什麼呢？對！完全正確！請他們去看看《如來世3——因果論一》的〈黑盒子〉、〈命運是定數嗎？〉這兩章。

所有的答案都在那裡。這就是祂們「不屑」和他們合作的原因。話雖如此，但是我們也絕對不能就因此否定了「催眠」在其他方面的所有貢獻。

通靈與辦案

好友在電話中很愼重的對我說：「你看看，尹清楓案、劉邦友案、彭婉如案，這三個大案子拖了這麼多年沒破，又耗費了那麼多的社會成本，難道你就不能想想辦法嗎？」天啊！又來了，他以爲我是誰啊！其實有很多來問事的人也會對我說類似的話：「陳太太，你請菩薩趕快想想辦法，不然的話，台灣眞的是要完蛋了！」

就算我是阿拉、是耶和華、是釋迦牟尼佛、是瑪麗亞、是玉皇大帝……所有諸神佛眞主的「老闆」好了，我能夠插手嗎？我有本事插手嗎？

這個問題問得可眞好，各位不妨好好的想一想，從各個宗教的觀點來著手，想想看，有哪一種宗教的教義或理論，可以幫得了忙。大家集思廣益，不見得是爲了想要破案，想要救這個國家，至少讓我們能夠更深一層的去探討宗教的眞諦，那也是値得的。

「難道你就不能想想辦法嗎？」
「我有什麼辦法好想的。」
「你可以跟菩薩說，拜託祂們想想辦法！」
「你這個人很奇怪，菩薩怎麼會有辦法呢？」
「菩薩怎麼會沒有辦法，連孫悟空都逃不過了，菩薩怎麼會沒有辦法。」
「先生，你到底在說些什麼啊？我有聽沒有懂。什麼孫悟空的，你到底在講些什麼啊？」
「我沒有說錯！孫悟空都逃不過，不是嗎？」我終於聽懂了他的意思，原來他少講了下一句「孫悟空都逃不出如來佛的手掌心」。喔！「如來的小百合」，難道他是想利用我這朵小百合，去說服如來佛嗎？
「拜託！先生！你要搞清楚！如來佛與孫悟空是民間故事，而你說的刑案是在活生生的人世間。這兩者差太遠了吧！」我眞的被弄得啼笑皆非了，可是對方是很認眞的。
「你可以跟菩薩說，叫這些兇手自己出來自首。」
「我聽不懂你的意思，怎麼個自首法？」

「你只要叫菩薩想辦法，讓這些兇手心理覺得很不安、很痛苦，不出來投案就無法安然入睡，這樣就行了。」

「是啊！我有夠笨！我怎麼從來就沒有想到過這種方法呢？等一下，不對！這個方法有點不太對！」

「怎麼不太對呢？」

「你想想，哪一個被害者的家屬不是到廟裡面去燒香拜拜，對著菩薩說，菩薩你要保佑讓警察趕快抓到犯人，不然的話，菩薩你也要保佑讓兇手自己趕快出來自首投案。大部分的家屬如果不是到廟裡面拜，就是在被害者的靈堂前拜拜。可是你看看，有沒有用呢？根本就沒有用嘛！」

「那不一樣！」

「爲什麼呢？我不懂你的意思，那有什麼不一樣呢？」

「那些人說的和你說的，當然會有不一樣。」

「爲什麼？你的話實在是有夠奇怪！」他的話，我眞的是越聽越胡塗了。

「因爲你會通靈啊！」我被打敗了！我投降！

以上的對話，純屬事實，絕非虛構。各位讀者，可別把我給神化、給偶像化了。還好這一位朋友和我太熟了，我知道他純粹是因爲太關心國家大事，所以才會如此「想入非非」的，我可以體會得到。

不要忘了，我不是祂們，我也沒有任何的法力，我只是個翻譯的機器而已，最多再加上一個醉人的迷湯——「我會幫別人洗腦，如果給我充分時間的話。」別人對我說話的時候，可以假設祂們就站在我旁邊，那麼你說什麼，祂們也應該會知道什麼，我在聽，祂們也在聽，而且祂們一定還聽得比我認眞。

但是我所了解的祂們，很害怕聽那種所謂長篇大論式的敘述，「拜託！簡潔扼要，說重點就好！」相信很多人都知道這是我常說的一句話，爲什麼呢？總得先說出重點，讓祂們有時間把資料調出來再討論吧！所以，該長篇大論發表演說的人應該是我才對。好了，你有你的請求，你的希望，你對我說了老半天，但是我絕對沒有辦法幫你一點忙，要不要幫你忙的，不是我，是祂們；能不能幫你忙的，不是我，是你自己。懂了嗎？

也許你會這麼說：「你不是可以跟祂們抗議、跟祂們要求嗎？」是啊！我是可以這樣，但是這有一個前提，那就是我要求、我抗議的事項，都是祂們自己在這之前主動來告訴我、允諾我的，我只不過是再次提醒祂們注意一下祂們自己曾經說過的話，至於祂們是否要繼續履行祂們的諾言，我也沒轍。再說，我又無法證明到底是祂們忘了、失約了，還是在一開始的時候，我自己就翻譯錯誤，祂們也只不過是讓我自己品嘗會錯意的後果罷了。不管是那一種，我總是站在「輸」的那一邊。

來吧！讓我們再用生活中的實例來說明好了。阿扁在選舉的時候，不是說當選總統之後，一定要發放老人生活津貼嗎？我相信一定有很多人投他一票是因爲這個誘因。好了，他當選了，但是過了這麼久，只聞樓梯響，不見人下來。能怪他嗎？

現在的國家財政如此緊繃，失業率又竄升，又是股市萎縮不振，又是財政赤字……，你能叫阿扁如何呢？是他的錯嗎？還是他在選舉的時候，政見支票開得太多太大了點。如果你把阿扁想像成「祂們」就很容易明白我所說的意思，是怪阿扁？怪自己？怪投票給他的人？怪整個國際情勢？還是怪老天爺呢？

辦案講究證據

如果說每個人有一個小黑盒子，整個國家就有一個大黑盒子，整個地球就有一個更大的黑盒子……。以此類推，小千世界，中千世界，大千世界……，如果每一個層次都有著百分之幾可以改變的話，想想，這是什麼樣的宇宙呢？也就是因爲每一個層次都有著某一個程度的未定數，所以就有可能發生「牽一髮而動全身」的後果。

從古至今，沒有一個先知、沒有一本聖書，可以完完全全清清楚楚的告訴我們未來的世界是什麼樣子？未來的路又該怎麼走？每一個先知每一本聖書，我都認爲有點像是「瞎子在摸象」，一開始的時候，有模有樣的形容了老半天，等到答案揭曉之後，也只是顧著吹噓自己說對的那一段（人之常情，你我都不例外），其他的部分呢？還是不知道，因爲我們都是瞎子。就像是六合彩報明牌一樣，一百次只對了那麼一次，但是他絕對會記得那唯一的一次，因爲那是「贏的」，有面子的。

他會盡量強迫自己忘記那剩下的九十九次，因爲輸得實在是太沒有面子了。雖然我不知道整隻大象到底是啥模樣，但我個人以爲「無常」才是這個宇宙的眞正代號。因爲無常，所以會心生害怕，但也就是因爲無常，所以才會充滿希望。如果您沒有信心，那不怪您，如果您有信心，那就好辦多了。

想起來了嗎？在白案中，我所扮演的是什麼角色呢？就算也許我能夠在剛開始的時候，從白曉燕的名字中知道這件案子也許有可能會牽涉到因果的問題，但是警察會相信我的話嗎？我又能夠在茫茫人海中知道兇手是誰嗎？在這裡，我可以很明確的告訴大家——絕大部分的警察是不會相信我的，我也絕對找不出兇手是誰。

如果我是警察，我也不會相信，一來，我會想要證明、想要肯定我自己的辦案能力，二來，我也一定會照著科學的方法去辦案，因爲辦案講究的是證據。但是有些警察也往往會因爲破不了案、交不了差、位子可能會不保，而想藉由其他方法的協助，看看是否能夠找出一些蛛絲馬跡而早日破案。

也許你會以爲我在害怕什麼，但是，就是因爲我不會害怕，也知道自己一定認不出兇手，所以我才敢寫出這一篇文章。爲什麼呢？因爲「祂們」要利用我，想要利用我就得讓我活著，如果我一天到晚被警察找去指認兇手，那麼早晚我一定會出事的，所以，祂們絕對不會笨到讓我有這個能力去做這種事。

我不會裝神弄鬼嚇人，又不會放符施法，長得又不是凶神惡煞的模樣，那我又能做些什麼呢？前面說過的——「我會幫別人洗腦，如果給我充分時間的話。」對不起，爲了充分的時間，所以在南非官邸的那一天，害得大家在電視機前呆坐了那麼久，才看到陳進興出來投案。

通靈人維護不同時空的正義

別的通靈人能不能幫忙辦案，我不知道，但以我而言，卻完全是無效的，有時候會發覺說了也是白說，因爲對方根本就不相信我，幫不了忙。曾經就有一位高階警官，以受害者家屬的身分來找我，希望我能替他的家人伸冤報仇，可是到了最後他卻當著我的面，對我說了重話：「你是個通靈人，爲什麼就不能幫我的忙呢？通靈的人應該爲這個社會維持正義，怎麼可以這樣沒有正義心呢？」他講得很激動，我解釋了一下我的立場，但是他馬上又重複了上面的那一句話。

這時候，我真的懶得再理他了，因爲我已經清清楚楚的告訴他們夫妻兩人，雖然在這一世裡他的家人死得很悽慘，但我看到的卻是在某一世裡，這位受害者把對方給五馬分屍了，而且是以莫須有的罪名。我放下了筆，站了起來，「對不起！時間到了！」「多少錢？」他也不甘示弱，「不用了！」我瀟灑點，我知道這個人一定沒有看過我的書，我的時間很有限，一個人只有三十分鐘，說了也是白說，而下一個客人已經在一旁等著了。

其實，有些時候會有人來找我問有關於命案的問題，但是這些人都是受害者的親屬，包括前面所說的這位警官也是一樣。

來找我的，有哪些家屬呢？

確實是因爲過去世的因果而造成這一世的災難，那麼我就會把過去世的因果故事仔細的說出來。比較糟糕的是，這種情形通常是比較「難破案」的。所以我只能勸家屬相信警方，多給警方一些時間，但這種因果式的命案也眞是太「難爲」警方了。我曾經看過一次兇手的畫面，但是非常非常的模糊，只看到了特徵——鬍子而已，問題是連鬍子也是模糊的。各位，請問您，我能夠憑著這個去指認兇手嗎？太開玩笑了吧！當時，我對家屬說：「也許在一大堆的相片中我可以指出這個人來，但是我不會去指認，因爲連我自己都不願意承認這種證據。」家屬一聽，馬上罵我沒有正義心。

我很嚴肅的告訴他們以下的話，希望各位讀者能夠從這段話裡，體會到我做個通靈人應該有的立場，也請您諒解我的處境。我說：「沒有錯！你看到的、你知道的、你感受到的是這一世裡，你的家人受到殺害，受到侮辱。可是我所看到的、所知道的、所能夠感受到的卻是在過去世裡，那個被你家人欺負的『對象』的痛苦。過去世的事情發生在先，現在世的事情發生在後，就是因爲我有正義感，所以我才會心疼過去世裡被你家人欺負的對象，就是因爲我有正義感，我才不會因爲你的大聲而心生害怕。」

「你是警察，你有正義感，我是個女人，我也有正義感，只不過我是爲過去世的受害者伸張正義的通靈人罷了。」這種維護不同時空的正義感，卻也成了我的另一種悲哀。

如果調不到因果資料，我就會告訴來者，這個命案有可能是這一世才開始發生的，也就是說這一世是「因」，它的「果」有可能在這一世就會發生，也有可能到了未來的某一世才會發生，如果是這樣，這種情形就比較容易破案。我只是說比較容易破案，並沒有說一定就破得了案，否則的話，前面第一種所說的因果命案，在事情發生的那一世裡，就應該要統統破案才對。

換句話說，我們「絕對不可以」就輕率的下結論——凡是破不了的案，或者是難破的案，都是因爲過去世有因果的關係。如果這種結論能夠成立的話，那麼我們豈不是在替警察或調查人員找藉口了嗎?所以話絕不能這麼說。

警察這個「角色的職責」就是要維護社會的治安，怎麼可以把破不了案的責任隨隨便便就推給了「因果」呢？因果的定義，絕不是用來推卸責任的。更何況會說因果的人（譬如我就是）就一定說得準嗎？辦案講究的是證據，請問過去世的「因果輪迴證據」在哪裡呢？就算我可以印證得出來，但是在法庭上，我有辦法呈現出來嗎？

好了，假設你、我兩個人都是通靈人，都看到了同樣的一個因果畫面，你這個通靈人解釋這個畫面說：「因為這一世的命案是『上一世的果』，所以破不了案。」可是我這個通靈人也可以詮釋成：「那個畫面是敘述著——『上一世是上上一世的果』，這一世的命案是這一世才開始的『因』啊！怎麼可能會破不了案呢？」

還有一種更嚴重的，這個理論實在是很難描述，但是我確實碰到過。從「因」開始說吧！假設有個甲被乙「故意」殺害，不管是凌虐、割喉、輪暴、強姦……，反正就是故意為前提，這個甲在斷氣的那一剎那充滿了怨恨，死後過了一段時日，如果在人世間還是沒有破案，那麼甲也許就會向老天爺「申請」，希望當他再來轉世的時候，可以親自為自己過去世所受到的傷害報仇。

如果老天爺覺得可行，也覺得也許可以藉此事件的發生，讓世間人了解到一些因果輪迴、因果報應的道理，那麼就會發給甲一個證明，在此我姑且稱這個可以親自復仇的標幟爲「黑旗」好了。一旦甲拿到了黑旗再來轉世，因緣聚合的時候，自然而然的就會莫名其妙、陰錯陽差的碰到了過去世裡傷害他的人。

冤家路窄！仇人相見，分外眼紅！好了，殺了人，犯了案，開始逃亡吧！可是就在這個時候，警察也眞是的，知道兇手是誰，也知道人在哪裡，偏偏大費周章，就是抓不到兇手。家屬生氣！警察跺腳！連民衆也抗議！抗議警察辦案怎麼這麼沒有效率，抗議政府沒有給予老百姓一個安全的生活環境，還大吼大叫的抗議老天爺：「你們怎麼這麼不長眼睛啊！還有天理的存在嗎？」

唉！可憐的祂們，各位知道嗎？一旦兇手擁有了「黑旗」，祂們誰也不能幫警察、幫受害者的忙，誰也不能動這一世裡的兇手一根寒毛。哪一個「祂」若是看不慣，動手幫忙了，老天爺就辦那一個「祂」。這麼簡單而已，每個「祂」都只能做個不聞不問、袖手旁觀的菩薩而已，眼睜睜的看兇手一人大鬧人世間。

這時候所有的通靈人都「失靈」了，都「當機」了，因爲連祂們都被綁手綁腳了，通靈人還有什麼戲好唱的呢？看到這裡，聰明的你應該會問我：「那件事也只不過是甲和乙之間的因果關係，有必要搞得整個社會人仰馬翻嗎？」

是啊！關我們什麼事呢？但是，也許在不知不覺之中，我們忽視了很多的小細節。在過去世裡，甲被乙殺害了，和乙同謀的人是誰呢？那一世裡的警察有認眞在辦案嗎？如果有的話，那麼在那一世裡就應該要破案的，甲也就不會有那麼大的怨恨，也就沒有辦法申請到黑旗了。也許我們可以這樣懷疑——在那一世裡，警察吃案了、警察包庇涉案人、警察瀆職、警察隨隨便便結案了事……。

總之，到了這一世，這個案子一定會把許多過去世裡「相關的人士」統統給扯了進來，至於一般的社會大衆，也許就能夠從這類的大案子中，了解到也學習到很多的東西，甚至於藉此事件的發生與進展，逼迫有關的部門修改一些法律事項的規定。

最近，我就碰到過這種例子，如果我的算法沒有錯，那麼這個受害者應該已經申請到黑旗了，一旦這個受害者再來轉世，這個社會就有得瞧了。我只好和他的兒子說明清楚，希望兒子能夠在父親的靈前說個明白，拜託父親能夠放棄拿黑旗自己來報仇，因爲這種報仇的方式，最後一定是雙方同歸於盡，而無辜的社會大衆也被迫付出很大的社會成本。何苦呢？如果這個人很快就來轉世，也許在他還是幼兒的時候，就碰上了當初傷害他的人（假設這個加害人在這一世裡根本就還沒有死），報復行動於是開始了……在此，我也只好拜託警察先生們加油了！

爲什麼世間人就一定非要用報復、懲罰的方式來處理因果的輪迴呢？爲什麼就不能用包容、愛心的方式來替代呢？「冤冤相報何時了！」爲什麼我們就不能假設這一世是「因」，而不是「果」呢？

所以，眞正的結論應該是——「如果在這一世裡，我的角色是個警察，我就必須落實科學辦案的態度，管他因不因，果不果的。就算這個案子是牽涉到過去世的因果關係，但是絕不會影響到我辦案的態度，我是爲我自己的角色負責，不是爲別人的因果負責。」

這一點倒是讓我想到「除惡務盡」！除惡眞的是要務盡，否則野火燒不盡，春風吹又生。當我們以爲事不關己，而任由「不良的社會風氣、民情、習俗」繼續蔓延下去，相信到了最後，你和我也絕對會是受害者之一。爲了大家樂、六合彩的賭風，一大批的警力投入了抓賭的行列；爲了青少年的問題，另一批的警力投入了春風專案；爲了毒品的肆虐，警察得長期佈線跟蹤抓毒……。

這些警力的培訓和薪資、設備等的支出，請問是誰在支付這筆費用呢？絕大部分的不良社會風氣，是我們可以共同來遏止的，如果我們學會「關心」的話，如果我們在一開始的時候，就「正視」這個問題的話，相信我們絕對有辦法可以不讓它們危害你我共同生存的這個社會環境。（因爲我關心，所以我出書讓各位讀者有機會正視「迷信」這個問題。）

九十年七月底的「桃芝颱風」重創台灣，土石流滾滾由天而下的畫面，任誰也無法相信大自然反撲的力量居然這麼大，然而，當初的政策是怎麼「立法」的呢？是誰允許山坡地可以隨意開發的呢？有沒有確實「執法」呢？有沒有敎育一般民衆要「守法」呢？當地的住戶有責任嗎？外地人難道就沒有責任了嗎？觀光客有沒有盡到保護大自然的責任呢？前幾個月的森林大火又該要如何解釋呢？

你以爲沒有傷害到你我生命財產的安全，所以就不關你我的事，但是政府因此而付出的救難基金，難道就不是你我拿出來的稅金嗎？同樣的一筆錢，用到了急難救助，那麼發展建設的基金相對的一定就會減少了，將來的重整復建基金又該從何處募集而來呢？難道說，這樣你我還沒有損失嗎？就因爲我們的「漠視」，所以我們也受到了另一種的傷害。

是大自然在反撲嗎？我不以爲如此，我寧願相信那是大自然在做最後的掙扎！

想想，從「福爾摩沙——美麗的海島」這一大片的青山綠水中，我們曾經獲得了多少，而我們又曾經爲她付出了多少呢？就像是一位無怨無悔的媽媽，大自然任由我們在她的身上盡情取用、盡情濫墾濫挖，我們眞的是用盡了吃奶的力氣，盡情地吸吮著媽媽身上的每一滴血，血不夠了，她又把自己的肉自己的骨也都給了我們。

最後，她一無所有了，她撐不下去了，剩下的就只是那一口氣而已，那僅存的一口氣化成了土石流，可憐的媽媽早已無法控制那一口氣的流向了，老天爺也只能無奈的把她給接了回去。世間上的每一個媽媽，不也都是如此的對待她的子女嗎？我們口口聲聲說要孝順父母，卻忘了提供我們所有生存條件的親生媽媽，誰不是大自然的子女呢？

一命還一命似乎是沒有錯，但是又分故意傷人、不小心傷人等等，例如故意駕車撞死人，詐領保險金；酒醉駕車撞死人（明知道喝過酒是不能開車的，光是這一點就已經犯錯在先）；因爲前面的車子緊急煞車，致使後面的車子來不及煞車，於是發生連環車禍，因而致人於死等等。有了這麼多種不同程度的撞死人，當然了，償還的方式，絕對也不一樣。有的也許下一世被對方用同一種方式害死；有的也許變成了家人關係，一輩子爲他做牛做馬；有的也許……。

如果再進一步解釋，利用「星月時空」的理論，也許債權人根本就不想下凡來，那麼債務人就可能有下列的情形發生了，那就是常常會無緣無故的騎車摔傷，或者是自己開車無緣無故去撞電線桿，受了傷不打緊，還得賠償政府的損失等等。

假設在過去世裡，甲殺害了乙，不是故意的，是不小心的，舉個例，譬如甲平日是個非常小心的大卡車駕駛。有一天，倒車的時候，他看了看四周的狀況，也看了所有的鏡子，也就是說該有的防範準備動作，統統都做到了。沒想到，一個小男孩，突然出現在車後，他的母親乙發現到，趕忙跑過來推了男孩一把，當甲發現的時候，也緊急踩了煞車，但是還是來不及，就這樣，甲因爲倒車而殺害了乙。

事發後，他很有誠意和對方家屬和解，偏偏對方家屬獅子開大口（生命眞的是無價的），甲無能力賠償，無法和解，只好被關。好了，到了這一世，轉世的乙和甲碰在一塊了，轉世後的甲是個女的，乙是個男的，結果甲被乙惡意強暴之後，並加以殺害致死。警方很努力，案子查了許久，也過濾了很多人，但是連嫌疑犯是誰都不知道。這個時候，您是甲的家屬，來到了我這兒，那麼我可能就會告訴您以上的過去世因果，我會請您再給警方多一些的時間。

曾經有過這麼一個個案，甲的「陰靈」也跟著家人來到了我面前，因爲她不甘心被強暴，所以她要求要自己復仇雪恨，可是祂們不肯。祂們勸甲乖乖回去，讓警方去處理，如果甲想要干涉，那麼只會越弄越糟，越難破案，祂們會出手強迫把甲帶回去的。仔細想一想，這一段的邏輯似乎有點怪怪的，怪在哪裡呢？我也說不上來，可是我會繼續說明下去。

原來，老天爺認爲過去世裡的甲雖然害死了乙，但是在這之前她已盡了該盡的本分，所以祂們認爲這種殺害的程度是六分（如果滿分是十分的話），也就是說到了這一世，乙只能要求甲償還六分（如果不另加利息的話）。但是，如果在這一世裡，乙惡意強暴了甲，而且還害死了她，這種殺害的程度是十分，那怎麼辦呢？六分和十分之差。我們也可以這麼假設，也許乙強暴了甲，剛好是六分，如果乙不殺死甲，這個因果就這麼扯平了。

問題就出現在這裡了，誰那麼有把握一定討債討得剛剛好，稍不注意就可能要債要過頭了，從原來的債權人變成了債務人，如果就任由雙方報仇來報仇去的，那麼冤冤相報何時了呢？也就因爲如此，警察才會有事做，才會有破案的機會。

所以在這一個例子中，祂們才會出面干涉，也許就決定讓這多出來的四分到下一世再去解決，但是，問題又來了，還是一樣的問題，誰又能保證下一世會剛好還四分呢？「星月時空」要我們學習的就是盡可能的去原諒別人，我想這就是一個很好的例子了。另一個重點是，不要以爲甲在過去世裡已經被關了，就沒有因果了，也不要以爲乙在這一世裡如果只是強暴了甲，被警察抓到了，就不用被關。要知道，人世間的法律和宇宙間的法律都必須要同時遵守的。

現在的社會新聞中，我們常常可以看到連續強暴犯、連續殺人犯、故意縱火而釀成了多人死亡或受傷，滅門血案、酒醉駕車造成多人死傷、施工的偷工減料造成……，如果時代再往前推，法官辦案不力，來個滿門抄斬、或來個發配邊疆……。如果我們說一命還一命，這些造成多人死傷的肇事者，應該要轉世幾次才能還得完呢？我還是一句話——相信我，「生命眞的是無價的」，縱使在這一世裡你用一兆元去賠償，但是到了未來世，該還的還是要還，只是還多還少的差別而已，有的用命還，有的用情還，有的用錢還……。

有形歸有形，無形歸無形，法律歸法律，因果歸因果，這麼簡單而已。有人說，老天爺如果來個現世報不就都解決了嗎？有人說在那一世裡已經受過相當的制裁，不就是「化解」了嗎？有人說菩薩好狠，爲什麼要讓做惡的人還債還好幾世呢？有人說爲什麼就不能夠浪子回頭金不換呢？有人說原來是菩薩在冤冤相報，有人說……是啊！是有很多人說，而且說得都很有道理，但是有誰爲過去世的受害者伸張正義呢？祂們想要我們學習的也只是一句話—

——「爲自己的所作所爲負責」而已，我想「鑑往知來」也許也可以用在這個地方。
大家不妨再動動腦，除了前面我說過的「黑旗」之外，如果因爲過去世的因果關係，而讓雙方當事人在這一世裡變成了警察和受害人的關係（排除了加害人的過去世因果）；或者是這一世裡警察爲受害者所表現出來的辦案態度，變成了兩人在未來世裡的果報基礎；或者是……。您會猛然發現，發明這個因果輪迴的「人」實在是……。
各位，破案與因果之間的關係，您還有其他的理論基礎嗎？我們是否可以從上面的觀點綜合到一些結論呢？
一、通靈人對辦案有沒有幫助呢？您以爲呢？以我而言，我覺得沒有幫助。
二、不要心存僥倖，如果您以爲「法網恢恢，疏而不漏」這一句不盡然成立的話，那我倒是可以再告訴您另一句——「天網重重，插翅難逃」。
三、善有善報，惡有惡報，不是不報，時間未到。老天爺一向是很有耐心的，這一世找不到，下一世再找，下一世找不到，下下一世再找……祂們有的是時間，而且絕對是說話算話的。
四、冤冤相報何時了呢？何不試著學學「星月時空」的標準，學著用愛心來代替懲罰，用包容來代替報仇，用原諒來說明一切呢？

五、如果您正巧就是警察先生的話，請先接受我誠心的謝意，謝謝你們的付出，我們才能夠安心的生活著。請您落實科學辦案的精神，讓一切的功勞和榮譽回歸到你們身上。

六、如果可能的話，請各位讀者共同來關心、來正視與我們息息相關的社會問題，不管它是好的，還是不好的，我們都有責任來面對它。

敦煌與杭州

敦煌與杭州，我深愛的地方，我夢裡遙遠的故鄉。

通靈之後幾天，八十一年一月底，我與先生參加旅行團第一次踏上對岸。一到杭州的旅館內，先生先去洗澡，我則坐在床上休息，準備數分鐘之後到大廳與團員們會合吃晚餐。才剛闔上眼，就看到一尊金光閃閃的大佛映入眼簾，像一般的大頭照一樣，只看到頭部與上胸部……，久久不去，把我給嚇壞了，因爲我從來就不曾有過這麼鮮明的經驗。到了大廳趁著其他團員還未出現，我隨手翻了翻那些放在櫃台前介紹當地觀光勝地的明信片。

「啊！快點來！你看！你看！我剛剛看到的就是這一尊菩薩，一模一樣！」

我驚叫著，催促著先生趕快來看。原來那是靈隱寺裡的一尊大佛。（後來想想，其實很多大佛都是被雕塑成那種模樣，只是因爲我很少到寺廟，所以少見多怪。）第二天傍晚，我們來到了祂跟前，我「乖乖」地燒香拜佛，並買了當地最大的一對蠟燭，請工作人員在除夕夜為我點上（隔天就是除夕了，可是我們一早就得離開杭州）。工作人員告訴我，那蠟燭可以點三天三夜。對著大佛，我什麼也沒說，一份心意，就只希望這一對蠟燭能夠陪祂們過個暖暖的春節。

再踏上這塊土地時，已是八年後的事了。八十八年九二一大地震才剛過，我卻和兩個朋友遠離哀聲遍野的家園，很清楚地記得那天是九月二十三日。我們先到上海、南京，最後一站才是杭州。一入寺園，我就像隻無頭的蒼蠅，不斷扭轉著手上的手帕，到處亂走亂撞，口裡不停地說著：

「我找不到我的家，怎麼辦？怎麼辦？我找不到我的家……。」

朋友心疼地看著我，看著淚水早已盈眶的我，一個離家多時的小女孩，突然返家，卻發現家園已不復舊狀……。也會通靈的友人挽著我的手，不忍地說：

「不要急！你不要哭！我帶你去，你的家不在這邊，還要再往裡面走，我帶你去，我們再找，一定找得到的……。」

往裡走，我看到了什麼嗎？我找到了什麼嗎？其實什麼也沒有！我請朋友不要拉著我，讓我自己走，自己找。我沒有去大殿，就只是從寺廟的左側大步地向上一直走去，來到了一間關閉著的佛堂，停下了腳步。隔著玻璃我看到裡面供奉著十八羅漢，一尊一尊地我仔仔細細地看著祂們，眼淚一直流，那種感覺就好像祂們都曾經是我小時候的玩伴一般……。我不知道該如何跟祂們溝通，我也沒有收到任何的訊息……。

其他的殿堂都被我略過了，落寞的我慢慢走回約定好的一棵大樹下，然後再與朋友一起下山。就在下山的途中，訊息來了：

「你要再回來！一定要回來！你一定要回來住！」

是誰？是誰在和我說話？我無法再走下去了，才剛平靜的心湖又被這突如其來的聲音給攪亂了，趕緊找了路旁的一個石椅坐了下來，試著讓自己和祂們搭上線……。

我知道了，是祂！八年前到旅館來找我的那尊大佛。我不知該如何回答祂的問題，因爲祂又說話了：

「答應我，再回來看看我們！」

那一夜，我想單獨沿著西湖走一走，可是朋友們看我的心情很不穩定，沒有人敢放心讓我去。一整夜，我無法闔眼，就只是哭。天才剛亮，我迫不及待地打電話給朋友：

「拜託你，讓我去遊湖好不好？我答應你，我不會出事的，我會乖乖的！」杭州才回來沒幾天，十月一日，對岸的五十周年國慶日又被我趕上了。就因爲祂們告訴我盡早去敦煌一趟，於是杭州回來的行李還未清箱，我又上路了，這次是另外兩個朋友同行。

敦煌，在去之前，我只知道那兒有石窟，其他的一概不知。從北京轉飛機到敦煌時已是晚餐的時刻了，飯後在旅館附設的販賣部閒逛，同行的朋友看到了一幅心儀的佛像，畫的邊邊註明著「榆林窟第二窟，水月觀音」，而我卻發現十多年前我偶然在月曆上看到的一幅佛像，居然是敦煌莫高窟的主角——第一百五十八窟，「臥佛」。

回想起十多年前，我根本不知道祂是誰，就只因爲好喜歡祂那種神韻，於是便把祂從月曆上剪下來，放在我的包包裡，陪著我好一陣子。難道是祂？是祂嗎？會是祂在冥冥之中把我從老遠的台灣誘拐到敦煌來的嗎？

第二天一早，參觀完一般購買團體票可以看的洞窟之後，我們三人另外付費，請解說員帶我們參觀其他幾個比較有名的洞窟。沒有例外的，我要求一定要看第一百五十八窟的「臥佛」，解說員回過頭來問我：

「爲什麼你一定要看一百五十八窟呢？」

「我就是爲了祂才老遠從台灣來到敦煌的，既然來了，怎麼可以不看呢？何況祂是莫高窟的主角。」

在一個陌生的土地上，我總不能告訴她說我會通靈，再說要來之前，我也只是很強烈地感覺到自己好心急，急著非到敦煌一趟不可，如此而已。話雖是這麼說，可是各位您知道嗎？當時的我，可眞的是急得一邊開車一邊大哭大叫。

除了我們三個人之外，另外還有三個大陸的同胞也加入了所謂的「特窟」行列。特窟就是特別的窟，每一窟都有它特別吸引人注意並且値得研究的題材，因此才有必要加以特別的保護。通常這些特窟都是關著的，必須再付出金額不等的票價，才會由專員開鎖帶你進去參觀並加以解說。

各位，給您一個良心的建議：如果您有機會到敦煌莫高窟一遊的話，不要走馬看花，也千萬不要捨不得花錢看特窟。對了，我先要提醒各位一點，石窟外是一大片的沙漠，陽光非常刺眼，石窟內則是沒有任何的照明設備，參觀者必須自備手電筒入內。有些窟很大，有些好小，實在很難想像在這種條件下，當時的作畫者怎麼完成這些永世不朽的精心傑作。

首先我們來到了第二百二十窟，解說專員要我們特別注意壁畫中的「舞樂圖」，她說很多學音樂學舞蹈的都特別來研究這一幅畫，爲什麼呢？因爲壁畫中展現了多種來自中原、西域以及由外國傳入的樂器，如排簫、腰鼓、箜篌、法螺、拍板、箏……等（樂隊共有二十八人）。還有兩隊舞伎在小圓毯上跳著當時盛行的「胡旋舞」，這一幅畫是敦煌壁畫中規模最大的舞樂圖。

接著來到了第四十五窟，才剛踏進入口處，我的眼睛都還來不及適應石窟內外光線的變化時，雙腿就已經不聽使喚了。走了幾步往前就跪了下去，頭也垂了下去，腦海中傳來的是自己內心的聲音：

「對不起！我來晚了！」

雖然我並沒有收到任何的回訊，但淚水早已……。一陣子之後，我站了起來，站在一旁的解說員才開始講解。謝謝她！謝謝她等我哭夠了才開始講解。

這時候的我才注意到這個窟好小好小，能容人站著參觀的空間，大概最多只能擠著站二十個人。眼前就像是一座小舞台，離地約一公尺高，台上有著與現實生活中一般比例大小的彩塑佛像，中間是尊坐著的佛祖像，南側是站著的阿難、菩薩、天王，北側是迦葉、菩薩、天王，個個神態自若。解說員要我們特別注意阿難的鬍子，天啊！祂的鬍子居然像眞的一樣，還有她要我們看看天王的衣服，祂的衣服閃閃發亮，好奇怪，原來那是顏料裡面加了蛋清的緣故。

最後她說：「請你們到這個位置來看一看，因爲經過後世學者的研究，發現這一窟除了藝術價値極高之外，還有一個非常特殊的現象，那就是在我手指的這個位置跪下來，你會發現台上每一尊佛像的眼睛都正好在注視著你。」各位，就不用我再多加說明了，因爲一進門的時候我就已經做了最佳的示範動作。

我們來到了第一百五十八窟——臥佛窟，哇！好大的一窟，這是我對它的第一個印象，與四十五窟完完全全不同。四十五窟只須平視即可，因爲祂們與我們一般大小，但在這裡卻必須抬頭仰視，因爲祂不但非常巨大而且還居然橫臥在洞窟的正前上方，不多不少，身長十五・八公尺而已。

我慢慢地走到靠近祂胸前的地方，雙手扶著護欄，仰起頭，閉上眼……。聲音來了：

「你怎麼自己一個人來呢？」

啊！那是一種帶著憐惜、不捨而又有些責備的口吻。

我伸出了右手讓祂看了看，跟祂打了聲招呼，其他的只有用淚水去解釋了（眞是的，對祂們而言，「淚水」永遠是最佳的溝通媒介）。是啊！要來之前我很淸楚的知道訊息是要我再邀請另外一個朋友同行的，可是，時間實在是太匆促了，對方根本就來不及準備，我又有什麼辦法呢？錯不在我啊！

睜開了眼，擦乾了淚水，我脫隊了，自己一個人隨意走著，靜靜地從每個角度欣賞祂。這是佛祖涅盤時的臥像，祂的神情早在十多年前就已映在我的腦海裡了，那是一種睡夢般的安詳與寧靜。

出了石窟，我的疑問是，我是在台灣收訊息的，我也不知道莫高窟有那些佛像，爲什麼莫高窟的臥佛知道我在台灣的訊息呢？難道是臥佛遠從敦煌發出訊息給在台灣的我嗎？還是臥佛飛到了台灣再發訊息給我呢？訊息眞的是來自敦煌的祂們嗎？還是我自己出了問題，心裡有鬼，走火入魔了呢？唉！在祂們面前我還有什麼可以隱瞞的呢？祂們到底是誰呢？我還是我嗎？我瘋了嗎？老天爺啊！誰能告訴我呢？

總覺得好像還有什麼事沒辦完一樣，參觀完了莫高窟，心卻依然懸浮在半空中，缺少了一種踏實感。友人突然開口問道：

「請問，水月觀音那一窟有沒有開放呢？」

「對不起，那是在榆林窟。」解說員很客氣地回答。

「啊？什麼意思？」

「我們現在參觀的是敦煌的莫高窟，水月觀音是在安西城南的榆林窟的第二窟。」

「喔！還有一個榆林窟啊！離這兒多遠呢？」

「開車大概要三個多鐘頭。你們要去嗎？」

眞的是有夠差勁的了，居然不知道還有個榆林窟。（看倌，您知道嗎？）好吧！既來之則安之，老遠跑來了，就差這麼一點點路，不去的話似乎太可惜了吧。於是好心的解說員幫我們安排在第二天早上與住在敦煌的榆林窟研究院院長同行（他搭我們的便車）。在此特別向敦煌莫高窟的解說員，以及榆林窟研究院的院長說聲謝謝，有了他們熱心的幫忙，這一趟旅程才從黑白變成彩色。

榆林窟，位於河谷的兩岸，四周圍的環境非常的荒涼，文物的保護措施也差多了，加上位置實在是太偏僻了，交通又不方便，所以遊客相當稀少。在這兒，我們看到了有關於密宗文物的壁畫，朋友也見到了她心儀的水月觀音……。參觀完後，院長請我們在辦公室裡坐一坐，聊一聊。就在談話的時候，祂們來了，來了好多好多，磁場好強好強，強到我不得不很不禮貌地離開座位，走到門外，問問看祂們到底是怎麼一回事。

在這個關鍵的時刻祂們讓我看到了一個數字「18」，還有一個黑色的鐵柵門。

「請問榆林窟有沒有第十八窟？」我急得問院長。

「是有第十八窟，但是裡面什麼東西也沒有。」好心的院長回答我。

「第十八窟是不是有一個鐵柵門？」我更急了。

「有！但是爲了不讓外人進入，我們把它給鎖了起來。」

我的心口突然間開始絞痛了起來，好痛好痛……。

「拜託，能不能開給我看看呢？」我用幾乎是央求的口吻拜託他成全。

「當然可以！」

一行三人，解說員、友人還有我，來到了標示著第十八窟的洞窟口，我傻住了，一扇黑色的小鐵柵門隔開了內外，那扇柵門不到一公尺寬，也只有大約一公尺半的高度而已。

解說員拿錯了鑰匙，只好回辦公室去換，偏偏第十八窟離辦公室又有一大段距離，看他心急地在山坡上來回跑著，我覺得好抱歉。而站在洞口外的我依然心痛如絞，恨不得把門撞壞衝進去瞧個究竟……。

小鐵柵門，終於被友人打開了，我們兩個人彎下了頭走了進去，發現裡面居然只是一條非常窄小，又黑又暗，而又彎曲的小通道而已，短短的一條通道通到另一個正在整修的大窟。因爲它實在是太窄小了，所以一般人根本就沒有辦法直挺挺地通過的。

我好喘，好喘，整個腦袋瓜脹得滿滿的，感覺到在那小小的通道裡，卻擠滿了一大堆「被處罰」的祂們。「鬼哭神號」四個字映上我的眼簾。

啊！這裡難道是那個時空的「監獄」嗎？

祂們告訴我，一字一句地告訴我：

「不要以爲我們都很行，我們也會犯錯，我們也一樣會遭受懲罰，孩子！好好修！不要犯錯！」

我明白了，我那麼心急地趕到敦煌，就是爲了趕著上榆林窟第十八窟的這一堂課，祂們讓「受刑人」親自爲我上這寶貴的一課——

犯了錯，就得付出代價，就連祂們也沒有任何的例外。

帶著沉重的心，我離開了榆林窟、莫高窟，離開了敦煌。相信我，只要有機會，我一定會再來看看祂們的。

回來之後，滿腦子都是沙漠、駱駝……。每晚臨睡前，我總是想像著我是個小嬰孩，好撒嬌好滿足地窩在臥佛的臂彎裡安睡著，夢中我看到臥佛牽著一個三、四歲的小女孩，走在一望無垠的大沙漠上……。

啊！我要告訴全世界的人，我的媽媽是世上最高大的媽媽。

伶姬作品集

如來世1：通靈經驗

2005年6月初版 定價：新臺幣300元
2013年1月初版第四刷
有著作權・翻印必究
Printed in Taiwan.

著者 伶姬
發行人 林載爵

出版者 聯經出版事業股份有限公司
地址 台北市基隆路一段180號4樓
台北聯經書房 台北市新生南路三段94號
電話 (02)23620308
台中分公司 台中市北區健行路321號1樓
暨門市電話 (04)22371234 ext.5
郵政劃撥帳戶第0100559-3號
郵撥電話 (02)23620308
印刷者 世和印製企業有限公司
總經銷 聯合發行股份有限公司
發行所 新北市新店區寶橋路235巷6弄6號2F
電話 (02)29178022

叢書主編 林芳瑜
校對 趙蓓芬
吳美滿
封面設計 古其創意

行政院新聞局出版事業登記證局版臺業字第0130號

本書如有缺頁，破損，倒裝請寄回台北聯經書房更換。 ISBN 978-957-08-2873-3 (平裝)
聯經網址 http://www.linkingbooks.com.tw
電子信箱 e-mail:linking@udngroup.com

國家圖書館出版品預行編目資料

如來世1：通靈經驗/伶姬著.
--初版.--臺北市：聯經，2005年
360面；14.8×21公分.（伶姬作品集）
ISBN 978-957-08-2873-3（平裝）
[2013年1月初版第四刷]

1.因果(佛教)-通俗作品 2.通靈術

225.87 94008788

生活視窗系列

●本書目定價若有調整，以再版新書版權頁上之定價為準●

(1)時裝・性・男女	楊慧中等譯
(3)美感經驗	陳長華著
(4)人性八惡	廖月娟等譯
(5)喝杯下午茶	孟樊著
(6)拆穿男人的謊言	邱彰著
(7)實用芳香療法	施沛琳著
(8)IQ父母EQ子女	沈怡著
(9)漂亮髮型自己做	紅造型製作
(10)我有辦法	蔣大中著
(11)放慢生活的步調	莊安祺譯
(12)後現代絕症	簡捷著
(13)兩個女孩的天堂	台北海外和平服務團
(14)愛情的危機處理	林仁和著
(15)創造你希望的愛情	沈怡著
(16)人人是英雄	羅效德譯
(18)哭泣的結婚證書	孫藝庭著
(19)台灣生死書：婚喪習俗及法律知識	劉俊麟著
(21)愛在飢餓蔓延時：台灣世界展望會救援紀事	台灣世界展望會編著
(23)天天容光煥發：女性輕鬆減壓秘招	林香君著
(24)消除生活壓力的禪	羅若萍譯
(25)顏色密碼：從顏色看性格	魏易熙譯
(26)傻人的愛，給狗	鄭　瑩著
(27)如來的小百合	伶　姬著
(28)聽心說話	釋心道著
(29)SQ：心靈智商	邱莞慧譯
(30)生命的意義	莊安祺譯
(31)他比總統先到	馮寄台著
(32)禪證	梁丹丰等講述
(33)人生經營	聖嚴法師等講述
(34)情緒的12堂課	張　文著
(35)愛情劊子手	呂健忠譯
(36)天天神采飛揚	林香君、劉俊麟著
(37)蓮花時空悲智情	伶姬著
(38)突破你的極限	徐筱春譯
(39)生命如此美好	施貞夙譯

(40)茉莉花的女兒	伶姬著
(41)大人學習法	和田秀樹著
(42)一分錢的力量	羅吉希譯
(43)愛上我的動物朋友	施雯黛譯
(44)笑納人生：養生、悠閒與精進	褚宗堯著
(45)變成魚的日子	貝谷嘉洋著
(46)鬱金香通靈屋	伶姬著
(47)勁妹起步跑	吳真儀著
(48)通靈姬婆玫瑰心	伶姬著
(49)現代異次元：十則靈療的故事	林少雯著
(50)解開愛的情結	林芳瑜譯
(51)用愛解凍	林大欽著
(52)滿天星的故事	伶姬著

更詳細之簡介，請上聯經網站：http://www.linkingbooks.com.tw

人生新境

●本書目定價若有調價，以再版新書版權頁上之定價為準●

(1)缺憾的超越	李翠玲著
(2)行為的新境界——理論與應用	游伯龍著
(3)心戰——現代人的掙扎與突破	張小鳳等著
(7)相愛一生——談夫妻相處之道	梁竹君譯
(8)改變思維改變你	李普生譯
(9)富而好理	黃美姝譯
(10)生活一〇一	李普生譯
(11)腳冷時別買帽子——做自己生涯的決策者	吳傑民譯
(12)拒絕的真諦	李鴻長譯
(13)邱吉爾演講術	方美玲譯
(15)給兒女的一封信	彭淮棟譯
(16)財富一〇一	彭淮棟譯
(17)活出自己的如來	鄭石岩著
(18)心的挑戰	傅佩榮著
(19)四十不晚：中年追夢族的故事	李梅蘭著
(20)生活贏家：成功的 118 條策略	莊安祺譯
(21)情緒的管理——如何增進你的 EQ	何灣嵐譯
(22)打開心中死結	鍾尚熹譯
(23)生機換生機	李秋涼口述

更詳細之簡介，請上聯經網站：http://www.linkingbooks.com.tw

全球視野系列

●本書目定價若有調整，以再版新書版權頁上之定價為準●

(1)無國界的世界	大前研一 著
(2)日本改造計畫	小澤一郎 著
(3)投入國際金融世界	Randy Charles Epping 著
(4)全球族	Joel Kotkin 著
(5)兩種資本主義之戰	Michel Albert 著
(6)亞洲新世紀發展構圖	(日)櫻花綜合研究所 著
(7)地球祖國	Edgar Morin Anne Brigitte Kern 著
(8)贏得全世界	Douglas Lamont 著
(9)文明衝突與世界秩序的重建	Samuel P. Huntington 著
(10)全球資本主義危機	George Soros 著
(11)錯誤的決策思考	Dietrich Dörner 著
(12)第三條路：社會民主的更新	Anthony Giddens 著
(13)未來十年好光景	Harry S. Dent, Jr. 著
(14)人類演化的未來	Christopher Wills 著
(15)聖嬰與文明興衰	Brian Fagan 著
(16)櫻花之春：日本的新未來	屋太一 著
(17)新君王論	Dick Morris 著
(18)中美交鋒	Patrick Tyler 著
(19)二十世紀之旅	Robert A. Pastor 著
(20)四倍數：資源使用減半，人民福祉加倍	Amory B Lovins L. Hunter Lovins 著
(21)了解全球化：凌志汽車與橄欖樹	Thomas L. Friedman 著
(22)未來市場九大震撼：震撼未來金融市場的九種經濟與社會變動及其因應對策	Todd G. Buchholz 著
(23)老年潮	Peter G. Peterson 著
(24)咖啡萬歲	Mark Pendergrast 著
(25)蝴蝶效應經濟學	Paul Ormerod 著
(26)迎接WTO時代	華英惠 著
(27)虛擬國家：新世紀的財富與權力	Richard Rosecrance 著
(28)知識的戰爭	Seth Shulman 著
(29)生物科技大商機	Cynthia Robbins-Roth 著
(30)中國區域經濟發展	耿慶武 著
(31)開放社會：全球資本主義大革新	George Soros 著
(32)賓拉丹秘密檔案	Roland Jacquard 著
(33)購艦疑雲：六艘拉法葉和一頭笨乳牛	楊麗貞 著
(34)第三條路及其批評	Anthony Giddens 著
(35)打造新領導人：建立高EQ的領導能力和組織	Daniel Golemna, etc 著
(36)索羅斯論全球化	Goeorge Soros 著

(37)開放政治市場：全球治理台灣	張亞中 著
(38)中國到富強之路	廖理等 著
(39)大變局：中國民間企業的崛起與變革	秦朔 著
(40)新戰爭：全球性的組織化暴力	Mary Kaldor 著
(41)全球化與兩岸統合	張亞中 著
(42)為什麼文化很重要	Harrison&Huntington 編著
(43)聰明行動族：下一場社會革命	Howard Rheingold 著
(44)美國霸權泡沫化：重新思考美國的角色	George Soros 著
(45)歧路中國	王超華 編
(46)八月砲火	Barbara W. Tuchman 著
(47)人類基因的歷史地圖	Steve Olson 著

更詳細之簡介，請上聯經網站：http://www.linkingbooks.com.tw